相続税額の早見表

1. 相続人が配偶者と子の場合（法定相続分に従っ
   ① $\{(課税価格－基礎控除)×\frac{1}{2}×\frac{1}{子の数}×税率－控除額\}$
   ② $(課税価格－基礎控除)×\frac{1}{2}×税率－控除額$
   ③ 相続税の総額(①+②)－配偶者の税額軽減$\left((①+②)×\frac{1}{2}\right)$→下表記載税額

課税価格＼相続人	配偶者と子1人	配偶者と子2人	配偶者と子3人	配偶者と子4人
基礎控除	4,200万円	4,800万円	5,400万円	6,000万円
6,000万円	90万円	60万円	30万円	0
8,000万円	235万円	175万円	137万円	100万円
1億円	385万円	315万円	262万円	225万円
1億5,000万円	920万円	748万円	665万円	588万円
2億円	1,670万円	1,350万円	1,217万円	1,125万円
3億円	3,460万円	2,860万円	2,540万円	2,350万円
5億円	7,605万円	6,555万円	5,962万円	5,500万円
10億円	1億9,750万円	1億7,810万円	1億6,635万円	1億5,650万円

2. 相続人が子だけの場合
   $\{(課税価格－基礎控除)×\frac{1}{子の数}×税率－控除額\}×子の数→下表記載税額$

課税価格＼相続人	子1人	子2人	子3人	子4人
基礎控除	3,600万円	4,200万円	4,800万円	5,400万円
6,000万円	310万円	180万円	120万円	60万円
8,000万円	680万円	470万円	330万円	260万円
1億円	1,220万円	770万円	630万円	490万円
1億5,000万円	2,860万円	1,840万円	1,440万円	1,240万円
2億円	4,860万円	3,340万円	2,460万円	2,120万円
3億円	9,180万円	6,920万円	5,460万円	4,580万円
5億円	1億9,000万円	1億5,210万円	1億2,980万円	1億1,040万円
10億円	4億5,820万円	3億9,500万円	3億5,000万円	3億1,770万円

3. 相続人が配偶者と兄弟姉妹の場合
   ① $\{(課税価格－基礎控除)×\frac{1}{4}×\frac{1}{兄弟姉妹の数}×税率－控除額\}×兄弟姉妹の数$
   ② $(課税価格－基礎控除)×\frac{3}{4}×税率－控除額$
   ③ 相続税の総額(①+②)－配偶者の税額軽減$\left((①+②)×\frac{3}{4}\right)$→下表記載税額

課税価格＼相続人	配偶者と兄弟姉妹1人	配偶者と兄弟姉妹2人	配偶者と兄弟姉妹3人
基礎控除	4,200万円	4,800万円	5,400万円
6,000万円	49万円	30万円	15万円
8,000万円	118万円	98万円	77万円
1億円	209万円	178万円	151万円
1億5,000万円	521万円	469万円	425万円
2億円	908万円	833万円	769万円
3億円	1,819万円	1,680万円	1,612万円

■相続税の計算のあらまし

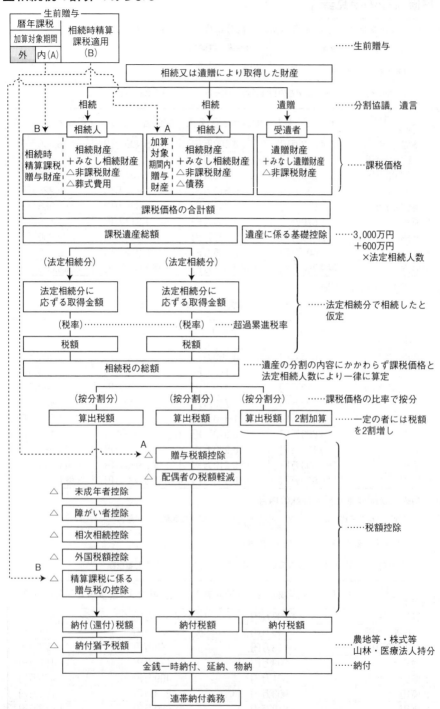

■相続税の計算例(P.154参照)

相続人は配偶者と子2人で、相続財産及び債務・葬式費用をそれぞれ次表のように取得及び承継した場合。

	配偶者	子A	子B
①相続財産	2億2,000万円	1億円	4,800万円
②債務・葬式費用	2,000万円	—	—
③課税価格（①-②）	2億円	1億円	4,800万円

(i)課税価格の合計額　2億円＋1億円＋4,800万円＝3億4,800万円

(ii)基礎控除　法定相続人3人⇨3,000万円＋600万円×3人＝4,800万円

(iii)課税遺産総額　(i)-(ii)＝3億円

(iv)法定相続分に応ずる各取得金額

　　配偶者… 3億円×$\frac{1}{2}$＝1億5,000万円

　　子　…3億円×$\frac{1}{2}$×$\frac{1}{2}$＝7,500万円

　　子　…3億円×$\frac{1}{2}$×$\frac{1}{2}$＝7,500万円

(v)速算表（表紙裏参照）で税額計算

　　配偶者…1億5,000万円×40％－1,700万円＝4,300万円

　　　子　…7,500万円×30％－700万円＝1,550万円

　　　子　…7,500万円×30％－700万円＝1,550万円

(vi)相続税の総額

　　4,300万円＋1,550万円＋1,550万円＝7,400万円

(vii)各人ごとの算出税額　（　）は、按分割合

　　配偶者…7,400万円×2億円／3億4,800万円(0.57)＝4,218万円

　　子A …7,400万円×1億円／3億4,800万円(0.29)＝2,146万円

　　子B …7,400万円×4,800万円／3億4,800万円(0.14)＝1,036万円

(viii)相続税額の2割加算

　　子Aが孫養子であると仮定すると、

　　2,146万円×20％＝429.2万円

　　子Aの税額は、2,146万円＋429.2万円＝2,575.2万円

(ix)税額控除

　　2割加算後の各人の相続税額から、次の順に税額控除をします。

　　①贈与税額控除

　　②配偶者に対する相続税額の軽減（P.156参照）

$$7,400万円×\frac{3億4,800万円×\frac{1}{2}\begin{Bmatrix}いずれか\\多い方\end{Bmatrix}⇨1億7,400万円\begin{Bmatrix}いずれか\\少ない方\end{Bmatrix}⇨1億7,400万円}{3億4,800万円}=3,700万円$$

（上段：3億4,800万円×$\frac{1}{2}$、1億6,000万円／いずれか多い方⇨1億7,400万円、2億円／いずれか少ない方⇨1億7,400万円）

　　配偶者の税額

　　4,218万円－3,700万円＝518万円

　　③未成年者控除

　　④障がい者控除

　　⑤相次相続控除

　　⑥外国税額控除

目　次

令和5年10月改訂版
実務家のための　相続税ハンドブック

相続税の速算表・贈与税（暦年課税）の速算表・相続と生前贈与の比較
相続税額の早見表 ……………………………………………………………… 1
■相続税の計算のあらまし ……………………………………………………… 2
■相続税の計算例 ………………………………………………………………… 3

令和5年度の主な改正事項と適用時期 …………………………………… 9

（参考）令和6年からの相続時精算課税贈与と暦年課税贈与 ……………… 14

民法の基礎知識

■相続開始の時期 ………………………………………………………………… 15
■相続人の範囲 …………………………………………………………………… 15
■相続順位 ………………………………………………………………………… 15
■養子・特別養子 ………………………………………………………………… 15
■嫡出子・非嫡出子 ……………………………………………………………… 16
■法定相続分 ……………………………………………………………………… 16
■親族の範囲 ……………………………………………………………………… 17
■相続の承認・放棄 ……………………………………………………………… 18
■相続人の不存在 ………………………………………………………………… 19
■遺産分割 ………………………………………………………………………… 19
■遺言 ……………………………………………………………………………… 20
■配偶者短期居住権 ……………………………………………………………… 22
■配偶者居住権 …………………………………………………………………… 22
■遺留分 …………………………………………………………………………… 23
■共同相続における権利の承継の対抗要件 …………………………………… 24
■特別の寄与 ……………………………………………………………………… 24
■戸籍 ……………………………………………………………………………… 24
■土地の相続登記の申請義務化 ………………………………………………… 25
■遺留分に関する民法の特例 …………………………………………………… 25

準確定申告等

■所得税の準確定申告等 ………………………………………………………… 31

相続税

■納税義務者 ……………………………………………………………………… 33
■法人等に対する贈与又は遺贈 ………………………………………………… 34
　1. 法人等に対して遺贈があった場合 ………………………………………… 34
　2. 相続財産を贈与した場合 …………………………………………………… 35
　3. 特定公益信託の信託財産とするために支出した金銭についての非課税 … 36
　4. 法人等に財産を贈与又は遺贈した者に対する課税 ……………………… 36
　5. 措置法第40条と第70条の比較 ……………………………………………… 37
■申告書の提出義務者・提出期限・提出先・添付書類 ……………………… 38

■課税財産と非課税財産 ……………………………………………………… 40
■相続税の申告のための確認資料 …………………………………………… 41
　相続人の確定・財産の分割等／土地／家屋 ……………………………… 41
　立木／上場株式等／取引相場のない株式等／公社債等 ………………… 42
　預貯金・現金／生命保険等／退職金等／貸付金等／事業用財産／その他の財産 … 43
　債務／葬式費用 …………………………………………………………… 43
　小規模宅地等／生前贈与／配偶者の税額軽減／税額計算等／農地等の納税猶予 … 44
■財産の所在の判定 …………………………………………………………… 44

財産評価（課税価格）

■土地及び土地の上に存する権利 …………………………………………… 45
　1. 通則 ………………………………………………………………………… 45
　2. 宅地 ………………………………………………………………………… 46
　　［土地及び土地の上に存する権利の評価についての調整率表］ ……… 48
　3. 農地 ………………………………………………………………………… 58
　4. 山林 ………………………………………………………………………… 61
　5. 雑種地 ……………………………………………………………………… 62
■小規模宅地等についての相続税の課税価格の計算の特例 ……………… 63
　1. 適用対象の土地等 ………………………………………………………… 63
　2. 事業用宅地等 ……………………………………………………………… 64
　3. 特定事業用宅地等 ………………………………………………………… 65
　4. 特定同族会社事業用宅地等 ……………………………………………… 66
　5. 貸付事業用宅地等 ………………………………………………………… 67
　　［事業用宅地等の形態と減額割合］ …………………………………… 68
　6. 居住用宅地等 ……………………………………………………………… 69
　　［居住用・貸付用等の判定］ …………………………………………… 69
　7. 特定居住用宅地等 ………………………………………………………… 70
　8. 郵便局舎の敷地の用に供されている宅地等 …………………………… 71
　9. 申告手続 …………………………………………………………………… 72
　10. 3 年以内に分割された場合の手続 ……………………………………… 73
■借地権・定期借地権などの評価 …………………………………………… 74
　•借地権 ……………………………………………………………………… 74
　•定期借地権 ………………………………………………………………… 76
　•地上権・区分地上権・地役権 …………………………………………… 78
　•貸家建付借地権等ほか …………………………………………………… 79
　•配偶者居住権 ……………………………………………………………… 80
■家屋等の評価 ………………………………………………………………… 83
■構築物の評価 ………………………………………………………………… 85
■果樹等及び立竹木の評価 …………………………………………………… 85
■動産等の評価 ………………………………………………………………… 87
　•一般動産（87）　•たな卸商品等（87）　•書画骨とう品（88）
　•電話加入権（88）　•営業権（89）　•特許権等（90）　•著作権（90）
■未支給年金等・売買契約後の相続開始・未収法定果実 ………………… 91
■上場株式の評価 ……………………………………………………………… 92
■気配相場等のある株式の評価 ……………………………………………… 94

■取引相場のない株式の評価 95
　1. 取引相場のない株式の評価方式の判定（フローチャート） 95
　2. 株主の判定 96
　3. 会社規模の判定 101
　4. 純資産価額方式 105
　5. 類似業種比準価額方式 110
　6. 特定の評価会社 116
　7. 一般の評価会社の評価方法 119
　8. 株式等保有特定会社 120
　9. 種類株式の評価 123
■株式に関する権利の評価 126
■出資等の評価 127
■公社債等の評価 129
　1. 公社債 129
　2. 貸付信託受益証券 131
　3. 証券投資信託受益証券 131
　4. 不動産投資信託証券（J-REIT） 131
■ゴルフ会員権の評価 132
■貸付金債権の評価 132
■預貯金の評価　　■邦貨換算　　　■暗号資産 133
■家族名義の預金等 134
■生命保険金等 137
　1. 生命保険契約等に関する課税関係 137
　2. 生命保険契約に関する権利 138
　3. 生命保険金等 138
　4. 定期金に関する権利 141
　5. 保証期間付定期金に関する権利 141
　6. 契約に基づかない定期金に関する権利 141
■退職手当金等 142
■信託に関する特例 145
■特別寄与者が特別寄与料の支払を受けた場合 146
■葬式費用 147
■債務控除 148

相続税（税額計算等）

■相続開始前7年以内（3年以内）の贈与財産と贈与税額控除 150
■遺産に係る基礎控除 153
■各人ごとの相続税額 154
■配偶者の税額軽減 156
　• 配偶者の税額軽減額の計算 156
　• 仮装隠ぺいがあった場合 158
■未成年者控除 159
■障がい者控除 160
■相次相続控除 162
■外国税額控除 164
■未分割の場合の申告手続き 165
　1. 課税価格の計算 165

2. 遺産の一部が未分割である場合の申告方式 ………………… 165
  3. 未分割の場合に適用できない規定 …………………………… 165
  4. 分割後の手続き ………………………………………………… 169
■相続税の期限後申告等 …………………………………………… 170
■延納 ………………………………………………………………… 171
■物納 ………………………………………………………………… 179
■連帯納付義務 ……………………………………………………… 193
■農地等に係る納税猶予の特例 …………………………………… 194
 （参考）特定生産緑地制度 ……………………………………… 204
■相続税における重加算税の取扱い ……………………………… 205
■国外財産調書・財産債務調書 …………………………………… 207
■相続財産の譲渡 …………………………………………………… 209

贈与税（暦年課税）

■納税義務者 ………………………………………………………… 210
■贈与による財産の取得時期 ……………………………………… 211
■贈与税の課税財産（贈与の意義・扶養義務者からの贈与・本来の贈与財産・
 みなし贈与財産） ………………………………………………… 211
■使用貸借による土地の借受けがあった場合 …………………… 215
■非課税財産 ………………………………………………………… 216
■直系尊属から教育資金の一括贈与を受けた場合の贈与税の非課税 …… 217
■直系尊属から結婚・子育て資金の一括贈与を受けた場合の贈与税の非課税 …… 219
■直系尊属から住宅取得等資金の贈与を受けた場合の贈与税の非課税 ………… 221
■贈与税の配偶者控除 ……………………………………………… 226
■外国税額控除 ……………………………………………………… 227
■贈与税の計算 ……………………………………………………… 228
■申告・納税・開示 ………………………………………………… 229

相続時精算課税制度

  1. 概要 …………………………………………………………… 231
  2. 適用対象者の要件 …………………………………………… 231
  3. 適用手続 ……………………………………………………… 232
  4. 相続時精算課税制度に係る贈与税 ………………………… 233
  5. 相続時精算課税制度における相続税額の計算 …………… 234
  6. 相続税納税の権利義務の承継 ……………………………… 235
  7. 住宅取得等資金に係る相続時精算課税 …………………… 236

法人版　特例事業承継税制

■特例措置と一般措置の比較 ……………………………………… 238
■特例事業承継税制における用語 ………………………………… 238
■適用対象となる中小企業者の範囲 ……………………………… 238
■特例承継計画の提出・確認 ……………………………………… 239
■非上場株式等についての贈与税の納税猶予及び免除の特例 … 239
■非上場株式等についての相続税の納税猶予及び免除の特例 … 248
■担保の提供 ………………………………………………………… 256
■資産保有型会社・資産運用型会社 ……………………………… 258

個人版 事業承継税制

1. 個人版事業承継税制の概要 ……………………………………………… 261
2. 特定事業用資産 …………………………………………………………… 261
   [小規模宅地等の特例との適用関係] ………………………………… 261
3. 贈与税の納税猶予及び免除 ……………………………………………… 262
4. 先代事業者が死亡した場合の相続税の納税猶予 …………………… 265
5. 相続税の納税猶予及び免除 ……………………………………………… 265

その他

■被相続人・相続人の税務手続 …………………………………………… 267
■和暦・西暦の換算 ………………………………………………………… 268
■尺貫法の換算　■不動産取得税の税率　■登録免許税の税率 …… 269
■相続開始後の申告手続スケジュール（非上場株式等のない場合） …… 270

—— 凡　例 ——

法	相続税法	通法	国税通則法
令	相続税法施行令	措法	租税特別措置法
規	相続税法施行規則	措令	租税特別措置法施行令
相基通	相続税法基本通達	措規	租税特別措置法施行規則
評基通	財産評価基本通達	措通	租税特別措置法関係通達
民	民法	所法	所得税法
法法	法人税法	所令	所得税法施行令
法令	法人税法施行令	所基通	所得税基本通達
法基通	法人税基本通達	消法	消費税法
円滑化法	中小企業における経営の承継の円滑化に関する法律		
円滑化規	中小企業における経営の承継の円滑化に関する法律施行規則		
国外送金等調書法	内国税の適正な課税の確保を図るための国外送金等に係る調書の提出等に関する法律		

本書の利用にあたって

　本書は、ある程度相続税法についての基礎的な知識を有しておられる方が、実務をされるときに、少しでもお役に立つことを目的として作られています。そのため、ハンディタイプにし、また、図表などを多く用いています。もとより税法の詳細な解説を行うものではありません。

　また、本書は令和5年10月1日現在の法令に基づいています。なお、ご利用にあたっては法令集などにより、ご確認いただきたいと思います。

　掲載されている各項目については筆者が今までの申告実務に際して必要性を感じたものを特に詳しく解説していますが、読者の方々のご意見ご要望をできるだけたくさん頂き、改訂を重ねていきたいと思います。

令和5年度の主な改正事項と適用時期

1．相続時精算課税に係る基礎控除の創設

改正の概要	参考法令等
・相続時精算課税適用者が特定贈与者から贈与により取得した財産に係るその年分の贈与税について、暦年課税の基礎控除とは別に、贈与税の課税価格から基礎控除110万円が控除されることとなりました。 ※P.14（参考）令和6年からの**相続時精算課税贈与**と**暦年課税贈与**	相法21の11の2、措法70の3の2、相令5の2、措令40の5の2
・特定贈与者の死亡に係る相続税の課税価格に加算される、その特定贈与者から贈与により取得した財産の価額は、贈与を受けた年分ごとに基礎控除額110万円を控除した残額とされました。	相法21の15、21の16
・相続時精算課税に係る基礎控除が設けられたため、特定贈与者から贈与を受けた財産の価額が基礎控除以下である場合には贈与税の申告が不要となるため、このような場合には相続時精算課税選択届出書のみを提出しなければならないこととされました。	相令5、5の6、相規10

▶令和6年1月1日以後に贈与により取得する財産に係る贈与税又は相続税について適用

(1) 改正後の相続時精算課税（イメージ）

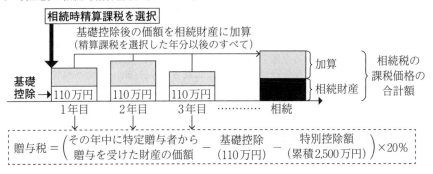

(2) **基礎控除についての留意点**
　① 相続時精算課税に係る基礎控除は、受贈者1人について毎年110万円であり、同一年に2人以上の特定贈与者から贈与を受けた場合でも基礎控除は110万円です。
　　（例）「父→子、母→子」の相続時精算課税贈与があったときは、110万円を贈与税の課税価格の比で按分します。
　② 暦年課税の基礎控除は、相続時精算課税を選択した特定贈与者からの贈与については適用できません。
　　（例）「父→子」で相続時精算課税を選択すると、父から子への贈与について暦年課税は適用できず、基礎控除は相続時精算課税分の110万円だけです。
　③ 暦年課税に係る基礎控除は、受贈者ごとに1年110万円であり、例えば「父→子」は相続時精算課税贈与で、「母→子」が暦年課税贈与の場合には、それぞれについて基礎控除の限度額は110万円となり、子は年間最大220万円までの贈与について贈与税が課税されません。

2．相続時精算課税に係る土地又は建物の価額の特例の創設

改正の概要	参考法令等
• 相続時精算課税適用者が特定贈与者からの贈与により取得した土地又は建物が、その贈与の日から特定贈与者の死亡に係る相続税の申告書の提出期限までの間に災害によって相当の被害を受けた場合（その相続時精算課税適用者が、その土地又は建物を贈与の日から災害発生の日まで引き続き所有していた場合に限ります。）において、所轄税務署長の承認を受けたときは、その相続税の課税価格に加算される土地又は建物の価額は、災害によって被害を受けた部分に対応する金額を控除できることとされました。	措法70の3の3、措令40の5の3、措規23の6の2

▶令和6年1月1日以後に災害により被害を受けた場合について適用

(1) 適用対象となる相当の被害とは、次に定める程度の被害をいいます。

① 土地 … $\dfrac{\text{被災価額}}{\text{贈与時の価額}} \geqq \dfrac{1}{10}$

② 建物 … $\dfrac{\text{被災価額}}{\text{想定価額}^{※}} \geqq \dfrac{1}{10}$

※想定価額＝贈与時の価額 × $\dfrac{\text{災害時の使用可能期間のうち未経過年数}}{\text{贈与時の使用可能期間のうち未経過年数}}$

(2) 災害によって被害を受けた部分に対応する金額とは、土地又は建物ごとの被災価額（保険金などにより補填される金額を控除した残額）をいいます。

(3) 災害が発生した日から3年を経過する日までに贈与時の納税地の所轄税務署長に申請書を提出しなければなりません。

(4) 災害被害者に対する租税の減免などの適用を受けている場合には、適用がありません。

3．暦年課税による生前贈与の加算対象期間等の見直し

改正の概要	参考法令等
• 相続税の課税価格に加算される生前贈与の対象期間について、「相続開始前3年以内」が「相続開始前7年以内」とされました。 • 相続税の課税価格に加算される贈与財産（加算対象贈与財産）の価額について、その相続の開始前3年以内に取得した財産以外の財産については、その財産の価額の合計額から100万円を控除することとされました。	相法19

▶令和6年1月1日以後に贈与により取得する財産に係る相続税について適用（令和5年12月31日以前の贈与については従前どおり）

(1) 贈与の時期と加算対象期間をまとめると次の通りです。

贈与の時期			加算対象期間
～令和5年12月31日			相続開始前3年間
令和6年1月1日～	贈与者の相続開始日	令和6年1月1日～令和8年12月31日	相続開始前3年間
		令和9年1月1日～令和12年12月31日	令和6年1月1日～相続開始日
		令和13年1月1日～	相続開始前7年間

— 11 —

＜加算対象期間のイメージ＞

			贈与者の相続開始年									
			令5	令6	令7	令8	令9	令10	令11	令12	令13	・・・
R2	R3	R4	R5 →3年以内									
	R3	R4	R5	R6 →3年以内								
		R4	R5	R6	R7 →3年以内							
			R5	R6	R7	R8 →3年以内						
				R6	R7	R8	R9 →4年以内					
				R6	R7	R8	R9	R10 →5年以内				
				R6	R7	R8	R9	R10	R11 →6年以内			
				R6	R7	R8	R9	R10	R11	R12 →7年以内		
					R7	R8	R9	R10	R11	R12	R13 →7年以内	

（R○は贈与の時期）

○ 相続開始が令和9年以降からは、加算対象贈与財産のうち相続開始前3年以内に取得した財産以外の財産（上図　　時の贈与）の合計額から**100万円を控除**します。

○ 「相続開始前3年以内」とは、相続の開始の日から遡って3年目の応当日からその相続の開始の日までの間をいいます。

(2) 被相続人からの相続又は遺贈により財産（みなし相続財産を含みます。）を取得した者だけに生前贈与加算の適用があります。

(3) 相続時精算課税適用者については、被相続人から相続又は遺贈により財産を取得しなかった場合でも生前贈与加算の適用があります。

4．教育資金の一括贈与を受けた場合の贈与税の非課税措置の見直し

改正の概要	参考法令等
・直系尊属から教育資金の一括贈与を受けた場合の贈与税の非課税措置について、下記(1)(2)の見直しが行われた上、その適用期限が令和8年3月31日まで3年延長されました。	措法70の2の2

▶令和5年4月1日以後に信託受益権等を取得する個人に係るその信託受益権等に係る相続税又は贈与税について適用（同日前にのみ信託受益権等を取得した個人に係るその信託受益権等に係る相続税又は贈与税については従前どおり）

(1) 教育資金管理契約の終了の日までに贈与者が死亡した場合には、管理残額を贈与者から相続等により取得したこととされ、相続税が課税されます。

　　ただし、受贈者が「①23歳未満、②学校等に在学中、③教育訓練給付金支給対象の教育訓練を受講中」の場合には、課税対象とされていませんでした。

　　改正では、その贈与者の死亡に係る相続税の課税価格の合計額が5億円を超えるときは、上記①②③の場合であっても、その管理残額は相続又は遺贈により取得したものとみなされ、相続税の課税対象とされることになりました。

(2) 教育資金管理契約が終了した場合において、非課税拠出額から教育資金支出額を控除（相続等により取得したものとみなされた管理残額も控除）した残額に、暦年課税の贈与税が課されるときは、一般税率を適用することとされました。

5．結婚・子育て資金の一括贈与を受けた場合の贈与税の非課税措置の見直し

改正の概要	参考法令等
•結婚・子育て資金管理契約が終了した場合において、非課税拠出額から結婚・子育て資金支出額を控除（相続等により取得したものとみなされた管理残額も控除）した残額に、暦年課税の贈与税が課されるときは、一般税率を適用することとされた上、その適用期限が令和7年3月31日まで2年延長されました。	措法70の2の3
▶令和5年4月1日以後に信託受益権等を取得する個人に係るその信託受益権等に係る贈与税について適用（同日前にのみ信託受益権等を取得した個人に係るその信託受益権等に係る贈与税については、従前どおり）	

6．相続税についての更正、決定等の期間制限の特則の創設

改正の概要	参考法令等
•共同相続人等のうち一部の者から、税務署長が更正決定等をすることができなくなる日（法定申告期限から5年を経過する日）前6か月以内に、相続税の更正の請求がされた場合、その更正の請求があった日から6か月を経過する日まで、他の相続人等に対して、相続税の更正決定等が行えることとされました。	相法35
▶令和5年4月1日以後に申告書の提出期限が到来する相続税について適用	

7．贈与税の申告内容の開示

改正の概要	参考法令等
•暦年課税における加算期間の延長及び相続時精算課税の110万円基礎控除の創設に伴い、贈与税の申告内容の開示について次のように見直されました。	相法49

①暦年課税贈与　(i)　相続開始前3年以内の加算対象財産
　　　　　　　　　　…贈与税の申告書に記載された贈与税の課税価格の合計額
　　　　　　　(ii)　(i)以外の加算対象財産
　　　　　　　　　　…贈与税の申告書に記載された贈与税の課税価格の合計額から100万円を控除した残額

（注）加算対象期間	相続開始日	加算対象期間
	令6〜令8	相続開始前3年間
	令9〜令12	令6.1.1〜相続開始日
	令13〜	相続開始前7年間

②相続時精算課税贈与…相続時精算課税の適用を受けた財産に係る贈与税の申告書に記載された贈与税の課税価格（基礎控除110万円控除後）の合計額

▶令和6年1月1日以後に相続又は遺贈により財産を取得する者がする開示の請求について適用

— 13 —

8. 居住用の区分所有財産（マンション）の評価の見直し（個別通達の新設）

改正の概要	参考法令等
• マンションについては、市場での売買価格と通達に基づく相続税評価額が大きく乖離しているケースもみられることから、マンションの評価について適正化が図られることとされました。	課評2-74、課資2-16

▶令和6年1月1日以後に相続、遺贈又は贈与により取得した財産について適用

(1) 評価見直しの対象

一棟の区分所有建物^(注)に存する居住の用に供する専有部分一室に係る区分所有権及び敷地利用権

（注）　① 区分所有者が存する家屋で、居住用の専有部分のあるもの

② 地階を除く階数が2以下のものを除く

③ 居住用の専有部分一室の数が3以下であって、その全てがその区分所有者又は親族の居住用のものを除く

(2) 評価方法

① 評価乖離率の算出

A	一棟の区分所有建物の建築から課税時期までの築年数（1年未満端数切上げ）　×△0.033
B	一棟の区分所有建物の総階数指数^(注)×0.239（小数点以下4位切捨て） （注）地上総階数÷33（小数点以下4位切捨て、1を超える場合は1とする）
C	一室の区分所有権等に係る専有部分の所在階^(注)×0.018 （注）専有部分が複数階のときは低い方の階とし、地階の場合の所在階は零階としCの値は0とする
D	一室の区分所有権等に係る敷地持分狭小度^(注)×△1.195（小数点以下4位切上げ） （注）一室の区分所有権等に係る敷地利用権の面積÷専有部分の面積 　　（計算結果を小数点以下4位切上げ）
評価乖離率＝A＋B＋C＋D＋3.220	

② 区分所有補正率

評価水準 $\left(= \dfrac{1}{評価乖離率} \right)$	1超	区分所有補正率＝評価乖離率
	0.6以上1以下	補正しない
	0.6未満	区分所有補正率＝評価乖離率×0.6

（注）区分所有者が一棟の区分所有建物に存する全ての専有部分及び敷地を単独で所有している場合には、区分所有補正率は1を下限とされます。

③ マンション（一室）の評価方法

(i)	区分所有建物	建物の固定資産税評価額×1.0×区分所有補正率
(ii)	敷地利用権	敷地全体の価額×敷地権割合×区分所有補正率
(iii)	マンションの相続税評価額＝(i)＋(ii)	

※評価乖離率が零又はマイナスであるマンション（一室）は評価しません（評価額＝0となります。）。

(参考) 令和6年からの相続時精算課税贈与と暦年課税贈与

〈相続時精算課税を選択できる場合〉
- 贈与者⇨60歳以上の父母又は祖父母（住宅取得等資金の贈与の場合には特例あり）
- 受贈者⇨18歳以上の者のうち、贈与者の直系卑属である推定相続人又は孫
※受贈者が贈与者ごとに適用を選択

一度選択すると、同じ贈与者からの贈与について暦年課税への変更不可

[贈与税]（相続時精算課税）	[贈与税]（暦年課税）
① 相続時精算課税適用者は、特定贈与者から1年間に贈与により取得した財産の価額の合計額から基礎控除110万円（※）を控除 （※）同一年中に二人以上の特定贈与者からの贈与により財産を取得した場合には、110万円を特定贈与者ごとの贈与税の課税価格で按分 ② 特定贈与者ごとに特別控除2,500万円（前年までに使用した特別控除を差し引いた残額）を控除 ③ 基礎控除額と特別控除額を控除した残額に20％の税率を乗じて贈与税額を算出	① 受贈者ごとに、1年間に贈与により取得した財産の価額の合計額から基礎控除110万円を控除した残額に一般税率又は特別税率の累進税率を適用して、贈与税額を算出

（相続時） ⇩　　（相続時） ⇩

[相続税]（相続時精算課税）	[相続税]（暦年課税）
① 贈与者が亡くなった時の相続税は、相続財産の価額に贈与年分ごとに相続時精算課税を適用した贈与財産の価額（贈与時の価額）から基礎控除額を控除した残額を加算して相続税額を計算 ② 相続時精算課税で支払った贈与税相当額は相続税額から控除（控除しきれない金額は還付） ③ ①②は相続又は遺贈により財産を取得しない場合も適用	① 贈与者が亡くなった場合で、その贈与者から相続又は遺贈により財産を取得したときは、その相続開始前7年以内（※経過措置はP.10の3.(1)）に贈与を受けた財産の価額（相続開始前4年～7年以内の贈与財産については、その合計額から100万円を控除）を相続税の課税価格に加算 ② ①の贈与を受けた財産に課された贈与税額はその者の相続税額から控除（控除しきれなくても還付なし）

(例) 相続時精算課税贈与と暦年課税贈与の基礎控除の比較

- 父から子A、子Bに贈与（子Aへの贈与について相続時精算課税を選択）
- 母から子A、子Bに贈与
- 父が令和13年に死亡

	各人の贈与税の基礎控除（万円）							父に係る相続税の課税価格への加算
	令6	令7	令8	令9	令10	令11	令12	
父⇒A	110	110	110	110	110	110	110	贈与年分ごとに贈与財産の価額から基礎控除額を控除した残額を加算
母⇒A	110	110	110	110	110	110	110	—
Aの計	220	220	220	220	220	220	220	
父⇒B	110	110	110	110	110	110	110	暦年課税のため、加算対象贈与財産（前7年以内の贈与財産（前4～7年分については、その合計額から100万円控除））を加算
母⇒B	110	110	110	110	110	110	110	
Bの計	110	110	110	110	110	110	110	

民法の基礎知識

■相続開始の時期	・自然的死亡	現実の死亡事実発生時 / 認定死亡→戸籍記載の死亡時点
	※認定死亡…震災や洪水などで死亡したことが確実でありながら死亡の確認ができないときには、警察署等が市町村に死亡報告をし、戸籍簿に死亡の記載がされます。	
(民31)	・失踪宣告	普通失踪→7年間の失踪期間満了の時に死亡とみなす / 危難失踪→危難の去った時に死亡とみなす
	(危難(地震や火災など)が去ってから1年間の生死不明のときに失踪宣告)	
(民32の2)	・同時死亡の推定…死亡の先後関係が明らかでないときには、同時に死亡したものと推定されます。	

■相続人の範囲

①子・直系尊属…実子と養子、嫡出子と非嫡出子の区別による差はありません。

②代襲相続

| 原因 | 相続開始以前死亡(同時死亡を含む。) 相続欠格 推定相続人の廃除 | → | 被相続人の子、被相続人の兄弟姉妹に代襲相続が認められます。 |

(民886) ③再代襲は被相続人の子についてのみ(**兄弟姉妹の代襲相続は一代限り。**)
④相続開始時に胎児であった者については、既に生まれたものとみなされます。ただし、死産の場合にはこの規定は適用されません。

■相続順位
第1順位… 子及び代襲相続人　　　＋　配偶者
第2順位… 直系尊属(親等の近い順)　＋　配偶者
第3順位… 兄弟姉妹及び代襲相続人　＋　配偶者

■養子・特別養子

	特別養子	普通養子
養親の制限	25歳以上と20歳以上の夫婦で共に養親	20歳以上である者
養子の制限	原則として15歳(令和2年3月31日以前は6歳)未満	養親より年少者
縁組の手続き	家庭裁判所の審判が必要	養子が未成年者でなければ当事者の届出のみ
実親等の同意	実父母の同意が必要	養子が満15歳未満のときは、法定代理人が承諾をする。
親子関係	実方との親族関係は終了する。	実方の親族関係は存続する。
戸籍の記載	養子との文言の記載がない。	養子と明記される。
離縁	家庭裁判所の審判が必要 養親からの請求不可	当事者の協議で可能。養子、養親のいずれでも訴え提起可

(民809) 　被相続人の養子は、縁組の日から養親(被相続人)の嫡出子としての身分を取得します。

(民817の9) 　夫婦は共同して養子縁組をしなければなりませんが、独身時代に縁組をした場合には、夫婦の一方だけの養子となります。特別養子制度は実方の親子関係が終了します。普通養子は実父母との親子関係が維持され

るので、実父母に相続が開始した場合にも相続権を有します。特別養子は、実父母に相続が開始しても相続権はありません。

■嫡出子・非嫡出子

嫡出子 →法律婚の関係にある男女を父母として生まれた子。（養子は養子縁組によって養親の嫡出子となる。）

非嫡出子→法律婚の関係にない男女の間に生まれた子。母子関係は分娩の事実により認め、父子関係は認知によって生じる。非嫡出子も準生（婚外子が婚内子たる身分を取得する制度）によって嫡出子となることができる。

（※）令6.4.1以後、①女性の再婚禁止期間廃止②前夫以外の男性と再婚後に生まれた子は、再婚後の夫の子と推定

○**平成25年9月5日以後開始の相続については、嫡出子と非嫡出子の相続分は同等**

（平成25年9月4日までは非嫡出子の相続分は嫡出子の$\frac{1}{2}$）

（参考）最高裁判所（平成25年9月4日）決定
平成25年12月5日改正前民法900条4号ただし書の規定のうち非嫡出子の相続分を嫡出子の$\frac{1}{2}$とする部分は、遅くとも平成13年7月当時において、憲法14条1項に違反していた。

■法定相続分
（民900、901）

第1順位（配偶者と子）

甲（被相続人）
乙（$\frac{1}{2}$）

子A（$\frac{1}{2}\times\frac{1}{3}$）
子B（$\frac{1}{2}\times\frac{1}{3}$）
子C（代襲）
　孫C（$\frac{1}{2}\times\frac{1}{3}\times\frac{1}{2}$）
　孫D（$\frac{1}{2}\times\frac{1}{3}\times\frac{1}{2}$）

※子、直系尊属又は兄弟姉妹が2人以上のときは、各自の相続分は均等
※代襲相続人の相続分は、その被代襲者の相続分と同じで、代襲相続人が2人以上いるときは、各自の相続分は均等
※被相続人の養子は、縁組みの日から養親の嫡出子としての身分を取得します。養子となった人に養子縁組前に既に子がいた場合、養子の効力は縁組前にさかのぼらないため、被相続人とは血縁関係が繋がらず代襲相続人にはなりません。

（先妻）丙
甲（被相続人）
乙（$\frac{1}{2}$）

子A（$\frac{1}{2}\times\frac{1}{3}$）
子B（$\frac{1}{2}\times\frac{1}{3}$）
子C（$\frac{1}{2}\times\frac{1}{3}$）

第2順位（配偶者と直系尊属）

父A（$\frac{1}{3}\times\frac{1}{2}$）
母B（$\frac{1}{3}\times\frac{1}{2}$）
甲（被相続人）
乙（$\frac{2}{3}$）

第3順位（配偶者と兄弟姉妹）

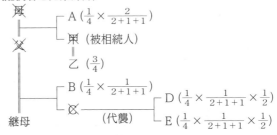

※半血兄弟姉妹（父母の一方だけを同じくする兄弟姉妹）の相続分は全血兄弟姉妹（父母の双方とも同じくする兄弟姉妹）の $\frac{1}{2}$

（身分関係が重複する場合）

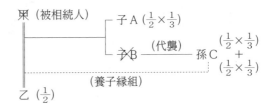

※上図のように被相続人が孫を養子にした場合、その孫養子の相続分は子としての相続分と代襲相続人としての相続分の合計

■**親族の範囲**
（民725）

親族とは6親等内の血族（［1］～［6］）、配偶者、3親等内の姻族（①～③）をいいます。

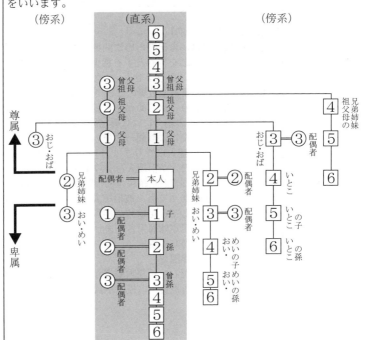

■相続の承認・放棄
(民915、924、938)

相続人は相続開始の時から被相続人に属した財産上の一切の権利義務を承継します（民896）が、相続人には相続の承認又は放棄を選択する権利が与えられています。

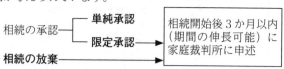

(1)**相続の承認**

単純承認 (民920)	相続財産・債務を全面的に承継します。 (相続財産をもって相続債務を弁済しきれない場合、相続人の個人財産により弁済しなければなりません。) 　以下の事由が生じた場合は単純承認をしたものとみなされます（法定単純承認（民921））。 ①相続財産の全部又は一部の処分 ②熟慮期間（3か月）の経過 ③背信的行為（相続人が限定承認又は放棄をした後、相続財産の隠匿、消費等をすること）
限定承認 (民922)	相続財産の範囲において債務及び遺贈の義務を負担します。相続人が複数いるときには、全員の共同が必要です（民923）。 (注)限定承認に係る相続財産の移転は、被相続人が相続人に対し時価により資産の譲渡をしたものとして、譲渡所得税が課税されます。その結果、みなし譲渡に係る租税債務が被相続人の債務として発生することになります（所法59①）。

(2)**相続の放棄**（民939）
- 相続の放棄とは、自己のために開始した不確定の相続の効力を確定的に消滅させることを目的とする意思表示をいい、家庭裁判所に申述書を提出しなければなりません。（遺産分割により相続財産を何も取得しない、いわゆる財産放棄のことではありません。）
- 相続の放棄により、はじめから相続人とならなかったものとみなされます。（相続放棄の場合には代襲相続もありません。）
- また、相続の放棄により同一順位の相続人がいなくなったときは、次の順位の者が相続人になります。（例えば、第1順位の相続人が放棄すると第2順位の人が相続人となります。）
- 相続の放棄があっても相続税の基礎控除は変わりません。（P.153参照）
- 相続の放棄者であっても、被相続人から特定財産の遺贈を受けたり生命保険金を取得して、相続税の納税義務が生じることがあります。この場合には次の規定は適用されません。

(法12①五)　①生命保険金等の非課税
(法12①六)　②死亡退職金の非課税
(法13)　　　③債務控除（ただし、相続放棄者が被相続人の葬式費用を負担した場合には、その負担費用の控除が認められています。（相基通13-1））
(法20)　　　④相次相続控除

(3)相続の放棄の検討基準
- 相続財産よりも承継する負債が大きい場合（相続の放棄をしても、生命保険金等を受け取ることはできます。）
- 親族間の相続問題に巻き込まれたくない場合
- 相続順位を変えることにより、第2順位である父母が第3順位である兄弟姉妹に財産を相続させたいような場合

■相続人の不存在
（民951～959）

- 相続人がいない場合であっても相続財産が存在する場合には、その財産を整理・清算する必要があります。民法では、相続財産を相続財産法人とし、それを整理・清算する者として相続財産清算人を規定しています。
- 相続財産清算人は、利害関係人又は検察官の請求により、家庭裁判所が選任します。
- 相続人の不存在が確定した場合には、特別縁故者から家庭裁判所への請求により清算後の残余の相続財産の全部又は一部が、特別縁故者へ分与されます。
- 特別縁故者とは、①被相続人と生計を同じくしていた者、②被相続人の療養看護に努めた者、③その他被相続人と特別の縁故があった者をいいます。
- 特別縁故者への残余財産の分与を経てもなお残余する相続財産は、国庫に帰属します。

■遺産分割

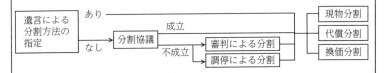

現物分割	遺産を現物のまま分割する方法
代償分割	特定の相続人が相続財産の現物を取得し、その相続人が他の相続人に金銭等の資産を交付する方法（資産を譲渡した場合には、その取得者だけに譲渡所得）
換価分割	相続財産の全部又は一部を未分割状態で換金して、その代金を相続人間で配分する分割（相続人全員が譲渡所得の対象）

(1)相続人に未成年者がいる場合
共同相続人中に、①親権者とその親権に服する未成年の子がいるとき、②同一の親権に服する複数の未成年の子がいるときに、その親権者が未成年者の法定代理人として遺産分割手続きを行うと、①親権者と未成年者②未成年者間の利益相反行為となります。（民826）
→未成年者のための**特別代理人の選任**を家庭裁判所に請求する必要があります。

(2)遺産分割の効果
- 遺産分割によって各相続人が取得した財産は、相続開始時に遡って被相続人から直接承継したことになります。ただし、遺産分割前になされた相続人の行為等に基づく第三者の権利を侵害することはできません。（民909）
- 財産が分割されるまでの間にその財産から収益が生じた場合、その収益は法定相続分に応じて各相続人に帰属します。所得税の申告期限ま

でに分割が行われなかった場合、各相続人にはその相続分に応じた所得課税が行われます（その後分割が行われても、修正申告や更正の請求は行いません。これは、分割の遡及効は相続財産にだけ及び、相続財産からの果実には影響を与えないからです。）。

(1)特別受益の持戻し

• 持戻しとは、相続人の中に被相続人から特別受益（遺贈又は生前贈与）を受けている者がいる場合、その特別受益の額を加えて遺産分割の対象となる相続財産とみなすことをいいます。（民903）

(2)持戻し免除の意思表示の推定（民903④）

• 被相続人が婚姻期間20年以上の配偶者に対し、その居住の用に供する建物又はその敷地について遺贈又は贈与をしたときは、遺産分割において持戻しをしなくてよいという旨の被相続人の意思表示があったことと推定します。これにより配偶者は、贈与された居住用不動産を考慮しないで、遺産分割により相続財産を取得できます。

(3)遺産分割前における預貯金債権の行使

• 相続人が相続財産に属する債務の弁済や相続人の生活費などに金銭が必要な場合、他の相続人の利益を害しない限り、家庭裁判所への申立てにより、遺産に属する預貯金の全部又は一部の仮払いを受けることができます。

金融機関への提出書類	①家庭裁判所の審判書謄本（審判書上確定表示がない場合、審判確定証明書も必要）、②払戻しをする者の印鑑証明書　等

（民909の2）

• 相続人は、遺産に属する預貯金債権のうち、相続開始時の債権額の3分の1にその相続人の法定相続分を乗じた額については、家庭裁判所の判断を経ずに、単独で払戻しをすることができます。（1つの金融機関からの払戻しは150万円まで）

金融機関への提出書類	①被相続人の除籍謄本、戸籍謄本又は全部事項証明書、②相続人全員の戸籍謄本又は全部事項証明書、③払戻しをする者の印鑑証明書　等

(4)遺産分割前に財産が処分された場合の遺産の範囲

• 遺産分割前に相続人が相続財産である預金を引き出してしまったような場合には、その相続人以外の相続人の全員の同意により、その預金が遺産分割時に遺産として存在するものとみなすことができます。（民906の2）

(5)遺産の一部分割

• 共同相続人は、被相続人が遺言で禁じた場合を除き、いつでも、その協議で、遺産の全部又は一部の分割をすることができます。（民907①）
• 共同相続人間の分割協議が調わないとき、又は協議をすることができないときは、各相続人は、その全部又は一部の分割を家庭裁判所に請求することができます。（民907②）

■遺言（民961）

満15歳に達した者は、遺言をすることができます。満15歳未満の者や意思能力のない者の遺言は無効です。

(1)遺言の方式

遺言	普通方式	自筆証書遺言（民968）	
		公正証書遺言（民969）	
		秘密証書遺言（民970）	
	特別方式	危急時遺言	死亡危急者遺言（民976）
			船舶遭難者遺言（民979）
		隔絶地遺言	伝染病隔離者遺言（民977）
			在船隔絶地遺言（民978）

①自筆証書遺言 （民968） （自筆証書遺言の保管制度）	• 遺言者が、その全文、日付及び氏名を自書し、これに押印する方式です。自筆証書中の加除その他の変更は、遺言者が、その場所を指示し、これを変更した旨を付記して特にこれに署名し、その変更の場所に印を押さなければ、その効力がありません。 • 自筆証書遺言は、いつでも作成でき、証人もいらず、簡便ですが、証書の紛失、改変の可能性があり、要式不備の場合には無効になることがあります。また、家庭裁判所の検認手続が必要です。 • 遺言に添付する財産目録は、自筆でなく、パソコンや他人の筆記、法務局の全部事項証明書をそのまま使用するなどの方法で作成してもかまいません。 　ただし、自筆以外の方式で作成した場合には、遺言者が全てのページに署名・押印をする必要があります。 • 令和2年7月10日より、自筆証書遺言の原本を法務局に保管でき、また、相続人や遺言執行者は、相続開始後に遺言書の保管の有無等を確認することができます。
②公正証書遺言	• 公正証書遺言は、次の方式によります。 （i）遺言にあたって、2人以上の証人が立ち会うこと。 （ii）遺言者が遺言の趣旨を公証人に口述すること。 （iii）公証人が、遺言者の口述を筆記し、これを遺言者及び証人に読み聞かせること。 （iv）遺言者及び証人が、筆記の正確なことを確認した後、各自署名押印すること。 （v）公証人が、この証書は上記の方式に従って作ったものである旨を記して、署名押印すること。 • 公正証書遺言は、作成手続が面倒であり、費用がかかる上、遺言書内容の秘密が守られないことがあります。しかし、公証人が作成するため、要式不備が生じることはなく、原本は公証人が保管するため、紛失や偽造の心配はありません。 • 昭和64年1月1日以後作成の公正証書遺言は、全国的にデータベース化されており、公証役場に必要書類を持参すれば、日本公証人連合会の遺言書検索システムで遺言書の有無を調査することができます。
③秘密証書遺言	• 遺言者が遺言書を作成・署名押印・封入後、公証人役場で自己の遺言書である旨の証明をしてもらう方式。証人2人以上が必要です。要件不備の場合には無効になります。
(2)包括遺贈と特定遺贈 （民964）	• 包括遺贈とは、遺産を特定することなく割合で指定する遺贈をいいます。包括受遺者は相続人と同一の権利義務を有することになるため遺贈の放棄や限定承認は相続開始の日から3か月以内に行う必要があります。 • 特定遺贈は具体的に財産を指定する遺贈です。 　特定受遺者はいつでもこの遺贈の全部又は一部を放棄することができます。放棄された遺産については分割協議を行うことになります。
(3)遺言書の検認と開封 （民1004①②）	• 公正証書遺言及び遺言書保管所に保管されている遺言書を除き、遺言書は家庭裁判所の検認が必要です。検認とは、遺言書の内容や体裁を確認し、偽造などを防止するための手続きです。 • 遺言書の保管者又は発見者は、相続の開始を知った後、遅滞なくその遺言書を「遺言書検認申立書」とともに家庭裁判所に提出しなければなりません。

民法の基礎知識

（民1004③）	・また、封印のある遺言書は、家庭裁判所において相続人又はその代理人が立会いをして開封をしなければなりません。

■配偶者短期居住権 （民1037~1041）	・配偶者短期居住権とは、配偶者が相続開始の時に遺産に属する居住建物に無償で居住していた場合、その居住建物を取得した者に対して有する、居住建物を次表の期間無償で使用する権利のことをいいます（居住建物の一部のみを無償で使用していた場合には、その部分についてだけの権利となります。）。なお、登記の制度はありません。

配偶者を含む共同相続人間で遺産の分割をすべき場合	・遺産分割により居住建物の帰属が確定した日　　いずれか ・相続開始の時から6か月を経過する日　　　　遅い日まで
上記以外の場合	居住建物取得者が配偶者短期居住権の消滅の申入れをした日から6か月を経過する日まで（取得者はいつでも消滅の申入れをすることができます。）

・居住建物取得者は譲渡その他の方法により配偶者の使用を妨げてはなりません。
・配偶者が善管注意義務に反したり、無断で第三者に使用させた場合、居住建物取得者の意思表示で、配偶者短期住居権は消滅します。
・配偶者が配偶者居住権を取得したとき、配偶者短期居住権は消滅します。
・配偶者短期居住権は財産性がないので、遺産分割において考慮されません。

■配偶者居住権 （民1028~1036）	・配偶者居住権とは、相続開始の時に被相続人の遺産に属する建物に居住していた配偶者がその居住していた建物の全部について無償で使用及び収益をする権利のことをいいます。

（配偶者居住権の取得）	遺産分割 遺贈	居住建物が配偶者以外の者との共有であった場合は取得しません。
	遺産分割の審判	・共同相続人間に配偶者が配偶者居住権を取得することについて合意が成立しているとき ・配偶者が希望している場合で、居住建物の所有者の受ける不利益の程度を考慮してもなお配偶者の生活を維持するために必要があると認められるとき

（存続期間）	原則	終身
	例外	遺産分割協議、遺言若しくは遺産の分割の審判において別段の定めがされたときは、その定めに従います。

（設定の登記）	登記義務者	居住建物の所有者
	登記の効力	居住建物について物権を取得した者その他第三者に対して対抗することができ、また、占有の妨害に対して妨害排除請求、返還請求ができます。

（使用収益）	権利	• 居住建物の全部について無償で使用収益できます（従前居住の用に供していなかった部分にも居住できます。）。 • 使用収益に必要な修繕をすることができます。 • 居住建物について通常の必要費以外の費用を支出したときは、所有者にその償還を求めることができます。
	義務	• 配偶者居住権は第三者に譲渡できません。 • 配偶者は善管注意義務を負います。 • 所有者の承諾なしに居住建物の増改築や第三者に使用収益させることはできません。
（消滅）	死亡	配偶者が死亡した場合、配偶者居住権は消滅します。
	期間の定め	遺産分割協議・遺言若しくは遺産の分割の審判における別段の定めにより定めた期間が満了したとき
	混同	居住建物が配偶者の所有となったとき
	用法遵守義務違反等	配偶者が居住建物の用法遵守義務や善管注意義務に違反した場合において、所有者が消滅の意思表示をしたとき
	全部滅失等	居住建物の全部が滅失その他の事由により使用収益することができなくなったとき
（遺産分割）	原則	配偶者は、配偶者居住権相当額を相続したものとして扱われます（特別受益）。
	例外	婚姻期間が20年以上の夫婦間の場合、被相続人は持戻しを免除する意思表示をしたものと推定されます。

■遺留分

被相続人の一定の近親者のために法律上留保しなければならない相続財産の一定割合を、遺留分といいます。

⑴総体的遺留分
（民1042①）

• 遺留分権利者は、兄弟姉妹以外の法定相続人（配偶者、子、直系尊属）で、兄弟姉妹には遺留分はありません。遺留分割合は次のとおりです。
　①直系尊属のみが相続人である場合……被相続人の財産の3分の1
　②その他の場合……被相続人の財産の2分の1

⑵個別的遺留分
（民1042②）

各相続人ごとの遺留分。総体的遺留分を法定相続分で配分した割合をいいます。

⑶遺留分算定の基礎となる財産（民1043）

遺留分算定の基礎となる金額	＝	被相続人の相続開始時の所有財産の価額（遺贈財産含む）	＋	贈与財産の価額（注1、2、3）	－	債務の金額

（民1044）

（注1）相続開始前1年以内にした贈与は、すべて算定基礎に算入されます。また、当事者双方が遺留分権利者に損害を加えることを知って贈与をしたときは、1年前の日より前にしたものであっても算入します。

（民1044③）

（注2）**相続人に対し相続開始前10年間**にされた、婚姻若しくは養子縁組のため又は生計の資本としてなされた贈与は、すべて算定の基礎に算入します。

（民1044③）

（注3）贈与財産についても、相続開始時の価額で評価します。

(4)遺留分侵害額の請求 （民1046） （民1048） （民1046①、1047⑤）	自己の遺留分を侵害された遺留分権利者及びその承継人は、遺留分を保全するのに必要な限度で、受遺者及び受贈者に対して、**遺留分侵害額に相当する金銭の支払を請求することができます**。 　遺留分侵害額請求権は、相手方に対する意思表示によって行使され、必ずしも裁判上の手続きは必要ではありません。ただ、請求の時期や相手方への到達を確実にするために、通常は内容証明郵便が用いられます。 　遺留分侵害額請求権は、①遺留分権利者が**相続の開始と遺留分を侵害する贈与又は遺贈があったことを知った日から１年を経過したとき**、②**相続の開始の時から10年を経過したとき**、時効により消滅します。 　令和元年６月30日以前は、遺留分権利行使があった場合には原則として物権的効力のみが認められ、権利行使により遺留分侵害行為の効力は消滅し、遺留分権利者に所有権等が復帰するとされていました。 　令和元年７月１日以後は、遺留分侵害額請求権行使の効果として、物権的効力を認めず、遺留分侵害額の金銭請求権のみを認めることとされました。また、その請求に対し、裁判所の許可を得て、相当期間の支払猶予が認められます。
(5)遺留分侵害額の負担の順序 （民1047①④）	①遺贈と贈与がある場合、まず受遺者が先に負担します。 ②複数の遺贈があるとき、又は複数の贈与が同時にされたときは、目的物の価額の割合に応じて負担します。ただし、遺言書で別段の意思が表示されているときは、その意思に従います。 ③複数の贈与がある場合には、日付が後にされた贈与から負担し、順次前の贈与を負担していきます。 ④受遺者又は受贈者が無資力の場合の損失は、遺留分権利者の負担に帰します。
(6)遺留分の放棄 （民1049①②）	遺留分権利者は、**家庭裁判所の許可**により、**相続の開始前**にその遺留分を放棄することができます。 　各遺留分権利者の遺留分はそれぞれ独立しているので、その行使は自由であり、共同相続人の一人のした遺留分の放棄は、他の各共同相続人の遺留分に影響を及ぼしません。
■共同相続における権利の承継の対抗要件 （民899の2①）	・相続による権利の承継は、遺産の分割によるものかどうかにかかわらず、法定相続分を超える部分については、登記、登録その他の対抗要件を備えなければ、第三者に対抗することができません。
■特別の寄与 （民1050）	・相続人以外の親族が、被相続人の療養看護等を無償で行った場合には、相続の開始後、相続人に対し、その寄与に応じた額の金銭の支払いを請求することができます。 ・その特別寄与料の支払いについて、当事者間に協議が調わないとき、又は協議をすることができないときは、その親族が相続の開始及び相続人を知った時から６か月、又は相続開始の時から１年を経過するまでは、家庭裁判所に対して協議に代わる処分を請求することができます。
■戸籍	・戸籍は、一の夫婦と同氏の未婚の子を単位として編製されます。 ・戸籍法が大きく改正されるたびに戸籍の編製方法が改められています（改製）。明治５年、明治19年、明治31年、大正４年に改製され、昭和23年以降の戸籍は現行戸籍、平成６年の改製後の戸籍はコンピュータ

民法の基礎知識

	化された戸籍といいます。また、昭和32年法務省令により、一の夫婦と同氏の未婚の子を単位とする戸籍に改められています。改製前の戸籍は改製原戸籍簿に綴られ、**改製原戸籍**（かいせいはらこせき）と呼ばれます。

戸籍謄本	役所に保管されている戸籍の原本全部（全員の記載事項）を写した書面をいいます。コンピュータ化された市区町村では、全部事項証明書を交付します。
戸籍抄本	戸籍の原本の一部（請求された特定の個人の記載事項）を抜粋して写した書面をいいます。コンピュータ化された市区町村では、個人事項証明書を交付します。
現在戸籍	現在在籍している人がいて使用されている戸籍をいい、現戸籍（げんこせき）とも略します。
戸籍の附票	本籍地の市区町村が管理する住民票記載の住所地の移転の履歴の記録をいいます。

（法定相続情報証明制度）	• 法定相続情報証明制度とは、相続人が登記所に必要な書類を提出し、登記官が内容を確認した上で、法定相続人が誰であるのかを登記官が証明する制度で、相続登記、被相続人名義の預金の払戻しや相続税の申告など、各種相続手続で戸籍書類一式の提出の省略が可能となります。 • 必要書類は次の書類とこれに基づき作成した法定相続情報一覧図です。 ①被相続人の出生から死亡までの連続した戸籍謄本及び除籍謄本 ②被相続人の住民票の除票（取得できない場合は戸籍の附票） ③相続人全員の現在の戸籍謄本又は抄本 ④申出人の氏名・住所を確認することができる公的書類 ⑤一覧図に相続人の住所を記載する場合には、各相続人の住民票の写し
■土地の相続登記の申請義務化	①不動産の登記名義人が亡くなったときは、その相続により不動産を取得した者は、自己のために相続の開始があったことを知り、かつ、その不動産の所有権を取得したことを知った日から3年以内に、相続登記等をしなければなりません（令6.4.1〜）。 ②相続登記等の申請義務を負う者が、登記官に登記名義人について相続が開始したこと及び自己がその名義人の相続人であることを申し出たときは、①の義務を履行したものとみなされる簡便な登記制度が創設されました（令6.4.1〜）。 ③遺贈による所有権移転登記について、受遺者が相続人である場合に限り単独で申請できるようになります（令5.4.1〜）。 ④相続又は遺贈により土地を取得した相続人がその土地の取得を望まない場合には、法務大臣に対し、一定の土地の所有権を国庫に帰属させることについての承認を求めることができるようになります（令5.4.27〜）。

■遺留分に関する民法の特例

1.概要 （円滑化法3〜11）	遺留分権利者全員で合意を行い、経済産業大臣の確認・家庭裁判所の許可などの手続きを経ることで、後継者が先代経営者からの贈与等により取得した株式等について、「遺留分算定基礎財産からの除外」及び「遺留分算定基礎財産に算入すべき価額の固定」という民法の特例制度が平成21年3月1日から施行されています。また、平成31年から個人の事業

承継にも、民法の特例が適用されています。

2. 定義
①会社の経営
承継の場合

(円滑化法3①、
円滑化規2)

(円滑化法3②、
円滑化規3)

(円滑化法3③、
円滑化規4)

(円滑化法4)

(1) 「**特例中小企業者**」とは、中小企業者のうち、三年以上継続して事業を行っている会社（上場株式又は店頭登録株式の発行会社を除きます。）をいいます。

(2) 「**旧代表者**」とは、特例中小企業者の代表者であった者（現在代表者である者を含みます。）であって、推定相続人の1人である後継経営者に対してその特例中小企業者の株式等（株式（総会決議事項の全部につき議決権を行使することができない株式を除く。）又は持分をいいます。）の贈与をしたものをいいます。

(3) 「**後継者**」とは、旧代表者からその特例中小企業者の株式等の贈与を受けた者（「特定受贈者」といいます。）又はその特定受贈者からその株式等を相続、遺贈若しくは贈与により取得した者であって、その特例中小企業者の総株主（総会決議事項の全部につき議決権を行使することができない株主を除きます。）又は総社員の議決権の過半数を有し、かつ、その特例中小企業者の代表者であるものをいいます。

ただし、後継者が保有する株式等が、特例を利用する株式等を除き、既に50％を超えた議決権数を持つ場合には、特例を利用できません。

民法特例の要件の全体像

旧代表者 ——— **旧代表者の要件**
①特例中小企業者の元代表者又は現代表者
②推定相続人に株式等を贈与したこと

株式等の贈与

後継者 ——— **後継者の要件**
①特例中小企業者の現代表者
②議決権の過半数を保有
③旧代表者からの贈与等により株式等を取得

非後継者

※特例中小企業者：3年以上継続して事業を行っている非上場会社である円滑化法の対象となる中小企業者（P.238中小企業者の範囲参照）

非後継者

合意の必要条件
①当事者(旧代表者の推定相続人全員及び後継者)の合意
②合意の対象となる株式等を除くと、後継者が議決権の過半数を確保することができないこと
③以下の場合に非後継者がとることができる措置の定めがあること
　・後継者が合意対象の株式等を処分した場合
　・旧代表者生存中に後継者が代表者でなくなった場合

合意の当事者：旧代表者の推定相続人（遺留分権利者）全員及び後継者

除外合意		固定合意		以下の財産の遺留分算定基礎財産からの除外
後継者が旧代表者からの贈与等により取得した株式等を遺留分算定基礎財産から除外	and /or	後継者が旧代表者からの贈与等により取得した株式等の評価額を合意時で固定　※弁護士、公認会計士、税理士等による証明が必要	+ (option)	○後継者が旧代表者からの贈与等により取得した株式等以外の財産（**事業用不動産等**）○非後継者が旧代表者からの贈与等により取得した財産（**代償財産**）

— 27 —

②個人の事業 承継の場合 (円滑化法3④)	遺留分に関する民法の特例が適用されるのは、「旧個人事業者」から「個人事業後継者」が、事業用資産の全部の贈与等を受けた場合です。
(円滑化法3④)	(1)　「**旧個人事業者**」とは、3年以上継続して事業を行っていた個人である中小企業者であって、他の者に対してその事業に係る事業用資産の全部の贈与をしたものをいいます。
(円滑化法3⑤)	(2)　「**個人事業後継者**」とは、旧個人事業者から事業用資産の全部の贈与を受けた個人である中小企業者、又はその贈与を受けた者からその事業用資産の全部を相続により取得した個人である中小企業者であって、その事業用資産をその営む事業の用に供しているものをいいます。
(円滑化法3④)	(3)　「**事業用資産**」とは、①土地又は土地の上に存する権利、②建物、③減価償却資産に該当するものに限られます。 　　また、①～③の財産に該当しても、下記の条件を満たさないものは「事業用資産」には該当しません。

	財産の種類	条件
(円滑化規1㉔ 一)	土地又は土地 の上に存する 権利	• 「宅地等」に該当すること • 贈与の直前において事業の用に供されていたこと • 建物又は構築物の敷地の用に供されていること • 棚卸資産に該当しないこと
(円滑化規1㉔ 二)	建物	• 贈与の直前において事業の用に供されていたこと • 棚卸資産に該当しないこと
(円滑化規1㉔ 三)	減価償却資産	以下のいずれかに該当すること • 地法341四に規定する「償却資産」 • 自動車税又は軽自動車税において、営業用の標準税率が適用される「自動車」 • 措規23の8の8②に規定する「減価償却資産」

3. 後継者が取得 した株式等に 関する遺留分 の算定に係る 合意等 (必要的合意)	(1)　旧代表者の推定相続人及び後継者は、その全員の合意をもって、書面により、次の①②の定めをすることができます。(ただし、後継者が所有するその特例中小企業者の株式等のうちその定めに係るものを除いたものに係る議決権の数が総株主又は総社員の議決権の100分の50を超える数となる場合は不可。)(円滑化法4①)
①除外合意 (円滑化法4① 一、③)	①　後継者が、旧代表者からの贈与又は特定受贈者からの相続、遺贈若しくは贈与により取得したその特例中小企業者の株式等の全部又は一部について(旧個人事業者においては、旧個人事業者から個人事業後継者が贈与等を受けた事業用資産の全部又は一部について)、その価額を遺留分を算定するための財産の価額に算入しないこと
②固定合意 (円滑化法4①二)	②　①に規定する株式等の全部又は一部について、遺留分を算定するための財産の価額に算入すべき価額をその合意の時における価額とすること(その価額は、弁護士、弁護士法人、公認会計士、監査法人、税理士又は税理士法人がその時における相当な価額として証明をしたものに限ります。(①旧代表者、②後継者、③業務の停止の処分を受けその停止の期間を経過しない者、④弁護士法人、監査法人又は税理士法人であってその社員の半数以上が①又は②に掲げる者のいずれかに該当するもの、は、その証明をすることができません。))
(円滑化法4④)	(2)　旧代表者の推定相続人及び後継者は、(1)の合意をする際には、併せてその全員の合意をもって、書面により、次に掲げる場合に後継者以外

の推定相続人がとることができる措置に関する定めをしなければなりません。
ア　後継者が合意の対象とした株式等を処分する行為をした場合
イ　旧代表者の生存中に後継者がその特例中小企業者の代表者として経営に従事しなくなった場合

4. 後継者が取得した株式等以外の財産に関する遺留分の算定に係る合意等 (付随的合意) (円滑化法6①)	(1) **株式以外の財産の除外合意**（円滑化法5） 　　旧代表者の推定相続人及び後継者は、自社株に係る遺留分の合意をする際に、併せて、その全員の合意をもって、書面により、後継者が旧代表者からの贈与又は特定受贈者からの相続、遺贈若しくは贈与により取得した財産（その特例中小企業者の株式等を除きます。）の全部又は一部について、その価額を遺留分を算定するための財産の価額に算入しない旨の定めをすることができます。
	(2) **後継者以外の推定相続人が贈与を受けた財産についての除外合意** ①　旧代表者の推定相続人及び後継者が、自社株に係る遺留分の合意をする際に、併せて、その全員の合意をもって、その推定相続人と後継者との間の衡平及びその推定相続人間の衡平を図るための措置に関する定めをする場合においては、その定めは、書面によってしなければなりません。
(円滑化法6②)	②　旧代表者の推定相続人及び後継者は、前項の規定による合意として、後継者以外の推定相続人が旧代表者からの贈与又はその特定受贈者からの相続、遺贈若しくは贈与により取得した財産の全部又は一部について、その価額を遺留分を算定するための財産の価額に算入しない旨の定めをすることができます。

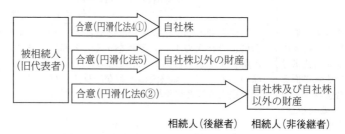

5. 民法特例の手続	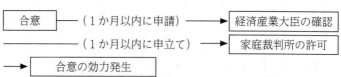
6. 経済産業大臣の確認 (円滑化法7①)	(1) 自社株の遺留分に係る合意（自社株以外の財産の遺留分に係る合意をした場合には、その合意を含みます。）をした後継者は、次の各号のいずれにも該当することについて、経済産業大臣の確認を受けることができます。 ①　その合意がその特例中小企業者の経営の承継の円滑化を図るためにされたものであること。 ②　申請をした者が合意をした日において後継者であったこと。 ③　合意をした日において、後継者が所有するその特例中小企業者の

株式等のうちその合意の対象とした株式等を除いたものに係る議決権の数が総株主又は総社員の議決権の100分の50以下の数であったこと。
④　以下の場合に非後継者がとることができる措置の合意をしていること。
　　ⅰ　後継者が合意の対象となった株式等を処分した場合
　　ⅱ　先代経営者の生存中に後継者が代表者として経営に従事しなくなった場合

（円滑化法7②）※個人事業の承継の場合の経済産業大臣の確認事項は以下の通りです。
①　その合意が、その旧個人事業者が営んでいた事業の承継の円滑化を図るためにされたものであること。
②　申請をした者が合意をした日において個人事業後継者であったこと。
③　以下の場合に非個人事業後継者がとることができる措置の定めがあること。
　　ⅰ　個人事業後継者が合意の対象となった事業用資産を処分した場合
　　ⅱ　個人事業後継者が合意の対象となった事業用資産を専ら事業以外の用に供している場合
　　ⅲ　旧個人事業者の生存中に個人事業後継者が事業を営まなくなった場合

（円滑化法7③）(2)　(1)の確認の申請は、自社株等に係る遺留分の合意（円滑化法4①③）をした日から1月以内に、一定の書類を添付した申請書を経済産業大臣（特例中小企業者の主たる事業所の所在地を管轄する経済産業局を経由することができます。）に提出して行わなければなりません。

（円滑化規5①）①　経済産業大臣は、(1)の確認の申請を受けた場合において、確認をしたときは確認書を交付し、確認をしない旨の決定をしたときは申請者である後継者に対して通知します。

（円滑化規5②）②　合意の当事者は、経済産業大臣に対し申請書を提出して、その合意の確認をしたことを証明した書面（「確認証明書」）の交付を請求することができます。

（円滑化法7④）(3)　自社株等の遺留分に係る合意（円滑化法4①③）をした後継者が死亡したときは、その相続人は、(1)の確認を受けることができません。

（円滑化法7⑤）(4)　経済産業大臣は、(1)の確認を受けた者について、偽りその他不正の手段によりその確認を受けたことが判明したときは、その確認を取り消すことができます。

7. 家庭裁判所の許可
（円滑化法8①）(1)　自社株の遺留分に係る合意（自社株以外の財産の遺留分に係る合意をした場合には、その合意を含みます。）は、経済産業大臣の確認を受けた者がその確認を受けた日から1月以内にした申立てにより、家庭裁判所の許可を受けたときに限り、その効力を生じます。

（円滑化法8②）(2)　家庭裁判所は、(1)の合意が当事者の全員の真意に出たものであるとの心証を得なければ、これを許可することができません。

（円滑化法8③）(3)　経済産業大臣の確認を受けた者が死亡したときは、その相続人は、家庭裁判所の許可を受けることができません。

8. 合意の効力 （円滑化法9①）	(1)　家庭裁判所の許可があった場合には、民法の規定（民903①、1043）にかかわらず、自社株を遺留分算定財産に算入しないことの合意（自社株以外の財産の遺留分に係る合意をした場合には、その合意を含みます。）に係る財産の価額を、遺留分を算定するための財産の価額に算入しません。
（円滑化法9②）	(2)　家庭裁判所の許可があった場合の評価額を予め固定する内容の定めに係る株式等について遺留分を算定するための財産の価額に算入すべき価額は、その定めをした価額とします。
（円滑化法9③）	(3)　(1)、(2)にかかわらず、自社株の遺留分に係る合意（自社株以外の財産の遺留分に係る合意をした場合には、その合意を含みます。）は、旧代表者がした遺贈及び贈与について、その合意の当事者（民887②③の規定によりその旧代表者の相続人となる者（以下「代襲者」という。）を含みます。）以外の者に対してする遺留分侵害額の請求に影響を及ぼしません。
9. 合意の効力の **消滅** （円滑化法10）	自社株の遺留分に係る合意（自社株以外の財産の遺留分に係る合意をした場合には、その合意を含みます。）は、次に掲げる事由が生じたときは、その効力を失います。 ①　経済産業大臣の確認が取り消されたこと。 ②　旧代表者の生存中に後継者が死亡し、又は後見開始若しくは保佐開始の審判を受けたこと。 ③　その合意の当事者（旧代表者の推定相続人でない後継者を除きます。）以外の者が新たに旧代表者の推定相続人となったこと。 ④　その合意の当事者の代襲者が旧代表者の養子となったこと。

準確定申告等

■所得税の準確定申告等	①被相続人が給与所得者（1か所からの給与）の場合→年末調整（準確定申告不要） ②①以外で確定申告義務がある場合→死亡の年の1月1日から死亡日までの所得を確定申告（準確定申告）
（申告期限等）	死亡した者の相続人は、準確定申告書を、相続の開始があったことを知った日の翌日から **4か月以内**に、被相続人の納税地の所轄税務署長に提出します。純損失の繰戻し還付請求書も同様です。なお、還付申告の場合には、還付請求権の時効前（5年以内）であれば、いつでも提出できます。また、消費税の準確定申告書（付表6を添付）も、同じく4か月以内に提出します。

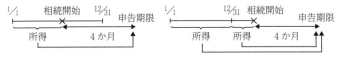

（付表）	準確定申告は、通常の確定申告書に、「**所得税の確定申告書付表（兼相続人の代表者指定届出書）**」を添付します。記載事項は次の通りです。 ① 各相続人の氏名及び住所、被相続人との続柄 ② 民法の規定による相続分、相続などにより取得した財産の価額（確定していない場合には、「集計中」などと記載） ③ 限定承認をした場合にはその旨 ④ 相続人が2人以上の場合は、被相続人の所得税を②の相続分（通常は、法定相続分）により各相続人に按分した金額（100円未満の端数切捨て。還付申告は円単位まで。） →その後、分割が確定し、付表に記載した相続分と実際の取得割合が異なった場合でも、④の各相続人に按分した金額の修正は不要です。
（相続税）	準確定申告による納付すべき税額は相続税では債務控除し、還付税額は未収入金として相続財産に計上します。

①賃貸料

所得税での計上時期		相続財産への計上			
		相続開始日が			
契約等により支払日が定められている場合	支払日	約定支払日より前		約定支払日より後	
		未入金	入金済	未入金	入金済
継続的な記帳に基づいて前受未収の経理をしている場合	貸付期間に対応		⊕現金 △前受金	⊕未収入金	→（現金）

②固定資産税

	所得税		相続税
納税通知の時期	被相続人の準確定申告	相続人の確定申告	
相続開始前	選択 { 全額必要経費／納期到来分を必要経費／実際納付額を必要経費 }	被相続人の準確定申告で必要経費に算入した部分以外は、相続人の必要経費	1月1日に納税義務が確定 ↓ 相続開始時において未払いのものを債務控除
相続開始後	必要経費算入不可	選択 { 全額／納期到来分／実際納付額 }	

③借入金利息　　・相続開始までの期間分→被相続人の必要経費

・相続開始後の期間分→　　相続人が承継した事業に対応する部分→相続人の必要経費
　　　　　　　　　　　　　　上記以外　　　　　　　　　　　　　　　　→家事費

④**事業税**

<table>
<tr><td rowspan="6">相続人が事業を承継しない</td><td rowspan="4">事業</td><td>(i)</td><td colspan="2">事業廃止年分（相続開始年分）に課税見込額を準確定申告の必要経費に算入（所基通37-7）</td></tr>
<tr><td></td><td colspan="2">※課税見込額＝　課税見込額控除前のその年分の事業に係る所得金額
＋青色申告特別控除額
△事業主控除額×(死亡までの月数／12)　　×　事業税の税率／(1＋事業税の税率)</td></tr>
<tr><td>(ii)</td><td colspan="2">事業税の賦課決定時に準確定申告の更正の請求（所法63,152）</td></tr>
<tr><td>(iii)</td><td colspan="2">準確定申告の申告期限から1年以内に更正の請求（通法23①）</td></tr>
<tr><td colspan="2">事業的規模以外</td><td>準確定申告の申告期限から1年以内に更正の請求</td></tr>
<tr><td colspan="3">相続人が事業を承継する</td><td>事業税の賦課決定時に相続人の必要経費に算入</td></tr>
</table>

⑤消費税

<table>
<tr><td colspan="2">相続人が事業を承継しない</td><td>相続人が被相続人の相続開始年分の消費税の申告を行い、納付税額は準確定申告において必要経費に算入します。</td></tr>
<tr><td rowspan="2">相続人が事業を承継する</td><td>（原則）</td><td>申告書が提出された日の属する年分の相続人の必要経費</td></tr>
<tr><td>（例外）</td><td>未払金に計上して被相続人の相続開始年分の必要経費</td></tr>
</table>

⑥譲渡所得
（所基通36-12）

| R5.11.20 | | R5.12.3 | R6.1.1 | R6.1.31 |

被相続人が前年中に契約し、相続人が翌年に引渡す場合

（被相続人）土地売買契約　　　　　相続開始　　　　　（相続人）土地引渡し

（原則）引渡日の属する年分の相続人の確定申告（令和6年分）

（例外）契約日の属する年分の被相続人の準確定申告（令和5年分）

・申告年分によって税率や特別控除が相違する場合には、引渡年分か契約年分かによって税額に差が生じます。

・上記の例で被相続人の準確定申告とした場合には、翌年1月1日には被相続人がいないので翌年分の住民税負担がなくなります。

〔**提出書類**〕

被相続人に関する届出

（所得税）「個人事業の開廃業等届出書」（所法229）　→相続開始日から1月以内

（消費税）「個人事業者の死亡届出書」（消法57①四）→速やかに

相続人に関する届出

（所得税）「個人事業の開廃業等届出書」→1月以内
　　　　　「青色申告承認申請書」（所法144）

↓

（提出期限）

<table>
<tr><td rowspan="3">原則</td><td>既に事業を営んでいる場合</td><td rowspan="2">青色申告をしたい年の3月15日まで</td></tr>
<tr><td>その年1月15日以前に事業を開始した場合</td></tr>
<tr><td>その年1月16日以後に事業を開始した場合</td><td>事業を開始した日から2か月以内</td></tr>
<tr><td rowspan="3">被相続人が青色申告・相続人が事業承継する場合</td><td>相続開始がその年1月1日から8月31日まで</td><td>相続開始の日から4か月以内</td></tr>
<tr><td>相続開始がその年9月1日から10月31日まで</td><td>その年の12月31日まで</td></tr>
<tr><td>相続開始がその年11月1日から12月31日まで</td><td>翌年2月15日まで</td></tr>
</table>

※消費税について、適格請求書発行事業者の登録を受けた事業者が死亡した場合はP.268参照

「青色事業専従者給与に関する届出書」（所法57②）
　上表の原則の場合と同様（相続の場合の規定なし）

（減価償却方法）**被相続人の選択していた償却方法は相続人に引き継がれません。** 相続による承継も「取得」に含まれるため、建物については定額法が強制されます。

（消費税）消費税課税事業者届出書→速やかに
　　　　　課税事業者選択届出書、簡易課税選択届出書→相続開始の年の12月31日まで

相続税

■納税義務者

納税義務者
（法1の3）
右図は令和3年4月1日以後の相続開始についてのものです。

※個人とみなされる納税義務者（法66①②④）は次ページ参照

- **一時居住者**とは、相続開始の時において在留資格を有する者であって、その相続開始前15年以内において国内に住所を有していた期間の合計が10年以下であるものをいいます。
- **外国人被相続人**とは、相続開始の時において、在留資格を有し、かつ、国内に住所を有していたその相続に係る被相続人をいいます。
- **非居住被相続人**とは、相続開始の時において、国内に住所を有していなかったその相続に係る被相続人であって、(ア)その相続開始前10年以内のいずれかの時において国内に住所を有していたことがあるもののうち、そのいずれの時においても日本国籍を有していなかったもの、又は、(イ)その相続開始前10年以内のいずれの時においても国内に住所を有していたことがないもの、をいいます。

課税財産	相続人の住所が国内	相続人の住所が国外
国内・国外財産	①居住無制限納税義務者	②非居住無制限納税義務者
国内財産だけ	③居住制限納税義務者	④非居住制限納税義務者

(注) 相続等により財産を取得した時において日本国内を離れている場合でも、国外出張、国外興行等により一時的に日本国内を離れているにすぎない者については、その者の住所は日本国内にあることになります。

- 贈与により相続時精算課税制度の適用を受ける財産を取得した個人（上記①～④に該当する者を除きます。）を**特定納税義務者**といい、課税財産の範囲は相続時精算課税適用財産のみとなります。

（納税義務者の相続税法の適用関係）

（法19の2）
（法19の3）
（法19の4）
（法20の2）
（法62）

納税義務者	①居住無制限	②非居住無制限	③居住制限	④非居住制限
債務控除 （法13）	法13①各号に定めるものの金額のうち、その者の負担に属する部分		法13②各号に定めるものの金額のうち、その者の負担に属する部分	
配偶者控除	○	○	○	○
未成年者控除	○	○	×	×
障がい者控除	○	×	×	×
外国税額控除	○	○	×	×
納税地	住所地※	法62②適用有り※	住所地※	法62②適用有り

※法附則（昭和25年法律第73号）第3項の適用がある場合を除きます。

■法人等に対する贈与又は遺贈

1. 法人等に対して遺贈があった場合
(1) 法人等に対して遺贈があった場合の課税関係

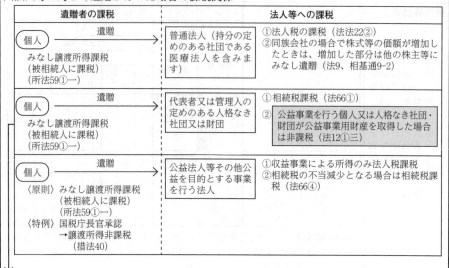

(2) 遺贈を受けた代表者または管理人の定めのある人格のない社団又は財団について相続税が非課税となる場合の要件（法12①三、令2）（昭39直審（資）24「2」）

①宗教、慈善、学術その他公益を目的とする事業を行う者であること。
(事業の種類)

(i) 社会福祉法第2条に規定する社会福祉事業
(ii) 更生保護事業法第2条1項に規定する更生保護事業
(iii) 児童福祉法第6条の3に規定する家庭的保育業、小規模保育事業又は事業所内保育事業
(iv) 学校教育法第1条に規定する学校
(v) 育英事業
(vi) 科学技術に関する知識の普及又は学術の研究に関する事業
(vii) 図書館若しくは博物館又はこれらに類する施設を設置運営する事業
(viii) 宗教の普及その他教化育成に寄与することとなる事業
(ix) 保健衛生に関する知識の普及その他の公衆衛生に寄与することとなる事業
(x) 政治資金規正法第3条に規定する目的のために政党、協会その他の団体の行う事業
(xi) 公園その他の公衆の利用に供される施設を設置運営する事業
(xii) 就学前の子どもに関する教育、保育等の総合的な提供の推進に関する法律第2条第6項に規定する認定こども園を設置し、運営する事業
(xiii) 上記事業を直接助成する事業

(事業を行う者の要件)

(i) 役員等の機関構成、選任方法その他運営の基礎となる重要事項について特定の者の意思に従ってなされている事実がないこと。
(ii) 特定の者に対し施設の利用、余裕金の運用等につき特別の利益を与える事実がないこと。

②取得した財産はその公益を目的とする事業の用に供することが確実な財産であること。かつ、取得した日から2年以内に事業の用に供すること。

(i)公益を目的とする事業の用に供する具体的計画があり、かつ、公益を目的とする事業の用に供される状況にあるものに限ります。
(ii)取得した日から2年を経過した日において公益を目的とする事業の用に供していない場合は相続税の課税価格に算入されます。

2. 相続財産を贈与した場合
(1)相続・遺贈により取得した財産を相続税の申告期限までに贈与した場合の課税関係

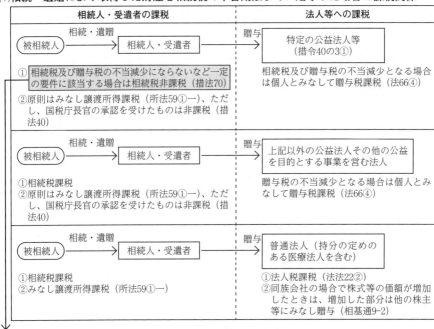

(2)申告期限までに相続財産を贈与した場合の相続税の非課税（措法70①）
　①申告期限までに相続又は遺贈により取得した財産を寄附すること（設立するための寄附を除きます。）が非課税となる要件です。
　②寄附を受ける者（措法70①、⑩、措令40の3）

(i)国、地方公共団体
(ii)独立行政法人、国立大学法人等、地方独立行政法人で一定のもの、公立大学法人、自動車安全運転センター、日本司法支援センター、日本私立学校振興・共済事業団及び日本赤十字社　など
(iii)公益社団法人及び公益財団法人
(iv)私立学校法第3条に規定する学校法人で学校（幼保連携型認定こども園を含む）の設置若しくは学校及び専修学校の設置を主たる目的とするもの
(v)社会福祉法人
(vi)更生保護法人
(vii)認定NPO法人（特定非営利活動法人のうち知事等の認定を受けたもの）

③贈与者又はその親族その他特別な関係のある者の相続税又は贈与税の負担が不当に減少する結果とならないこと。

④寄附を受けてから2年経過した日までに、特定の公益法人に該当しない、又は寄附を受けた財産を公益を目的とする事業の用に供していないときは適用されません。

⑤この特例の適用を受けるためには、相続税の申告書に、この規定の適用を受ける旨を記載し、下記書類を添付します。（措法70⑤、措規23の3②）

> (i)寄附財産の明細書
> (ii)特定の公益法人等が寄附を受けた旨、その年月日、財産の明細、使用目的を記載した書類
> (iii)その法人が②(iii)(iv)に掲げる法人である場合には、主務官庁の証明書

3. 特定公益信託の信託財産とするために支出した金銭についての非課税（措法70③）

(1)適用要件

①相続又は遺贈により取得した財産に属する金銭を、相続税の申告期限までに、特定公益信託のうち主務大臣の認定を受けたもの（措令40の4）の信託財産とするために支出した場合、その支出した金銭の価額は、相続税の課税価格に算入されません。

②その支出により、その支出者又はその親族その他これらの者と特別の関係がある者の相続税又は贈与税の負担が不当に減少する結果となると認められる場合には適用がありません。

(2)申告手続（措法70⑤、措規23の4③）

この特例の適用を受けるためには、相続税の申告書にこの規定の適用を受ける旨を記載し、下記書類を添付します。

> (i)支出をした財産の明細
> (ii)特定公益信託の受託者のその受領した金銭が特定公益信託の信託財産とするためのものである旨、金銭の額、受領年月日を証する書類
> (iii)主務大臣の認定に係る書類

4. 法人等に財産を贈与又は遺贈した者に対する課税（所法59①一）（措法40）

(1)原則

譲渡所得の基因となる財産を法人等に対して贈与又は遺贈した場合は、みなし譲渡所得として課税されます。

(2)譲渡所得が非課税となる場合

①適用要件

公益社団法人、公益財団法人、特定一般法人その他公益を目的とする事業を行う法人に対する贈与又は遺贈で国税庁長官の承認を受けたもの

②申請手続

提出書類	租税特別措置法第40条の規定による承認申請書及び添付書類
記載内容	法人の事業目的、贈与又は遺贈に係る財産、法人の設立年月日、役員等の氏名及び住所、法人の事業運営に関する明細、その他一定の事項
提出期限	贈与又は遺贈があった日から4か月以内（ただし、その期間を経過する前に所得税の確定申告書提出期限が到来するときはその提出期限まで）
提出先	納税地の所轄税務署長を経由して国税庁長官に提出

5. 措置法第40条と第70条の比較

租税特別措置法	第40条	第70条
内容	国等に対して財産を寄附した場合の譲渡所得等の非課税（措令25の17、措規18の19）	国等に対して相続財産を贈与した場合の相続税の非課税（措令40の3、措規23の3）
形態	所法59①一により、みなし譲渡の適用のある財産の贈与又は遺贈	相続又は遺贈により財産を取得した者が、取得財産を相続税の申告書の提出期限までに贈与
対象となる寄附先	①国、地方公共団体、公益社団法人、公益財団法人、特定一般法人その他公益を目的とする事業を行う法人（設立するための財産提供を含みます。） ②法人の要件→措令25の17⑤	①国、地方公共団体、公益社団法人若しくは公益財団法人その他公益を目的とする事業を行う法人のうち、措令40の3に限定列挙（設立するための財産提供は含みません。） 〈※宗教法人不可〉 ②認定NPO法人
適用を受けるための手続等	①国、地方公共団体に対する寄附は手続不要 ②承認申請書を財産の贈与又は遺贈があった日から4か月以内（その期間の経過する日前に贈与があった年分の所得税の確定申告書の提出期限が到来するときはその提出期限まで）に、納税地の所轄税務署長を経由し、国税庁長官に提出	相続税の期限内申告書（第14表）に非課税の特例の適用を受ける旨を記載するとともに贈与した財産の明細書、証明書等を添付
不当減少となる場合	昭55.4直資2-181No12.13.14 独立行政法人に対する寄附については不当減少とはなりません	措通70-1-10、昭39.6直審（資）24
2年以内に公益を目的とする事業に供しなかった場合	①長官承認後、供しなかった場合は、贈与等のあった日の時価を譲渡価額として、承認の取消しのあった日の属する年分の所得として課税 ②不承認の場合は、贈与等のあった年分で課税	①相続税の課税価格の計算の基礎に算入して、修正申告又は期限後申告が4か月以内に必要 ②加算税、延滞税は期限内申告書とみなされるので課税されない
所得税法の寄附金控除との関係	贈与又は遺贈財産の取得費が寄附金控除の対象	①贈与又は遺贈のあった日の時価で控除可 ②措法40と両方の適用を受ける場合は左記と同様

■申告書の提出義務者・提出期限・提出先・添付書類

1. 提出期限等（法27①②）

①申告書の提出義務者	遺産の総額（小規模宅地等の課税価格の特例などを適用しない場合における課税価格の合計額）が遺産に係る基礎控除額を超える場合において、配偶者の税額軽減の規定の適用がないものとして相続税額の計算を行ったときに、納付すべき税額が算出される相続人又は受遺者は、相続税の申告書を提出しなければなりません。
②提出期限	相続の開始があったことを知った日の翌日から10か月以内 （相続開始があった　ことを知った日）　　（その翌日）　　　　　10か月（申告期限） 　　5月5日 ───→ 5月6日 ───→ 3月5日 　　4月30日 ───→ 5月1日 ───→ 2月28日 申告期限が土・日・祝の場合は、いわゆる休み明けの日になります。
③出国する場合	申告書を提出すべき者が、②の期間内に、国内に住所及び居所を有しないこととなるときは、有しないこととなる日が申告期限になります。なお、有しないこととなる日までに納税管理人を選任し納税地の所轄税務署長にその旨を届け出たときは②が申告期限となります。
④申告義務者が申告前に死亡した場合	相続税の申告書を提出すべき者が、その申告書を提出しないで死亡した場合には、その相続人（包括受遺者を含む）は、その死亡した者が提出すべきであった申告書を、その死亡した者の相続の開始があったことを知った日の翌日から10か月以内に提出しなければなりません。この場合、2次相続の被相続人について相続税の申告を要する場合は、その相続人の1次相続に係る申告期限と2次相続に係る申告期限が同じ日になります。 翌日　　10か月 　　　　B死亡 ── E ──→ BのA分の申告期限 A死亡 ─ B　　　── F ──→ E・FのB分の申告期限 　　　─ C ──→ 　　　─ D ──→ C・DのA分の申告期限 翌日　　10か月
⑤相続財産法人に係る財産分与があった場合等（法29）	家庭裁判所の審判により相続財産法人から相続財産の分与を受けた者、又は支払を受けるべき特別寄与料の額が確定した特別寄与者は、新たに申告書の提出義務者となった場合には、その事由が生じたことを知った日の翌日から10か月以内（その者がその期間内に国内に住所及び居所を有しないこととなるときは、その住所及び居所を有しないこととなる日まで）。

2. 相続税の申告書の提出先（相基通27-3）

　相続税の申告書の提出先は、被相続人の死亡の時における住所が日本国内にある場合は、被相続人の住所地を所轄する税務署です。財産を取得した人の住所地を所轄する税務署ではありません。

3. 相続の開始があったことを知った日（相基通27-4）

　①一般的には、自己のために相続の開始があったことを知った日をいい、知ったとは、死亡の事実を自ら体験するほか、電信電話その他の方法によって親族などから通知を受けることをいいます。

②次の左に掲げる者については右に掲げる日を相続の開始があったことを知った日として取扱います。

失踪宣告を受け死亡したものとみなされた者の相続人又は受贈者	それらの者がその失踪宣告のあったことを知った日
相続開始後においてその相続に係る相続人について失踪宣告があり、その死亡したとみなされた日がその相続開始前であることにより相続人となった者	その者がその失踪宣告のあったことを知った日
失踪宣告の取消しがあったことにより相続開始後において相続人となった者	その者がその失踪宣告の取消しのあったことを知った日
認知に関する裁判又は相続人の廃除の取消しに関する裁判の確定により相続開始後において相続人となった者	その者が裁判の確定を知った日
相続人の廃除に関する裁判の確定により相続開始後において相続人となった者	その者が裁判の確定を知った日
相続について既に生まれたものとみなされる胎児	法定代理人がその胎児の生まれたことを知った日
相続開始の事実を知ることができる**弁識能力のない幼児等**	法定代理人がその相続の開始のあったことを知った日（**相続開始の時に法定代理人がないときは、後見人の選任された日**）
遺贈（被相続人から相続人に対する遺贈を除く。）によって財産を取得した者	自己のためにその遺贈のあったことを知った日
停止条件付の遺贈（被相続人から相続人に対する遺贈を除く。）によって財産を取得した者	その条件が成就した日

（相基通27-4(注)）　上記の場合においても、相続税の課税価格に算入すべき価額は知った日の価額ではなく、実際の相続開始の時における価額によります。

4. 一般の場合の相続税の申告書に添付する書類（法27④、規16①③）

相続税の申告書を提出する場合には、被相続人の死亡の時における財産及び債務、その被相続人から相続又は遺贈により財産を取得したすべての者に係る取得した財産又は承継した債務の各人ごとの明細その他一定の事項を記載した明細書のほか、次の①②を添付する必要があります。

①	相続開始の日から10日を経過した日以後に作成された戸籍の謄本若しくはそのコピーで被相続人のすべての相続人を明らかにするもの又は法定相続情報一覧図（系統図方式で記載されたもののうち実子又は養子の別が記載されたものに限ります。）若しくはそのコピー
②	被相続人に係る相続時精算課税適用者がある場合には、相続開始の日以後に作成されたその被相続人の戸籍の附票の写し又はそのコピー

5. マイナンバーについて

- マイナンバーを記載した相続税の申告書を税務署に提出する際は、各相続人等の本人確認書類の写しを添付する必要があります（税務署の窓口で提出する場合は、自身の本人確認書類の写しの添付に代えて、本人確認書類を提示しても構いません。）。
- e-tax により申告を行う場合には、本人確認書類の提示又は写しの提出が不要です。

■課税財産と非課税財産

1. 課税財産（法2）

種　類	細　目	利用区分等
土地 （土地の上に存する 権利を含みます。）	田・畑	自用地、貸付地、賃借権（耕作権）、永小作権
	宅地	自用地（事業用、居住用、その他）、貸宅地、貸家 建付地、借地権（事業用、居住用、その他）など
	山林	普通山林、保安林など
	その他の土地	原野、牧場、池沼、鉱泉地、雑種地（又はこれら に対する地上権、賃借権、温泉権又は引湯権）
建物	家屋 構築物	自用家屋、貸家 駐車場、養魚池、広告塔など
事業(農業)用財産	機械、器具、農機具、 その他の減価償却資 産	機械・器具、農機具、自動車、船舶など
		牛馬等（農耕用、乳牛など）
		果樹
		営業権
	商品、製品、半製品、 原材料、農産物等	商品、製品、半製品、原材料、農産物等の別にそ れらの明細を記載する
	売掛金	
	その他の財産	受取手形その他
有価証券	特定同族会社株式、 出資	配当還元方式によるもの
		その他の方式によるもの
	上記以外の株式出資	上場株式、気配相場のある株式
	公債、社債	国債、地方債、社債、外国公債
	受益証券	証券投資信託、貸付信託の受益証券
現金、預貯金等	現金	金銭、小切手
	預金、貯金、その他	普通預金、当座預金、定期預金、通常郵便貯金、 定期積金、金銭信託など
家庭用財産	生活用具	家具、什器
その他の財産	みなし相続財産	生命保険金等、退職手当金等、その他のみなし相 続財産（保険契約に関する権利、利益の享受等）
	立木	主要樹種（杉及びひのき）、主要樹種以外
	その他	特許権、著作権、貸付金、未収配当金、未収家賃、 貴金属、宝石、競走馬、ゴルフ会員権、ヨット、 書画・骨とう、事業用でない自動車等など

2. 非課税財産（法12、措法70）

①皇室経済法の規定によって皇位とともに皇嗣が受けた物（法12①）

②墓地、霊廟、仏壇、仏具など（法12①）※庭内神しの敷地及び附属設備も含みます。

③公益事業を行う者が、相続や遺贈によって取得した財産で、その公益事業の用に供することが確実な
もの（公益事業用財産）（法12①）

④心身障がい者扶養共済制度に基づく給付金の受給権（法12①）

⑤相続人が受け取った生命保険金などのうち、一定の金額（法12①）

⑥相続人が受け取った退職手当金などのうち、一定の金額（法12①）

⑦相続財産などを申告期限までに国などに寄附をした場合におけるその寄附財産（措法70①）

⑧相続財産である金銭を申告期限までに特定公益信託に支出した場合におけるその金銭（措法70③、措
令40の4②）

— 41 —

■相続税の申告のための確認資料

項目	確認資料	注意すべき事項
相続人の確定・財産の分割等	• 被相続人の改製原戸籍謄本・戸籍（除籍）謄本（出生から死亡まで）	• 法定相続人に誤りがないか。 ※被相続人の全ての相続人を明らかにする戸籍の謄本（相続開始日から10日を経過した日以後に作成されたもの）又は法定相続情報一覧図を提出する必要がある。
	• 相続人関係図 • 相続人全員の戸籍謄本 • 相続人の住民票	• 小規模宅地等の特例を受ける同居親族がいないか。
	• 遺産分割協議書の写し・相続人全員の印鑑証明書（遺産分割協議書に押印したもの） • 遺言書の写し	• 家庭裁判所の検認を受けた遺言書又は公正証書による遺言書か。 • 相続人以外で遺贈・死因贈与により財産を取得した者がいないか。
	• 贈与契約書 • 相続人欠格・廃除、又は相続放棄がある場合、その手続を証する書類（裁判所からの通知書）の写し • 特別代理人・成年後見人の選任の審判の証明書、住民票と印鑑証明書	• 相続人に未成年者がいないか。 • 相続人に認知症などで判断能力がない者がいないか。
	• 被相続人の過去の5年間程度の所得税の確定申告書・贈与税の申告書、被相続人の略歴 • 障がい者手帳	• 生前の土地の譲渡代金等は相続財産に反映されているか。 • 生前の所得と比較して財産の額は妥当か。 • 相続人に障がい者がいないか。
土地	• 土地及び土地の上に存する権利の評価明細書 • 路線価図・評価倍率表 • 周辺住宅地図・都市計画図 • 公図	• 国外に所在する不動産がないか。 • 土地の地目は現況地目としているか。 • 画地計算に誤りはないか。 • 市街地周辺農地は20%評価減をしているか。 • 市街地農地に20%評価減をしていないか。 • 市街地農地等の宅地造成費の計算誤りはないか。
	• 地積測量図・森林施業図	• 土地に縄延び・縄縮みがないか。土地の評価は実測（見込）面積によっているか。 • 地積規模の大きな宅地か。
	• 登記事項証明書（登記簿謄本）・登記済権利証 • 固定資産税課税明細書 • 固定資産評価証明書 • 貸地または借地の場合は賃貸借契約書	• 先代名義・共有名義の不動産がないか。 • 他の市町村に所在する不動産がないか。 • 他人の土地の上に存する建物（借地権）がないか。 • 貸付地は地上権又は借地借家法に規定する借地権の目的物か。（使用貸借の場合には自用地評価となる。）
	• 土地の無償返還に関する届出書 • 小作に付されている旨の農業委員会の証明書	• 貸宅地について土地の無償返還に関する届出書を提出していないか。 • 他人の農地を小作（耕作権）しているものがないか。
家屋	• 登記事項証明書（登記簿謄本） • 固定資産評価証明書 • 貸家の場合は賃貸借契約書	• 未登記不動産がないか。 • 共有不動産がないか。 • 先代名義のものはないか。 • 建築中の家屋はないか。

相続税

課税財産

確認資料

立木	・立木証明書 ・森林施業計画書 ・森林簿 ・森林組合等の精通者意見	・樹齢・樹種は確認されているか。 ・15％の評価減をしているか。 ・実面積で評価しているか。
上場株式等	・上場株式等の評価明細書 ・株式残高証明書（証券会社） ・特別口座の残高証明書（信託銀行） ・配当金通知書 ・過去5年間程度の取引口座明細書 ・会社四季報等	・名義は異なるが被相続人の財産となるものがないか。 ・株式の取得資金に関する書類はあるか。 ・新株引受権・配当期待権がないか。 ・相続開始時からの値動きはどうか（物納の検討）。
取引相場のない株式等	・取引相場のない株式（出資）の評価明細書 ・株式残高証明書 ・株主名簿 ・全部事項証明書（商業登記簿謄本） ・定款 ・営業内容の分かるパンフレット ・決算書（過去3期分） ・勘定科目内訳明細書（過去3期分） ・法人税申告書（過去3期分） ・消費税・地方税申告書（直前期） ・会社が所有している不動産の全部事項証明書・固定資産税納税通知書、課税明細書、賃貸物件については賃貸借契約書 ・3年以内に取得した不動産の売買契約書 ・会社が契約者である保険契約の証券コピー ・生命保険支払明細書 ・退職金支払通知書 ・社葬費用の明細	・評価方式の判定に誤りはないか。 ・類似業種比準方式は直前期末の比準数値で評価しているか。 ・各資産・負債の相続税評価額への評価替えに誤りがないか。 ・機械等に係る割増償却額を修正しているか。 ・繰延資産のうち財産的価値のないものを資産計上していないか。 ・家族名義の株式がある場合、実質所有者の確認はしたか。 ・業種の判定は正しいか。 ・営業権の評価をしたか。 ・直前期末日後から課税時期までに確定した配当金等を負債計上しているか。 ・準備金、引当金を負債計上していないか。 ・未納公租公課を負債計上しているか。 ・資産計上されていない借地権はないか。 ・3年以内に取得した土地建物等は「通常の取引価額」にて計上しているか。 ・生命保険契約に関する権利の評価をしているか。 ・受取保険金を生命保険金請求権として資産計上しているか。 ・死亡退職金を負債計上しているか。保険差益について法人税相当額を負債計上しているか。 ・個人が負担すべきものが含まれていないか。
公社債・貸付信託・証券投資信託	・残高証明書等	・利付債・割引債を額面で評価していないか。

項目	確認資料	確認事項
預貯金・現金	・残高証明書	・相続開始日の残高で計上したか。 ・相続開始日直前に引き出された預金はどうなったか。 ・相続開始直後に引き出された預金の使途は何か。
	・過去5年間程度の通帳コピー（もしくは取引明細表）	・名義は異なるが、実質的に被相続人の財産となるものがないか。 ・国外の預貯金はないか。
	・既経過利息計算書	・解約利率から源泉所得税額を控除して計算しているか。
	・現金有高・家計簿など	・手許現金の有高を確認したか。 ・貸金庫の内容物は何か。
生命保険・個人年金・損害保険	・保険金支払通知書 ・保険証券	・被相続人以外の人を被保険者とする保険契約のうち、被相続人が保険料を負担したものがないか。（保険契約に関する権利がないか。） ・契約者が家族名義などで、被相続人が保険料を負担していた生命保険契約はないか。
	・解約返戻金計算書	
退職金・弔慰金・功労金	・支払通知書または支払調書 ・取締役会議事録	・弔慰金・花輪代・葬祭料等で退職手当金に該当するものがないか。 ・退職金の計上漏れはないか。
貸付金・その他の債権・未収金	・貸付金につき債務者との残高確認（ある場合は契約書、返済予定表） ・所得税の還付金につき確定申告書控え、還付金通知書等 ・その他還付金等につき支払通知書	・預金移動の中に貸付はないか。 ・前払金等はないか。 ・未収となっている給与、地代、家賃、配当等はないか。 ・所得税の準確定申告の還付金はないか。
事業用財産	・減価償却資産台帳 ・相続開始時の残高試算表 ・総勘定元帳・決算書 ・所得税青色決算書・収支内訳書	・構築物等の計上漏れがないか。 ・事業用財産又は農業用財産の計上漏れはないか。 ・未収穫の農産物等はないか。
その他の財産	・ゴルフ・リゾート会員権の証書コピー	・ゴルフ会員権やレジャークラブ会員権等の計上漏れはないか。 ・特許権・著作権・営業権等がないか。 ・家庭用財産の計上漏れがないか。 ・豪華な庭園設備はないか。 ・自動車・ヨット等はないか。 ・貴金属はないか。 ・書画・骨とう等はないか。 ・国外財産はないか。
	・パスポートによる出入国の確認	
債務	・借入金の返済予定表・残高証明書 ・税金の未払金につき、申告書控え・納税通知書等 ・貸家・貸地の預り保証金につき賃貸借契約書 ・医療費等の領収証 ・クレジットカード利用明細書	・借入に見合った財産が把握できているか。 ・借入の担保・保証は確認したか。 ・借入金、未払金、未納税金などの計上漏れはないか。 ・預り保証金等の計上漏れはないか。 ・相続を放棄した相続人はいないか。 ・団体信用生命保険により返済が免除される住宅ローンはないか。
葬式費用	・領収証 ・請求書	・法会や香典返しに要した費用、墓石や仏壇の購入費用が含まれていないか。

小規模宅地等	・申告書第11・11の2表の付表1、1（続）、付表2 ・その他 P.72申告手続参照 ・収支内訳書（不動産所得用） ・住民票の写し、戸籍の附票の写し等 ・遺産分割協議書（各相続人の印鑑証明書添付）又は遺言書の写し	・特例を適用する場合に必要な書類を添付しているか。 ・限度面積の計算は適正にされているか。 ・駐車場等の貸付用宅地について特定事業用宅地等の80%減をしていないか。 ・特定居住用宅地等は取得者ごとの居住継続、所有継続要件を満たしているか。 ・分割が確定していない宅地について、特例を適用していないか。（確定していない場合は、P.165参照。）
生前贈与	・贈与税の申告書 ・預貯金の通帳	・加算対象期間内の贈与財産は加算しているか（基礎控除未満の贈与も含む）。 ・相続時精算課税に係る贈与によって取得した財産は加算しているか。 ・上記につき不明な場合などに税務署長に対して申告内容の開示の請求をしたか。
配偶者の税額軽減	・遺産分割協議書（各相続人の印鑑証明書添付）又は遺言書の写し	・分割が確定していない財産について、特例を適用していないか。（確定していない場合は、P.165参照。）
税額計算等	・被相続人の改製原戸籍謄本・戸籍（除籍）謄本（出生から死亡まで） ・相続人全員の戸籍謄本	・養子が2人以上いる場合は、法定相続人の数に含める養子の数に誤りがないか（実子がいる場合は1人、いない場合は2人）。 ・法定相続分の計算に誤りがないか。（特に代襲相続人がいる場合。） ・相続人が孫（代襲相続人を除く）や兄弟姉妹、受遺者の場合は、税額の2割加算をしているか。 ・法令の適用誤り、税額の計算誤り等はないか。
農地等の納税猶予	・遺言書又は遺産分割協議書の写し ・農業委員会の適格者証明書等	・期限内申告か。 ・遺言書又は遺産分割協議書があるか。 ・被相続人は死亡の日まで特例適用農地について農業を営んでいたか。

■財産の所在の判定（法10）

動産・不動産	その所在	船舶又は航空機	登録した機関の所在
預金、貯金	受入営業所の所在	生損保の保険金	保険会社の本店所在地（日本に本店がない場合において、日本国内に営業所等があるときは、その営業所等の所在）
退職手当金等	支払者の住所・所在（日本に本店がない場合において、日本国内に営業所等があるときは、その営業所等の所在）		
貸付金	債務者の住所・所在		
社債・株式	発行法人の本店所在地	国債、地方債	日本国債は、日本。 外国債はその外国
その他の財産	その財産の権利者であった被相続人、遺贈者又は贈与者の住所		

財産評価（課税価格）

■土地及び土地の上に存する権利

1. 通則 **(1)評価の手順**	①資料収集…登記事項証明書、固定資産税課税台帳、公図、実測図、地番図、住宅地図、都市計画図、賃貸借契約書など ②地積の確定…実測図がないときは（概算）測量などにより地積や接道距離、奥行距離を求めます。 ③地目の判定…登記簿上の地目ではなく現況の用途によります。 ④評価単位の判定…利用の単位となっている1画地ごとに評価します。
(2)土地の評価上 **の区分** （評基通7）	土地の価額は次に掲げる地目（用途）の別に評価します。ただし、一体として利用されている一団の土地が2以上の地目からなるときは、その一団の土地は、そのうちの主たる地目からなるものとしてその一団の土地ごとに評価します。（評価時点の現況により判定します。） ①宅地　②田　③畑　④山林　⑤原野　⑥牧場　⑦池沼　⑧鉱泉地 ⑨雑種地（不動産登記事務取扱手続準則第68条・第69条に準じます。） （例）　〔自宅〕（隣地）〔貸駐車場〕　　　〔自宅〕（隣地）〔自宅用駐車場〕 　　　　宅地　　　雑種地　　　　　　宅地　　　　雑種地 　　　　　地目ごとに評価　　　　　　　　　一体評価

(3)評価単位 （評基通7-2）

	評価単位	市街地にある場合の評価単位
宅地	1画地の宅地	（1画地は、相続・遺贈による取得者ごとに判定します。）
田及び畑	1枚の農地＝耕作の単位となっている一区画の農地	市街地周辺農地や市街地農地及び生産緑地は、それぞれ利用の単位となっている一団の農地。
山林	1筆の山林	市街地山林は利用の単位となっている一団の山林。
原野	1筆の原野	市街地原野は利用の単位となっている一団の原野。
牧場及び池沼	原野に準ずる	原野に準ずる。
雑種地	利用の単位となっている一団の雑種地	宅地と状況が類似する雑種地が、市街化調整区域以外の都市計画区域で市街地的形態を形成する地域にある場合で、2以上の評価単位により一団となりその形状、地積の大小、位置等からみてこれらを一団として評価することが合理的と認められる場合は、その一団の雑種地ごとに評価します。

※1　宅地の分割が親族間等で行われた場合において、その**分割が著しく不合理**であると認められるときは、その分割前の画地を「1画地の宅地」とします。

※2　「1画地の宅地」は、必ずしも1筆の宅地からなるとは限らず、2筆以上の宅地からなる場合もあり、1筆の宅地が2画地以上の宅地として利用されている場合もあります。「一枚の農地」も同様です。

※3　いずれの用にも供されていない一団の雑種地については、その全体を「利用の単位となっている一団の雑種地」とします。

(4)地積 （評基通8）	地積は、課税時期における実際の面積によります。 （注）したがって、倍率方式で評価するときの固定資産税評価額は次によります。 $$その土地の固定資産税評価額 \times \frac{実際地積}{台帳地積}$$

(5)**土地の上に存する権利の評価上の区分** （評基通9）	土地の上に存する権利の価額は、次に掲げる権利の別に評価します。 ①地上権（借地法に規定する借地権を除く）　②区分地上権　③永小作権　④区分地上権に準ずる地役権　⑤借地権　⑥定期借地権等　⑦耕作権　⑧温泉権（引湯権を含む）　⑨賃借権（⑤⑥⑦及び⑧を除く）　⑩占用権

2. 宅地

(1)**評価の方法** （評基通11）	①市街地的形態を形成する地域にある宅地→ 路線価方式 ②①以外の宅地　　　　　　　　　　　　→ 倍率方式
(2)**倍率方式** （評基通21、21-2） （②はP.52参照）	①固定資産税評価額×国税局長の定める一定の倍率＝宅地の価額 ②倍率地域に所在する評基通20-2の地積規模の大きな宅地である場合その宅地が標準的な間口距離及び奥行距離であるとした場合の1m^{2}当たりの価額（近傍宅地の固定資産税評価に係る標準宅地の1m^{2}当たりの価額を基に各種補正の適用がないものとして計算します。）を路線価とし、かつ、普通住宅地区に所在するものとして、評基通20-2に準じて計算した価額と①のいずれか低い方の価額が宅地の価額となります。
(3)**路線価方式による評価** （評基通13）	路線価方式により評価する宅地の価額は、その宅地の面する路線に付された路線価（公示価格のおおむね80％とされます。）を基とし、次の地域ごとに定められたP.48からP.56までのイ～ヲの補正等を行って算出した価額によって評価します。 なお、路線価が設定されていない場合には、下記の通り、特定路線価の設定を申し出ます。

(特定路線価) (評基通14-3)

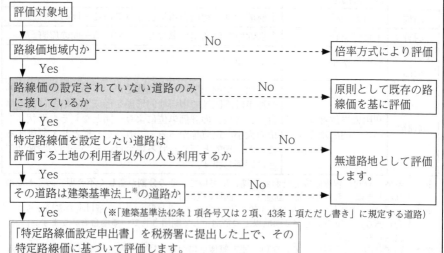

(地区区分) （評基通14-2）
①ビル街地区　②高度商業地区　③繁華街地区　④普通商業・併用住宅地区
⑤普通住宅地区　⑥中小工場地区　⑦大工場地区

（評価の手順）
① 接する各路線からの想定整形地を描きます。（想定整形地とは、評価対象地の全域を囲む、正面路線に面する長方形又は正方形の土地をいいます。）
（Ⓐ路線から） （Ⓑ路線から）

例えば、二路線に接する場合には、一画地につき二つの想定整形地を描きます。

② 各路線ごとに間口距離・奥行距離を求めます。

Ⓐ路線…普通住宅地区　　　　Ⓑ路線…中小工場地区
（間口）5m　　　　　　　　（間口）10m
（奥行）70m² ÷ 5m ＝14m＞10m ∴10m　（奥行）70m² ÷10m ＝ 7m＜8m ∴ 7m
- 間口距離は、（想定整形地の間口に相当する距離）と（実際に面している距離）のいずれか短い距離（注　屈折路に面する宅地の場合も同様です。）
- 奥行距離は、（評価対象地の面積を間口距離で除して得た距離）と（想定整形地の奥行距離）のいずれか短い距離

③ 奥行価格補正率を求めます。

Ⓐ路線からの補正率……奥行10mで普通住宅地区　1.00

Ⓑ路線からの補正率……奥行7mで中小工場地区　0.93

④ 正面路線を決定します。（奥行補正後の1m²当たりの価額の大きい方が正面路線となります。）
（なお、補正後の価額が同額の場合は、路線に接する距離の長い方を正面路線とします。）

Ⓐ600,000円×1.00＝600,000円
Ⓑ500,000円×0.93＝465,000円

Ⓐ＞Ⓑ　∴Ⓐが正面路線

⑤ 地区区分を決定します。（正面路線に付された地区区分となります。）
　Ⓐが正面路線→Ⓐ路線の地区区分→普通住宅地区
⑥ 奥行価格補正率、各路線の影響加算率を求めます。（裏面路線の補正率・加算率は、正面路線の地区の率を適用します。）
正面路線Ⓐ……奥行価格補正率1.00
裏面路線Ⓑ……奥行価格補正率0.95　二方路線影響加算率0.02
600,000×1.00＋(500,000×0.95×0.02)＝609,500
⑦ 間口狭小補正率、奥行長大補正率、不整形地補正率を、それぞれの補正率表から求めます。

間口狭小補正率…間口5mで普通住宅地区0.94
奥行長大補正率…奥行10m÷間口5m＝2で普通住宅地区0.98
かげ地割合＝(正面からの想定整形地の地積(A)－評価対象地の地積)÷(A)
(12m×10m－70m²) ÷ (12m×10m) ＝41.66％ (かげ地割合)
地積70m²＜500m²地積区分A　かげ地割合41.66％で普通住宅地区0.85（不整形地補正率）

⑦　不整形地補正率(0.85)×間口狭小補正率(0.94)＝0.799→0.79
　④　奥行長大補正率(0.98)×間口狭小補正率(0.94)＝0.9212→0.92
　⑨　⑦と④の低い方（ただし、0.6が限度）
　　　0.6＜0.79＜0.92→0.79
　　　609,500×0.79＝481,505円／m²
⑧無道路地、がけ地等、容積率、私道、セットバック、都市計画道路などによる減額を行います。

イ．奥行価格補正率（評基通15）
　一方のみが路線に接する宅地の価額

　路線価×奥行価格補正率※1×地積

※1　奥行価格補正率表　（平成30年分以後用）

奥行距離（メートル）＼地区区分	ビル街地区	高度商業地区	繁華街地区	普通商業・併用住宅地区	普通住宅地区	中小工場地区	大工場地区
4未満	0.80	0.90	0.90	0.90	0.90	0.85	0.85
4以上　6未満		0.92	0.92	0.92	0.92	0.90	0.90
6　〃　8　〃	0.84	0.94	0.95	0.95	0.95	0.93	0.93
8　〃　10　〃	0.88	0.96	0.97	0.97	0.97	0.95	0.95
10　〃　12　〃	0.90	0.98	0.99	0.99	1.00	0.96	0.96
12　〃　14　〃	0.91	0.99	1.00	1.00		0.97	0.97
14　〃　16　〃	0.92	1.00				0.98	0.98
16　〃　20　〃	0.93					0.99	0.99
20　〃　24　〃	0.94					1.00	1.00
24　〃　28　〃	0.95				0.97		
28　〃　32　〃	0.96		0.98		0.95		
32　〃　36　〃	0.97		0.96	0.97	0.93		
36　〃　40　〃	0.98		0.94	0.95	0.92		
40　〃　44　〃	0.99		0.92	0.93	0.91		
44　〃　48　〃	1.00		0.90	0.91	0.90		
48　〃　52　〃		0.99	0.88	0.89	0.89		
52　〃　56　〃		0.98	0.87	0.88	0.88		
56　〃　60　〃		0.97	0.86	0.87	0.87		
60　〃　64　〃		0.96	0.85	0.86	0.86	0.99	
64　〃　68　〃		0.95	0.84	0.85	0.85	0.98	
68　〃　72　〃		0.94	0.83	0.84	0.84	0.97	
72　〃　76　〃		0.93	0.82	0.83	0.83	0.96	
76　〃　80　〃		0.92	0.81	0.82			
80　〃　84　〃		0.90	0.80	0.81	0.82	0.93	
84　〃　88　〃		0.88		0.80			
88　〃　92　〃		0.86			0.81	0.90	
92　〃　96　〃	0.99	0.84					
96　〃　100　〃	0.97	0.82					
100　〃	0.95	0.80			0.80		

ロ．側方路線影響加算（評基通16）
正面と側方に路線がある宅地

① 〔正面路線価（イ適用後の路線価の高い方の路線。以下ハ．ニ．ホにおいて同じ）〕×奥行価格補正率※1
② 〔側方路線価（路線価の低い方の路線）〕×奥行価格補正率×側方路線影響加算率※2
③ （①＋②）×地積

※2　側方路線影響加算率表

地区区分	加算率	
	角地	準角地
ビル街地区	0.07	0.03
高度商業地区・繁華街地区	0.10	0.05
普通商業・併用住宅地区	0.08	0.04
普通住宅地区・中小工場地区	0.03	0.02
大工場地区	0.02	0.01

（注）側方路線に宅地の一部だけが接している場合には、側方路線影響加算率を調整します。

影響加算率× $\dfrac{a}{a+b}$

- 角地
- 準角地

（準角地とは、下図のように一系統の路線の屈折部の内側に位置するものをいいます。）

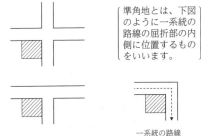
一系統の路線

- （参考）道路の角度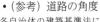

各自治体の建築基準法において、2つの道路が120°以内で交わっていることなど一定の条件を満たした場合に、建ぺい率が緩和（建ぺい率が10％増加など）される場合があります。
逆に、道路の角度が120°超の場合には、建ぺい率緩和等がなく角地としての効用がありません。

ハ．二方路線影響加算（評基通17）
正面と裏面が路線に面している宅地

① 正面路線価×奥行価格補正率
② 裏面路線価×奥行価格補正率×二方路線影響加算率※3
③ （①＋②）×地積

※3　二方路線影響加算率表

地区区分	加算率
ビル街地区	0.03
高度商業地区・繁華街地区	0.07
普通商業・併用住宅地区	0.05
普通住宅地区・中小工場地区	0.02
大工場地区	0.02

（注）裏面路線に接する部分が想定整形地の間口距離より短い場合には、二方路線影響加算率を調整します。

影響加算率× $\dfrac{a}{a+b}$

ニ. 三方路線影響加算 （評基通18）

三路線に面している宅地

① 正面路線価×奥行価格補正率

② 側方路線価×奥行価格補正率×側方路線影響加算率

③ 側方路線価 又は裏面路線価 × 奥行価格 補　正　率 × 側方路線影響加算率 又は二方路線影響加算率

④ （①＋②＋③）×地積

ホ. 四方路線影響加算率 （評基通18）

① 正面路線価×奥行価格補正率

② 裏面路線価×奥行価格補正率×二方路線影響加算率※3

③ 一方の側方路線価×奥行価格補正率×側方路線影響加算率

④ 他方の側方路線価×奥行価格補正率×側方路線影響加算率

⑤ （①＋②＋③＋④）×地積

ヘ. 不整形地 （評基通20）

整形地とした場合の評価額×不整形地補正率

- 不整形地補正率の求め方
  ①地区及び地積の別により※4「地積区分表」にあてはめて、A・B・Cのいずれの地積区分かを判定します。
  ②想定整形地の地積を算出し、かげ地割合を求めます。（P.47⑦参照）

$$かげ地割合＝\frac{想定整形地の地積－評価対象地の地積}{想定整形地の地積}$$

  ③地区区分、①で判定した地積区分（A、B、C）、②で求めたかげ地割合を※5不整形地補正率表にあてはめて、補正率を求めます。
  ④※6「間口狭小補正率表」に定める間口狭小補正率の適用がある場合には、この表により求めた不整形地補正率に間口狭小補正率表を乗じて得た数値を不整形地補正率とします。ただし、この場合の下限は0.6となります。
  ⑤また、※7「奥行長大補正率表」に定める奥行長大補正率の適用がある場合には、①不整形地補正率を適用して評価する方法、②間口狭小補正率と奥行長大補正率を適用して評価する方法のいずれかを選択して評価できます。（下限は0.6）
  ⑥大工場地区にある不整形地については、原則として不整形地補正を行いませんが、地積がおおむね9,000m²程度までのものについては、※4「地積区分表」及び※5「不整形地補正率表」に掲げる中小工場地区の区分により不整形地としての補正を行えます。

※4 地積区分表

地区区分＼地積区分	A	B	C
高度商業地区	1,000m²未満	1,000m²以上 1,500m²未満	1,500m²以上
繁華街地区	450m²未満	450m²以上 700m²未満	700m²以上
普通商業・併用住宅地区	650m²未満	650m²以上 1,000m²未満	1,000m²以上
普通住宅地区	500m²未満	500m²以上 750m²未満	750m²以上
中小工場地区	3,500m²未満	3,500m²以上 5,000m²未満	5,000m²以上

※5 不整形地補正率表

かげ地割合 ＼ 地区区分 地積区分	高度商業地区、繁華街地区、普通商業・併用住宅地区、中小工場地区			普通住宅地区		
	A	B	C	A	B	C
10%以上	0.99	0.99	1.00	0.98	0.99	0.99
15% 〃	0.98	0.99	0.99	0.96	0.98	0.99
20% 〃	0.97	0.98	0.99	0.94	0.97	0.98
25% 〃	0.96	0.98	0.99	0.92	0.95	0.97
30% 〃	0.94	0.97	0.98	0.90	0.93	0.96
35% 〃	0.92	0.95	0.98	0.88	0.91	0.94
40% 〃	0.90	0.93	0.97	0.85	0.88	0.92
45% 〃	0.87	0.91	0.95	0.82	0.85	0.90
50% 〃	0.84	0.89	0.93	0.79	0.82	0.87
55% 〃	0.80	0.87	0.90	0.75	0.78	0.83
60% 〃	0.76	0.84	0.86	0.70	0.73	0.78
65% 〃	0.70	0.75	0.80	0.60	0.65	0.70

※6 間口狭小補正率表

間口距離（メートル）＼地区区分	ビル街地区	高度商業地区	繁華街地区	普通商業・併用住宅地区	普通住宅地区	中小工場地区	大工場地区
4未満	―	0.85	0.90	0.90	0.90	0.80	0.80
4以上 6未満	―	0.94	1.00	0.97	0.94	0.85	0.85
6 〃 8 〃	―	0.97		1.00	0.97	0.90	0.90
8 〃 10 〃	0.95	1.00			1.00	0.95	0.95
10 〃 16 〃	0.97					1.00	0.97
16 〃 22 〃	0.98						0.98
22 〃 28 〃	0.99						0.99
28 〃	1.00						1.00

※7　奥行長大補正率表

奥行距離/間口距離	地区区分	ビル街地区	高度商業地区 繁華街地区 普通商業・併用住宅地区	普通住宅地区	中小工場地区	大工場地区
2以上	3未満	1.00	1.00	0.98	1.00	1.00
3 〃	4 〃		0.99	0.96	0.99	
4 〃	5 〃		0.98	0.94	0.98	
5 〃	6 〃		0.96	0.92	0.96	
6 〃	7 〃		0.94	0.90	0.94	
7 〃	8 〃		0.92		0.92	
8 〃			0.90		0.90	

ト．**地積規模の大きな宅地**（評基通20-2、21-2、22-2）
　1．地積規模の大きな宅地とは、
　　　三大都市圏においては500m²以上の地積の宅地、それ以外の地域においては1,000m²以上の地積の宅地で普通商業・併用住宅地区及び普通住宅地区に所在するものをいい、次の(1)から(4)までのいずれかに該当するものを除きます。
　(1)　市街化調整区域（都市計画法第34条第10号又は第11号の規定に基づき宅地分譲に係る同法第4条第12項に規定する開発行為を行うことができる区域を除きます。）に所在する宅地
　(2)　都市計画法第8条第1項第1号に規定する工業専用地域に所在する宅地
　(3)　容積率が10分の40（東京都の特別区においては10分の30）以上の地域に所在する宅地
　(4)　評基通22-2に定める大規模工場用地

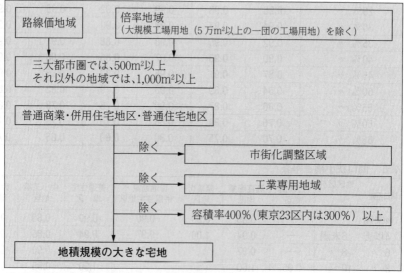

　2．三大都市圏とは、次に掲げる区域等をいいます。
　①　首都圏整備法第2条第3項に規定する既成市街地又は同条第4項に規定する近郊整備地帯
　②　近畿圏整備法第2条第3項に規定する既成都市区域又は同条第4項に規定する近郊整備区域

③ 中部圏開発整備法第2条第3項に規定する都市整備区域
三大都市圏（平成28年4月1日現在）

圏名	都府県名		都市名
首都圏	東京都	全域	特別区、武蔵野市、八王子市、立川市、三鷹市、青梅市、府中市、昭島市、調布市、町田市、小金井市、小平市、日野市、東村山市、国分寺市、国立市、福生市、狛江市、東大和市、清瀬市、東久留米市、武蔵村山市、多摩市、稲城市、羽村市、あきる野市、西東京市、瑞穂町、日の出町
	埼玉県	全域	さいたま市、川越市、川口市、行田市、所沢市、加須市、東松山市、春日部市、狭山市、羽生市、鴻巣市、上尾市、草加市、越谷市、蕨市、戸田市、入間市、朝霞市、志木市、和光市、新座市、桶川市、久喜市、北本市、八潮市、富士見市、三郷市、蓮田市、坂戸市、幸手市、鶴ケ島市、日高市、吉川市、ふじみ野市、白岡市、伊奈町、三芳町、毛呂山町、越生町、滑川町、嵐山町、川島町、吉見町、鳩山町、宮代町、杉戸町、松伏町
		一部	熊谷市、飯能市
	千葉県	全域	千葉市、市川市、船橋市、松戸市、野田市、佐倉市、習志野市、柏市、流山市、八千代市、我孫子市、鎌ケ谷市、浦安市、四街道市、印西市、白井市、富里市、酒々井町、栄町
		一部	木更津市、成田市、市原市、君津市、富津市、袖ケ浦市
	神奈川県	全域	横浜市、川崎市、横須賀市、平塚市、鎌倉市、藤沢市、小田原市、茅ケ崎市、逗子市、三浦市、秦野市、厚木市、大和市、伊勢原市、海老名市、座間市、南足柄市、綾瀬市、葉山町、寒川町、大磯町、二宮町、中井町、大井町、松田町、開成町、愛川町
		一部	相模原市
	茨城県	全域	龍ケ崎市、取手市、牛久市、守谷市、坂東市、つくばみらい市、五霞町、境町、利根町
		一部	常総市
近畿圏	京都府	全域	亀岡市、向日市、八幡市、京田辺市、木津川市、久御山町、井手町、精華町
		一部	京都市、宇治市、城陽市、長岡京市、南丹市、大山崎町
	大阪府	全域	大阪市、堺市、豊中市、吹田市、泉大津市、守口市、富田林市、寝屋川市、松原市、門真市、摂津市、高石市、藤井寺市、大阪狭山市、忠岡町、田尻町
		一部	岸和田市、池田市、高槻市、貝塚市、枚方市、茨木市、八尾市、泉佐野市、河内長野市、大東市、和泉市、箕面市、柏原市、羽曳野市、東大阪市、泉南市、四条畷市、交野市、阪南市、島本町、豊能町、能勢町、熊取町、岬町、太子町、河南町、千早赤阪村
	兵庫県	全域	尼崎市、伊丹市
		一部	神戸市、西宮市、芦屋市、宝塚市、川西市、三田市、猪名川町
	奈良県	全域	大和高田市、安堵町、川西町、三宅町、田原本町、上牧町、王寺町、広陵町、河合町、大淀町
		一部	奈良市、大和郡山市、天理市、橿原市、桜井市、五條市、御所市、生駒市、香芝市、葛城市、宇陀市、平群町、三郷町、斑鳩町、高取町、明日香村、吉野町、下市町

中部圏	愛知県	全域	名古屋市、一宮市、瀬戸市、半田市、春日井市、津島市、碧南市、刈谷市、安城市、西尾市、犬山市、常滑市、江南市、小牧市、稲沢市、東海市、大府市、知多市、知立市、尾張旭市、高浜市、岩倉市、豊明市、日進市、愛西市、清須市、北名古屋市、弥富市、みよし市、あま市、長久手市、東郷町、豊山町、大口町、扶桑町、大治町、蟹江町、阿久比町、東浦町、南知多町、美浜町、武豊町、幸田町、飛島村
		一部	岡崎市、豊田市
	三重県	全域	四日市市、桑名市、木曽岬町、東員町、朝日町、川越町
		一部	いなべ市

(注)「一部」の欄に表示されている市町村は、その市町村の区域の一部だけが指定されているものです。評価対象地の所在する市町村又は府県の窓口で三大都市圏かどうかを確認してください。

3．地積規模の大きな宅地の価額は、奥行価格補正から不整形地補正までを計算した価額に、その宅地の地積の規模に応じ、次の算式により求めた規模格差補正率を乗じて計算した価額によって評価します。

$$\text{規模格差補正率}_{\text{(小数点以下第2位未満切捨)}} = \frac{Ⓐ \times Ⓑ + Ⓒ}{\text{地積規模の大きな宅地の地積 }(Ⓐ)} \times 0.8$$

上の算式中の「Ⓑ」及び「Ⓒ」は、地積規模の大きな宅地が所在する地域に応じ、それぞれ次に掲げる表のとおりとされます。

イ　三大都市圏に所在する宅地

地区区分 地積 m² 　記号	普通商業・併用住宅地区、普通住宅地区	
	Ⓑ	Ⓒ
500以上　1,000未満	0.95	25
1,000 〃　3,000 〃	0.90	75
3,000 〃　5,000 〃	0.85	225
5,000 〃	0.80	475

ロ　三大都市圏以外の地域に所在する宅地

地区区分 地積 m² 　記号	普通商業・併用住宅地区、普通住宅地区	
	Ⓑ	Ⓒ
1,000以上　3,000未満	0.90	100
3,000 〃　5,000 〃	0.85	250
5,000 〃	0.80	500

4．市街地周辺農地、市街地農地、市街地山林、市街地原野及び雑種地についても、1．の要件を満たす場合には、地積規模の大きな宅地として評価します。ただし、宅地への転用が見込めないと認められる場合には、戸建住宅用地としての分割分譲が想定されないことから適用対象とはなりません。

また、地積規模の大きな宅地の評価を適用した市街地農地等については、その適用後、宅地造成費相当額を別途控除します。

5．倍率地域に所在する地積規模の大きな宅地（大規模工場用地を除きます。）の価額は、①その宅地が標準的な間口距離及び奥行距離を有する宅地であるとした場合の1m²当たりの価額（例えば、近傍宅地の固定資産税評価に係る標準宅地の1m²当たりの価額）を路線価とし、かつ、普通住宅地区に所在するものとして上記3．に準じて計算した価額と、②倍率方式による価額のいずれか低い価額とします。（評基通21-2）

チ．**無道路地**（道路に直接接していない宅地をいいます。）（評基通20-3）
　道路に接していても接道義務を満たしていない宅地も無道路地と同様の評価をします。無道路地Aの評価額を求めます。

$$\boxed{\begin{array}{c}\text{実際に利用している路線に基づく}\\ \text{不整形地の評価額（①(viii)）}\end{array}} \times (1-\text{減価割合③（最大40％）})$$

①実際に利用している路線からの想定整形地（A＋B）を描き、不整形地としての評価を行う。

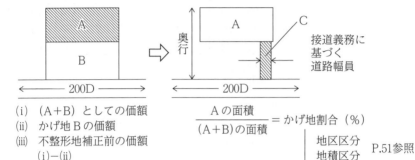

(i)　（A＋B）としての価額
(ii)　かげ地Bの価額
(iii)　不整形地補正前の価額
　　　(i)−(ii)

$\dfrac{\text{Aの面積}}{\text{(A＋B)の面積}}$ ＝かげ地割合（％）

地区区分
地積区分　P.51参照

(iv)　不整形地補正率
(v)　接道義務による間口での間口狭小補正率
(vi)　（奥行距離／接道義務による間口）による奥行長大補正率
(vii)　不整形地補正率(iv)×間口狭小補正率(v)　┐いずれか
　　　間口狭小補正率(v)×奥行長大補正率(vi)　┘低い方
(viii)　(iii)×(vii)＝不整形地補正後の価額
　　　（地積規模の大きな宅地の場合には、規模格差補正をします。）

②建築基準法その他により定められた接道義務に基づき最小限度の通路を設ける場合の通路部分の面積(C)を求めます。
　（※）接道義務の例
　（大阪府建築基準法施行条例）　一般住宅2m
　（東京都建築安全条例）　住宅　総床面積200m²以下　道路まで20m以下　2m
　　　　　　　　　　　　　　　　　　　　　　　　　　　　道路まで20m超　3m
　　　　　　　　　　　　　　　　　総床面積200m²超　　道路まで20m以下　3m
　　　　　　　　　　　　　　　　　　　　　　　　　　　　道路まで20m超　4m

③減価割合を計算します。
$$\dfrac{\text{実際に利用している路線の路線価}\times\text{通路部分の面積(C)}}{\text{不整形地補正後の価額（①(viii)）}}=\text{減価割合（最大40％）}$$

リ．**間口が狭小な宅地等**（不整形地及び無道路地は除きます。）（評基通20-4）
①間口が狭小な宅地

$\boxed{\text{路線価}\times\text{間口狭小補正率※6}\times\text{地積}}$

②奥行が長大な宅地

$\boxed{\text{路線価}\times\text{奥行長大補正率※7}\times\text{地積}}$

なお、地積規模の大きな宅地の評価の適用がある場合には、間口狭小補正をした後の価額に規模格差補正率を乗じて計算した価額により評価します。

※①②ともに地積の大きいものは、近傍の宅地の価額の均衡を考慮して、それぞれの補正率を適宜修正できます。

ヌ．がけ地等 （評基通20-5）

> がけ地が無いものとした宅地評価×がけ地補正率※8×地積

※8　　　　　　　　　　　　　がけ地補正率表

がけ地地積／総地積	南	東	西	北
0.10以上	0.96	0.95	0.94	0.93
0.20 〃	0.92	0.91	0.90	0.88
0.30 〃	0.88	0.87	0.86	0.83
0.40 〃	0.85	0.84	0.82	0.78
0.50 〃	0.82	0.81	0.78	0.73

がけ地地積／総地積	南	東	西	北
0.60以上	0.79	0.77	0.74	0.68
0.70 〃	0.76	0.74	0.70	0.63
0.80 〃	0.73	0.70	0.66	0.58
0.90 〃	0.70	0.65	0.60	0.53

(注)　がけ地の方向については次により判定する。
1．がけ地の方向は、斜面の向きによる。
　※東斜面の場合

（がけ地とは、通常30°以上の傾斜があるものをいいます。）

2．2方位以上のがけ地がある場合は、次の算式により計算した割合をがけ地補正率とする。

$$\frac{\left[\begin{array}{c}\text{総地積に対するがけ地部分}\\\text{の全地積の割合に応ずる}\\\text{A方位のがけ地補正率}\end{array}\times\begin{array}{c}\text{A方位の}\\\text{がけ地}\\\text{地積}\end{array}+\begin{array}{c}\text{総地積に対するがけ地部分}\\\text{の全地積の割合に応ずる}\\\text{B方位のがけ地補正率}\end{array}\times\begin{array}{c}\text{B方位の}\\\text{がけ地}\\\text{地積}\end{array}+\cdots\cdots\right]}{\text{がけ地部分の全地積}}$$

3．この表に定められた方位に該当しない「東南斜面」などについては、がけ地の方位の東と南に応ずるがけ地補正率を平均して求めることとして差し支えない。

ル．土砂災害特別警戒区域内にある宅地 （評基通20-6）

特別警戒区域の地積／総地積	
0.10以上	0.9
0.40以上	0.8
0.70以上	0.7

すべて特別警戒区域ではないとした場合の価額に下記の補正率を乗じる。（最小値を0.50とします。）

（がけ地を含む場合には、左記割合にがけ地補正率を乗じます。）

ヲ．容積率の異なる2以上の地域にわたる宅地 （評基通20-7）

> 減額調整前の評価額×（1－減額調整率）

$$\text{減額調整率}\begin{pmatrix}\text{小数点}\\\text{第3位未満}\\\text{四捨五入}\end{pmatrix}=\left[1-\frac{\text{容積率の異なる部分の各部分に適用される容積率にその各部分の地積を乗じて計算した数値の合計}}{\text{正面路線に接する部分の容積率}\times\text{宅地の総地積}}\right]\times\begin{array}{c}\text{容積率が価額に}\\\text{及ぼす影響度}\\\text{（下表）}\end{array}$$

※減額調整率がマイナスとなるときは適用しません。

容積率が価額に及ぼす影響度

地区区分	影響度
高度商業地区、繁華街地区	0.8
普通商業・併用住宅地区	0.5
普通住宅地区	0.1

(4)大規模工場用地 (評基通22、 22-2、22-3)	一団の工場用地の地積が5万m²以上のもの（路線価地域においては、地区区分が大工場地区として定められたものに限ります。）の大規模工場用地は次により評価します。ただし、その地積が20万m²以上のものは、$\frac{95}{100}$相当額が評価額になります。	

（路線価地域）	（倍率地域）
正面路線価×(地積)	固定資産税評価額×倍率

(5)私道・歩道状空地の用に供されている宅地 (評基通24)	（路線価方式・倍率方式による自用地価額）$\times \dfrac{30}{100}$

但し、その私道が**不特定多数の者の通行の用**に供されているときは、その私道の価額は評価しません。

(6)セットバックを必要とする宅地 (評基通24-6)	建築基準法第42条2項の道路に面する宅地の場合、セットバックが必要な部分について70％が控除されます。

$$\text{利用制限がないものとした場合の価額(A)} - (A) \times \frac{\text{セットバック部分の地積}}{\text{総地積}} \times 0.7$$

(7)都市計画道路予定地の区域内にある宅地
(評基通24-7)

利用制限がないものとした場合の価額に、次の補正率を乗じて計算した価額によります。

地区区分 容積率 地積割合	ビル街地区、 高度商業地区		繁華街地区、 普通商業・併用住宅地区				普通住宅地区、 中小工場地区、 大工場地区		
	700%未満	700%以上	300%未満	300%以上 400%未満	400%以上 500%未満	500%以上	200%未満	200%以上 300%未満	300%以上
30％未満	0.88	0.85	0.97	0.94	0.91	0.88	0.99	0.97	0.94
30％以上 60％未満	0.76	0.70	0.94	0.88	0.82	0.76	0.98	0.94	0.88
60％以上	0.60	0.50	0.90	0.80	0.70	0.60	0.97	0.90	0.80

〈上表は令和3年1月1日以後の相続・遺贈・贈与に適用〉
(注) 地積割合とは、その宅地の総地積に対する都市計画道路予定地の部分の地積の割合をいいます。

(8)文化財建造物の敷地
(評基通24-8)

文化財建造物の敷地でないとした場合の価額から、その価額に次の控除割合を乗じた金額を控除します。

種類	控除割合
重要文化財	0.7
登録有形文化財	0.3
伝統的建造物	0.3

(9)貸宅地
(評基通25)

借地権の目的となっている宅地の価額

その宅地の自用地としての価額×(1－借地権割合)

国税局長が貸宅地割合を定めている地域（沖縄の一部の地域）

その宅地の自用地としての価額×貸宅地割合

財産評価

土地

(10)貸家建付地 （評基通26）	①借家権の評価（評基通94）に定める貸家の目的に供されている宅地の価額は次のとおりです。

$$\begin{pmatrix} その宅地の \\ 自用地とし \\ ての価額 \end{pmatrix} - \left\{ \begin{pmatrix} その宅地の \\ 自用地とし \\ ての価額 \end{pmatrix} \times \begin{pmatrix} 借地権 \\ 割合 \end{pmatrix} \times \begin{pmatrix} 借家権の評価（評 \\ 基通94）に定める \\ 借家権割合※1 \end{pmatrix} \times \begin{pmatrix} 賃貸 \\ 割合※2 \end{pmatrix} \right\}$$

※1 借家権割合は全国すべての地域において30％です。

※2 「賃貸割合」は、その貸家に係る各独立部分（構造上区分された数個の部分をいう。以下同じ。）がある場合に、その各独立部分の賃貸の状況に基づいて、次の算式により計算した割合によります。

$$\frac{Aのうち課税時期において賃貸されている各独立部分の床面積の合計}{その家屋の各独立部分の床面積の合計（A）}$$

- 上記算式の「各独立部分」とは、建物の構成部分である隔壁、扉、階層（天井及び床）等によって他の部分と完全に遮断されている部分で、独立した出入口を有するなど独立して賃貸その他の用に供することができるものを言います。したがって、例えば、ふすま、障子又はベニヤ板等の堅固でないものによって仕切られている部分及び階層で区分されていても、独立した出入口を有しない部分は「各独立部分」には該当しません。

　なお、外部に接する出入口を有しない部分であっても、共同で使用すべき廊下、階段、エレベーター等の共用部分のみを通って外部と出入りすることができる構造となっているものは、上記の「独立した出入口を有するもの」に該当します。

- 上記算式の「賃貸されている各独立部分」には、継続的に賃貸されていた各独立部分で、課税時期において、一時的に賃貸されていなかったと認められるものを含むこととして差し支えありません。

- 一時的に賃貸されていなかったと認められるものかどうかは、①課税時期前に継続的に賃貸されていたか、②賃借人の退去後速やかに新たな賃借人の募集が行われたか、③空室の期間、他の用途に供されていないか、④空室の期間が課税時期の前後の例えば1か月程度であるなど一時的な期間か、⑤課税時期後の賃貸が一時的なものではないかなどの事実関係から総合的に判断します。

②区分地上権等の目的となっている貸家建付地（評基通26-2）

$$\begin{pmatrix} 貸宅地として \\ の評価額A \end{pmatrix} - \begin{pmatrix} A \times \begin{pmatrix} その宅地の \\ 借地権割合 \end{pmatrix} \times \begin{pmatrix} その地上にある \\ 家屋の借家権割合 \end{pmatrix} \times \begin{pmatrix} 賃貸 \\ 割合 \end{pmatrix} \end{pmatrix}$$

3. 農地 (1)農地の分類 （評基通34）	農地を評価する場合、次に掲げる農地のいずれかに分類します。 　①純農地　②中間農地　③市街地周辺農地　④市街地農地
(2)純農地の評価 （評基通36、37）	純農地（市街化区域内にある農地を除きます。）についてはその農地の固定資産税評価額に、あらかじめ定められている一定の倍率を乗じます。 　　固定資産税評価額×倍率
(3)中間農地の評価 （評基通36-2、	中間農地（市街化区域内にある農地を除きます。）は、まだ宅地転用の許可を受けることはできないが、市街地近郊の農地として、市街地周辺農地に次いで転用の許可を受けることができる農地であり、宅地に転用

| 固定資産税評価額×倍率 |

(4) 市街地周辺農地の評価
(評基通36-3、39)

市街地周辺農地（市街化区域内にある農地を除きます。）の価額は、その農地が宅地であるとした場合の価額を求め、その価額からその農地を宅地に転用する場合に通常必要とされる造成費に相当する金額を控除し、その控除後の価額の80％に相当する金額で評価します。

なお造成費に相当する金額については、1平方メートル当たりの整地、土盛り又は土止に要する費用の額がおおむね同一と認められる地域ごとに、国税局において定められています。

① 原則⇒宅地比準方式

$$\left\{\begin{array}{l}\text{その農地が宅地であ}\\\text{るとした場合の1m}^2\\\text{当りの価額（※）}\end{array} \ \ 1\text{m}^2\text{当りの造成費} \left(\begin{array}{l}\text{整地費・土盛費・土}\\\text{止費の合計額などに}\\\text{よります。}\end{array}\right)\right\} \times \text{地積} \times \dfrac{80}{100}$$

② 例外⇒倍率地域にある場合

（※）上記算式の宅地であるとした場合の1m²当りの価額は、（近傍宅地の固定資産税評価額）×（評価倍率表の宅地の倍率）×（位置、形状等の条件差（普通住宅地区の奥行価格補正率を参考にします））によって求めます。なお、地積規模の大きな宅地の評価の適用対象となる場合には規模格差補正を適用することができます。

(5) 市街地農地の評価
(評基通36-4、40)

市街化農地とは、市街化区域内にある農地、転用許可を受けた農地等をいいます。市街地農地の価額は、（前記(4)に掲げる）市街地周辺農地の評価方式と同じ方式によって評価が行われます。ただし市街地周辺農地の場合の20％相当斟酌率の適用はありません。

(6) 生産緑地の評価
(評基通40-3)

- 生産緑地地区の都市計画決定後30年経過するものについて、特定生産緑地に指定されると買取申出期間が10年毎に延長されます。以下、生産緑地とあるのは特定生産緑地を含みます。（P.204参照）

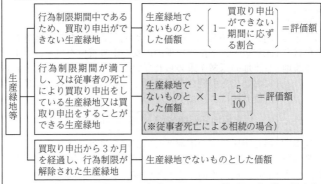

上記算式のうち、「買取り申出ができない期間に応ずる割合」は次によります。

課税期間から買取りの申出をすることができることとなる日までの期間	割合
5年以下のもの	100分の10
5年を超え10年以下のもの	100分の15
10年を超え15年以下のもの	100分の20
15年を超え20年以下のもの	100分の25
20年を超え25年以下のもの	100分の30
25年を超え30年以下のもの	100分の35

(7)貸し付けられている農地の評価
①耕作権の評価
（評基通42）

1）純農地・中間農地の耕作権

　農地の価額×耕作権割合（50％）

2）市街地周辺農地・市街地農地の耕作権

　農地の価額×耕作権割合（※）

※離作料の額、借地権の価額等を参酌して求めた価額により評価します。
（大阪国税局管内では40％、東京国税局管内では35％）

3）貸している側の評価（評基通41）

　自用地評価額－（上記1）、2）相続税評価額によって計算された価額）

②永小作権・区分地上権の目的となっている農地
（評基通41）

〔永小作権〕の場合　農地の自用地としての価額 － 永小作権の価額 ＝評価額

〔区分地上権〕の場合　農地の自用地としての価額 － 区分地上権の価額 ＝評価額

③区分地上権に準ずる地役権の目的となっている農地
（評基通43-3）

農地の自用地としての価額 － 区分地上権に準ずる地役権の価額 ＝評価額

(8)市民農園として貸し付けられている農地

地方自治法第244条の2により設置される市民農園であり、①貸付期間20年以上、②正当な理由のない限り貸付を更新、③正当な理由のない限り土地の返還を求められないことが賃貸借契約に定められ、課税時期後においても引続き市民農園として貸し付けられる農地の場合は、以下の評価方法によります。

　自用地評価額×（1－20％）

(9)特定市民農園として貸し付けられている農地の評価
（課評2-15、
　課資2-212）

特定市民農園の用地として認定を受け、地方公共団体に貸し付けられている土地は、地方公共団体が設置する市民農園整備促進法第2条第2項の市民農園であること等の要件をすべて満たす場合、以下の評価方法によります。

　自用地評価額×（1－30％）

4. 山林

(1)山林の分類

山林を評価する場合、まず次に掲げる山林のいずれかに分類します。
- ①純山林
- ②中間山林（通常の山林と状況を異にするため純山林として評価することが不適当と認められるものに限ります。）
- ③市街地山林

(2)純山林の評価
（評基通47）

純山林の価額は、倍率方法によって評価しますので、その山林の固定資産税価額に、あらかじめ定められている一定倍率を乗じてその評価額を求める方法によります。

固定資産税評価額×倍率

(3)中間山林の評価
（評基通48）

市街地付近又は別荘地帯等にある山林（以下「中間山林」という。）の価額は、純山林と同じ倍率方式により評価します。

この倍率は、中間山林ごとに国税局において定められています。

固定資産税評価額×倍率

(4)市街地山林の評価
（評基通49）

宅地のうちに介在する山林（以下「市街地山林」という。）の価額は、その山林の付近にある宅地の価額を基とし、その価額から、その山林を宅地に転用する場合に通常必要と認められる造成費に相当する金額を控除した金額によって評価します。

また、市街化区域内にある山林について倍率が定められている場合には、固定資産税評価額に国税局長が定めた倍率を乗じて計算した金額によって評価することもできます。なお、宅地への転用が見込めないと認められる場合（その山林が急傾斜地等であるため宅地造成ができないような場合又は評基通49本文によって評価した価額が近隣の純山林の価額より下回る場合をいいます。）には、近隣の純山林の価額に比準して評価します。

①路線価地域内にある山林

$$\left\{ \left[\begin{array}{c} \text{その山林が宅地で} \\ \text{あるとした場合の} \\ 1\,\text{m}^2\text{当りの価額} \end{array} \right] - \left[\begin{array}{c} 1\,\text{m}^2\text{当り} \\ \text{の造成費} \end{array} \middle| \begin{array}{c} \text{整地費・土盛費・} \\ \text{土止費の合計額など} \end{array} \right] \right\} \times \text{地積}$$

②倍率地域内にある市街地山林

①の算式中、宅地であるとした場合の1m²当りの価額を（近傍宅地の固定資産税評価額）×（評価倍率表の宅地の倍率）×（位置、形状等の条件差）によって求めます。地積規模の大きな宅地の評価の適用対象となる場合には、規模格差補正を適用することができます。

(5)保安林等の評価
（評基通50）

森林法その他の法令の規定に基づき、土地の利用又は立木の伐採について制限を受けている保安林等の価額は、その制限がないものとした場合の山林の価額に、山林の上に存する立木についての伐採制限に応ずる一定の割合を乗じて得た金額を控除した金額によって評価します。

その山林の自用地評価額×（1－控除割合）

（評基通123、123-2）

伐採の区分	控除割合	伐採の区分	控除割合
一部皆伐	0.3	単木選伐	0.7
択伐	0.5	禁伐	0.8

（特別緑地保全地区内は控除割合0.8）

5. 雑種地

(1)評価方法
(評基通82)

雑種地の価額は、原則として、その雑種地と状況が類似する付近の土地について評価した1m²当たりの価額を基にして評価します。ただし、国税局長により倍率が定められている地域にある雑種地の価額は、その雑種地の固定資産税評価額に、あらかじめ定められた一定の倍率を乗じて計算した金額によって評価します。

市街化調整区域に存する雑種地を評価する場合の比準地目・宅地比準におけるしんしゃく割合（減価率）

	周囲（地域）の状況	比準地目	しんしゃく割合
弱 ↑ 市街化の影響度 ↓ 強	① 純農地、純山林、純原野	農地比準、山林比準、原野比準	
	② ①と③の地域の中間（周囲の状況により判定）	宅地比準	しんしゃく割合50%
			しんしゃく割合30%
	③ 店舗等の建築が可能な幹線道路沿いや市街化区域との境界付近	宅地価格と同等の取引実態が認められる地域（郊外型店舗が建ち並ぶ地域等）	しんしゃく割合0%

(評基通87)

雑種地に係る賃借権の価額は、その賃貸借契約の内容、利用状況等を勘案して評定した金額によって評価し、貸付けられている雑種地の価額は、貸付けられていない場合の雑種地の価額から、その雑種地に係る地上権又は賃借権の価額を控除した金額によって評価します。

	①自用に供する雑種地	②貸付けられている雑種地	
比準方式	路線価比準 又は 固定資産税評価額×倍率	①により評価した価額	− 地上権又は賃借権の価額※
倍率方式	固定資産税評価額×倍率		

(評基通86)

※その地上権又は賃借権の価額が、次の金額を下回る場合には、次の金額によります。

イ 地上権に準ずる権利（賃借権の登記がされているもの、権利金の授受のあるもの、堅固な構築物の所有を目的とするものなど）
①により評価した価額×賃借権の残存期間に応じる割合

残存期間	割合	残存期間	割合
～5年以下	5/100	10年超～15年以下	15/100
5年超～10年以下	10/100	15年超～	20/100

ロ イ以外の賃借権（単に資材置場として使用するものなど）
①により評価した価額×上記の割合×$\frac{1}{2}$

(2)ゴルフ場の用に供する土地の評価
(評基通83)

ゴルフ場用地

① 市街化区域及びそれに近隣する地域にあるゴルフ場用地

$$[1m^2当たりの宅地比準価額×地積×\frac{60}{100}]$$
$$-(1m^2当たりの造成費×地積)=評価額$$

② ①以外の地域にあるゴルフ場用地

固定資産税評価額×倍率＝評価額

(注) 1m²当たりの造成費は国税局長によって定められます。

— 63 —

■小規模宅地等についての相続税の課税価格の計算の特例

1. 適用対象の土地等
（措法69の4、措令40の2②）

| 相続又は遺贈により取得した宅地等 | →NO→ | 贈与（死因贈与を除く。）により取得した財産は適用の対象となりませんので、加算対象期間内の贈与財産、相続時精算課税の適用を受ける財産にはこの規定の適用がありません。（措通69の4-1） |

↓YES

棚卸資産及び棚卸資産に準ずる資産以外の宅地等

↓

（措規23の2①、郵政民営化法180①、措通69の4-27）

建物※1
又は構築物※2
又は郵便窓口業務等を行う郵便局※3
の敷地となっている宅地等（借地権などを含みます）

※1 温室など耕作用を除く
※2 耕作用、採草放牧用を除く
※3 P.71の8.に記載の要件すべてに該当するものに限る

・建物の一部が被相続人の事業の用若しくは居住の用又は郵便局舎の用に供されていた場合には、それぞれの用に供されている部分の床面積がその建物等の総床面積に占める割合を乗じて、以下の按分計算を行います。

$$\left(\begin{array}{c}\text{その建物等の敷地の用に供}\\\text{されている宅地等の面積}\end{array}\right) \times \dfrac{\left(\begin{array}{c}\text{その建物等のうち事業・居住等の}\\\text{用に供されている部分の床面積}\end{array}\right)^{※}}{\text{その建物等の総床面積}}$$

※上記算式における「事業・居住等の用に供されている部分の床面積」は、次の算式により計算します。

$$\left(\begin{array}{c}\text{その建物等のうち}\\\text{事業・居住等の用}\\\text{に専ら供している}\\\text{部分の床面積（A）}\end{array}\right) + \left(\begin{array}{c}\text{その建物等のうち}\\\text{事業・居住等の用}\\\text{とそれ以外の用と}\\\text{に併用されている}\\\text{部分の床面積（B）}\end{array}\right) \times \dfrac{\text{（A）}}{\left(\begin{array}{c}\text{その建物等の}\\\text{総床面積}\end{array}\right)-\text{（B）}}$$

（措通69の4-3）

・土地区画整理事業等の施行による仮換地指定に伴い、従前地及び仮換地について使用収益が禁止されている場合で、仮換地を居住用又は事業用に供する予定がなかったと認めるに足りる特段の事情がないときは、従前地は小規模宅地等の特例の対象とされます。

↓

（措法69の4④）

相続税の申告期限までの分割

|←YES─| ↓NO
申告期限後3年以内に分割※4

※4 「申告期限後3年以内の分割見込書」を申告期限までに提出しておく必要があります。

|←YES─| ↓NO
（措令40の2㉓㉔㉕）
申告期限後3年以内に分割されなかったことにつき、相続等に関して訴えの提起がされたことなどのやむを得ない事情がある場合において、税務署長の承認を受け、分割ができることとなった日として定められた一定の日の翌日から4か月以内に分割された場合

YES↓

被相続人等の相続開始直前における宅地等の用途

事業用宅地等（P.64）	居住用宅地等（P.69）
・特定事業用宅地等（P.65） ・特定同族会社事業用宅地等（P.66） ・貸付事業用宅地等（P.67）	・特定居住用宅地等（P.70）

（措法69の4②）

〈適用対象となる限度面積〉

区分	限度面積		減額割合
① 特定事業用宅地等・特定同族会社事業用宅地等	面積合計400m²以下	①と②は併用可 （最大730m²）	80%
② 特定居住用宅地等	面積合計330m²以下		80%
③ 貸付事業用宅地等	①×（200/400）+②×（200/330）+③≦200m²		50%

財産評価

土地

小規模宅地

2. 事業用宅地等
(措通69の4-4)

相続開始の直前において、被相続人等（被相続人又は被相続人と生計を一にしていたその親族）の事業の用に供されている宅地等

↓

次に掲げる宅地等
① 他に貸し付けられていた宅地等
② 被相続人又はその親族所有の建物等で被相続人等の事業の用に供されていたものの敷地となっている宅地等（親族所有の建物等である場合には、被相続人等がその建物等を無償で借りていたものに限ります。有償だと建物はその親族の賃貸用となってしまいます。）

(所基通2-47)

※「生計を一にする」の意義
　「生計を一にする」とは必ずしも同一の家屋に起居していることをいうものでなく、次のような場合にはそれぞれ次によります。
① 勤務、修学、療養等の都合上他の親族と日常の起居を共にしていない親族がいる場合であっても、次に該当するときは、その親族は生計を一にするものとする。
　• 日常の起居を共にしていないが、勤務等の余暇には、起居を共にすることを常例としている場合
　• 親族間において、常に生活費、学資金、療養費等の送金が行われている場合
② 同一の家屋に起居している場合には、明らかに互いに独立した生活を営んでいると認められる場合を除き、生計を一にするものとする。

(措令40の2①)

※事業とは
　事業と称するに至らない不動産の貸付けで相当の対価を得て継続的に行うもの（準事業）を含みます。（不動産の状況等から考えて通常の対価であれば、不動産所得が赤字でも構いません。）

(措通69の4-5)

※事業用建物等の建築中に相続が開始した場合
　次の①②③又は①②④のすべてに該当するものの敷地の用に供されていた宅地等は、事業用宅地等に該当します。
① 被相続人等の事業の用に供されていた建物等の移転又は建替えのためその建物等を取壊し又は譲渡したことによる、従前の被相続人の建物等に代わるべき建物等であること。
② 被相続人又は被相続人の親族の所有に係る建物等であること。
③ 相続開始直前において、その被相続人等のその建物等に係る事業の準備行為の状況からみて、その建物等を速やかにその事業の用に供することが確実であったと認定できること。
④ 被相続人と生計を一にしていた被相続人の親族（又はその建物等若しくはその建物等の敷地の用に供されていた宅地等を相続もしくは遺贈により取得した被相続人の親族）が、その建物等を申告期限までに事業の用に供していること。

(措通69の4-6)

※使用人の寄宿舎等
　被相続人の営む事業に従事する使用人の寄宿舎等の敷地の用に供されていた宅地等は、事業用宅地等に該当します。（ただし、被相続人の親族のみが使用している場合は除きます。）

事業用宅地等のうち、3. 特定事業用宅地等（P.65）、4. 特定同族会社事業用宅地等（P.66）、5. 貸付事業用宅地等（P.67）に該当すれば、特例の適用が受けられます。

(措法69の4⑥)	※なお、個人版事業承継税制の対象となる特定事業用資産がある場合には、適用を受ける小規模宅地等の区分に応じ、相続税の納税猶予の適用につき一定の制限があります（P.262参照）。	

3. 特定事業用宅地等
（措法69の4③）

被相続人	生計一親族
事業の用に供されていた宅地等を取得した被相続人の親族が、次の要件すべてに該当 ① その宅地等の上で行われていた被相続人の事業を申告期限までに承継すること ② その事業を申告期限まで継続して行っていること ③ その宅地等を申告期限まで所有していること （注）事業を承継した親族が申告期限までに死亡した場合は、その死亡した者の相続人がその事業を承継し、かつ、その宅地等を取得して、申告期限まで事業を継続し、宅地等を所有する必要があります。	事業の用に供されていた宅地等を取得したその事業を行っていた親族が、次の要件すべてに該当 ① 相続開始直前から申告期限まで、その宅地等の上で事業を行っていること ② その宅地等を申告期限まで所有していること （注）事業継続親族が申告期限までに死亡した場合は、その死亡した日まで事業継続し、宅地等を所有していれば適用があります。

（措通69の4-15）

特定事業用宅地等
最大400m²部分について課税価格が80%減額されます。

※宅地等を数人で取得した場合は、取得者ごとに適用要件を判定します。
※持分の割合に応ずる部分に限ります。

（措法69の4③一、措令40の2⑧）

- **相続開始前3年以内に事業の用に供された宅地等**
  ① 相続開始前3年以内に新たに事業の用に供された宅地等は、上記の特定事業用宅地等の範囲から除かれます。
  ② ただし、①の宅地等であっても、その宅地等の上で事業の用に供されている建物、構築物又は減価償却資産の相続開始時の価額が、その宅地等の相続開始時の価額の15%以上である場合には特定事業用宅地等の範囲に含まれます。

| 4. 特定同族会社
事業用宅地等
（措法69の4③） | 特定同族会社 | 相続開始直前に被相続人及び被相続人の親族その他被相続人と特別の関係のある者が株式・出資の50％を超えて有する法人
※特別の関係のある者とは、次のいずれかに該当する者をいいます。（措令40の2⑯）
①　被相続人と事実上婚姻関係と同様の事情にある者
②　被相続人の使用人
③　被相続人の親族及び①②以外の者で被相続人から受けた金銭等で生計を維持しているもの
④　①～③と生計を一にする①～③の親族
⑤　①～④が株主として50％超を有する法人等 |

↓

| | 特定同族会社の事業の用に供されていた宅地等 | ※不動産貸付業、駐車場業、駐輪場業及び準事業を除きます。 |

（措通69の4-23）

```
●特定同族会社の事業の用に供されていた宅地等とは
①　特定同族会社に貸し付けられていた宅地等（事業又
　は準事業に限り、使用貸借を除きます。）
②　被相続人等が所有していた建物等で特定同族会社に
　貸し付けられていたものの敷地となっている宅地等（生
　計一親族所有建物の場合は被相続人から無償で敷地を
　借りている場合に限ります。）
③　上記①②の特定同族会社は、申告期限において清算
　中の法人を除きます。
```

↓

宅地等を取得した被相続人の親族が、次の要件すべてに該当
①　申告期限においてその法人の役員（法法2⑮に規定する役員）であること
②　その宅地等を申告期限まで所有していること
※申告期限前に宅地等を保有する親族が死亡した場合には、その死亡の日まで保有を継続すれば適用があります。

↓

特定同族会社事業用宅地等
最大400m²部分について課税価格が**80％減額**されます。

※宅地等を数人で取得した場合は、取得者ごとに適用要件を判定します。
※持分の割合に応ずる部分に限ります。

5. 貸付事業用宅地等

（措法69の4③、措令40の2⑲⑳㉑）

不動産貸付業、駐車場業、駐輪場業及び準事業の用に供されていた宅地等

※不動産の貸付けについては、その貸付けの規模・設備の状況及び営業形態を問いません。また、相続開始時において一時的に賃貸されていなかった部分についても適用があります。ただし、いわゆる青空駐車場の敷地は対象外となります。（アスファルト舗装等の構築物があれば、この特例の対象となります。）また、新たに建物建築中又はその賃借人募集中などの場合にはまだ貸付事業用とはなりません。（措通69の4-24の2）

相続開始直前において貸付事業を行っていた者

被相続人	生計一親族
貸付事業の用に供されていた宅地等を取得した親族が、次の要件すべてに該当 ① その宅地等に係る被相続人の貸付事業を申告期限までに引き継ぐこと ② その貸付事業を申告期限まで継続して行っていること ③ その宅地等を申告期限まで所有していること （注）事業承継親族が申告期限までに死亡した場合は、その死亡した者の相続人がその貸付事業を承継し、かつ、その宅地等を取得して申告期限まで貸付事業を継続し、宅地等を所有すれば適用があります。	貸付事業の用に供されていた宅地等を取得したその貸付事業を行っていた親族が次の要件すべてに該当 ① 相続開始時から申告期限まで引き続きその宅地等を貸付事業の用に供していること ② その宅地等を申告期限まで所有していること （注）申告期限前に貸付事業を行う親族が死亡した場合には、その死亡の日まで貸付事業を継続し、保有すれば適用があります。

貸付事業用宅地等
最大200m²部分について課税価格が50%減額されます。

※宅地等を数人で取得した場合は、取得者ごとに適用要件を判定します。
※持分の割合に応ずる部分に限ります。
※相続開始前3年以内に新たに貸付事業の用に供された宅地等は貸付事業用宅地等に該当しません。
※ただし、相続開始の日まで3年超引き続き事業と称することのできる規模で被相続人が不動産貸付（特定貸付事業）を行っていた場合は、たとえ相続開始前3年以内に貸付事業に供したものであっても貸付事業用宅地等に該当します。

財産評価

小規模宅地

事業用宅地等の形態と減額割合

相続開始直前の所有者 敷地	建物	建物の使用者	賃貸形態 地代相当	地代無償	家賃相当	家賃無償	判定 事業用	不動産貸付	使用貸借など	減額割合(%)
被相続人	被相続人	被相続人					○			80
被相続人	被相続人	生計一親族			○			○		50
被相続人	被相続人	生計一親族				○	○			80
被相続人	被相続人	他人（個人）			○			○		50
被相続人	被相続人	他人（個人）				○			○	0
被相続人	被相続人	特定同族会社			○		○			80
被相続人	被相続人	特定同族会社				○			○	0
被相続人	被相続人	他の法人			○			○		50
被相続人	被相続人	他の法人				○			○	0
被相続人	生計一親族	被相続人	○		○			○		50
被相続人	生計一親族	被相続人	○			○		○		50
被相続人	生計一親族	被相続人		○	○				○	0
被相続人	生計一親族	被相続人		○		○	○			80
被相続人	生計一親族	生計一親族	○					○		50
被相続人	生計一親族	生計一親族		○			○			80
被相続人	生計一親族	生計一親族		○	○			○		50
被相続人	生計一親族	特定同族会社	○		○		○			80
被相続人	生計一親族	特定同族会社		○		○			○	0
被相続人	生計一親族	他人	○					○		50
被相続人	生計一親族	他人		○					○	0
被相続人	生計別親族	被相続人・生計一親族	○					○		50
被相続人	生計別親族	被相続人・生計一親族		○	○				○	0
被相続人	生計別親族	被相続人・生計一親族		○		○	○			80
被相続人	生計別親族	被相続人・生計一親族		○				○		50
被相続人	生計別親族	特定同族会社	○					○		50
被相続人	生計別親族	特定同族会社		○					○	0
特定同族会社	特定同族会社	特定同族会社	○				○			80
特定同族会社	特定同族会社	特定同族会社		○					○	0
他人	他人	他人	○					○		50
他人	他人	他人		○					○	0

※使用貸借とは民法593条に規定する契約。固定資産税相当額以下の地代のものは使用貸借に該当します。

6. 居住用宅地等 （措通69の4-7）	相続開始の直前において、被相続人等（被相続人又は被相続人と生計を一にしていた親族）の居住の用に供されていた家屋等で次のものの敷地の用に供されていた宅地等（区分所有建物以外の1棟の建物の場合には、親族居住用部分も被相続人等の居住用部分に含まれます。）

↓

① 被相続人所有の家屋（生計一親族の居住用の場合は、被相続人から無償で借りていたものに限ります。）
② 被相続人の親族所有の家屋（その敷地を被相続人から無償で借りており、その家屋をその親族から無償で借りていたものに限ります。）

（措令40の2②③）
- **被相続人が老人ホーム等に入居していた場合**
  被相続人の居住用宅地等が、次の①又は②の事由により相続開始の直前において被相続人の居住の用に供されていなかった場合、居住しなくなる直前まで居住用であった宅地等は居住用とされます。（ただし、直前まで居住用であっても、老人ホーム等への入居後に事業用とされたものや被相続人又は生計一親族以外の者の居住用とされているものを除きます。）
  ① 要介護認定又は要支援認定を受けていた、もしくは介護保険法施行規則第140条の62の4第2号に該当していた被相続人が、次に掲げる住居又は施設に入居又は入所をしていたこと。
    イ 認知症対応型老人共同生活援助事業が行われる住居、養護老人ホーム、特別養護老人ホーム、軽費老人ホーム又は有料老人ホーム
    ロ 介護老人保健施設又は介護医療院
    ハ サービス付き高齢者向け住宅
  ② 障がい支援区分の認定を受けていた被相続人が障がい者支援施設又は共同生活援助を行う住居に入所又は入居をしていたこと。

（措通69の4-8）
- **居住用建物等の建築中に相続が開始した場合**
  次の①②③のすべてに該当するものの敷地の用に供されている宅地等は、居住用宅地等に該当します。
  ① 被相続人の居住の用に供されると認められる建物であること。
  ② 被相続人又は被相続人の親族の所有に係る建物等であること。
  ③ 被相続人と生計を一にしていたその被相続人の親族（又はその建物等若しくはその敷地等を相続若しくは遺贈により取得した被相続人の親族）が、その建物等を申告期限までに居住の用に供していること。

↓

居住用宅地等のうち、**7. 特定居住用宅地等**（P.70）に該当すれば、特例の適用が受けられます。

居住用・貸付用等の判定

| 相続開始直前の所有者 || 居住している者 | 賃貸形態 |||| 判定 |
||||| 地代 || 家賃 |||
敷地	家屋		相当	無償	相当	無償	
被相続人	被相続人	被相続人					居住用
^	^	生計一親族			○		不動産貸付
^	^	^				○	居住用
^	生計一親族	被相続人	○				不動産貸付
^	^	^		○	○		不動産貸付
^	^	^		○		○	居住用
^	生計別親族	被相続人・生計一親族	○				不動産貸付
^	^	^		○	○		該当なし
^	^	^		○		○	居住用
^	^	生計別親族	○				不動産貸付
^	^	^		○			該当なし

7. 特定居住用宅地等

(措法69の4③二)

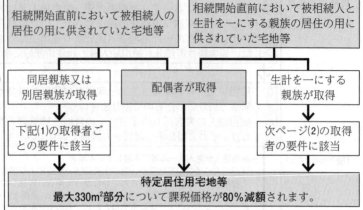

※宅地等を数人で取得した場合は、取得者ごとに適用要件を判定します。
※持分の割合に応ずる部分に限ります。

(1) **被相続人の居住の用に供されていた宅地等**の取得者ごとの要件
　　※配偶者が取得した場合、要件はありません。

〈同居親族〉

① 被相続人の居住の用に供されていた一棟の建物（被相続人、被相続人の配偶者又はその親族の居住の用に供されていたイ又はロの部分に限ります。）に居住していた者であり、かつ、申告期限までそこに居住していること。
　　イ．その一棟の建物が建物の区分所有等に関する法律一条の規定に該当する建物（分譲マンションなど）である場合
　　　　→被相続人の居住の用に供されていた部分
　　ロ．イ以外（いわゆる二世帯住宅）の場合
　　　　→被相続人又は被相続人の親族の居住の用に供されていた部分
② 申告期限までその宅地等を所有していること。
(※) 申告期限前に居住する親族が死亡した場合には、その死亡の日まで居住を継続し、かつ、保有を継続すれば適用があります。

〈別居親族〉（制限納税義務者で日本国籍を有しないものを除く）

① 配偶者のいない被相続人が居住していたその家屋に同居していた法定相続人がいないこと。
② 相続開始前3年以内に日本国内にある自己又は自己の配偶者、自己の三親等内の親族又はその親族と親族等が株主として50％超を有するなど特別の関係のある法人が所有する家屋（相続開始直前において被相続人の居住の用に供されていた家屋を除きます。）に居住したことがないこと。
　(所有していても、前3年以内に居住していなければ可。)
③ 相続開始時にその親族が居住している家屋を、相続開始前のいずれの時においても過去に所有していたことがないこと
④ 申告期限までその宅地等を所有していること。
(※) 申告期限前に宅地等を保有する親族が死亡した場合には、その死亡の日まで保有を継続すれば適用があります。

(2) **被相続人と生計を一にする親族の居住の用に供されていた宅地等の**取得者の要件

※配偶者が取得した場合、要件はありません。

〈生計を一にする親族〉

> ① 相続開始直前から相続税の申告期限までその宅地等の上に存する家屋に居住していること。
> ② 申告期限までその宅地等を所有していること。
> (※) 申告期限前に居住する親族が死亡した場合には、その死亡の日まで居住を継続し、かつ、保有を継続すれば適用があります。

- 一棟の建物のうちに特定居住用宅地等に該当する部分とそれ以外の部分がある場合には、部分ごとに按分して減額計算をします。
- 居住用宅地等が二以上ある場合は、以下の宅地等が適用の対象となります。
  - (ア) 被相続人の居住用宅地等が二以上ある場合
    被相続人が主として居住の用に供していた一の宅地等
  - (イ) 被相続人と生計を一にしていた親族の居住用宅地等が二以上ある場合
    その親族が主として居住の用に供していた一の宅地等（その親族が二人以上ある場合はその親族ごとにそれぞれ主としてその居住の用に供していた一の宅地等）
  - (ウ) 被相続人及び被相続人と生計を一にしていた親族の居住用宅地等が二以上ある場合
    a．被相続人とその親族が主として居住の用に供していた一の宅地等が同一の場合→その一の宅地等
    b．a以外の場合→被相続人が主として居住の用に供していた一の宅地等と、その親族が主として居住の用に供していた一の宅地等

（措令40の2⑥）
- 特例対象宅地等が配偶者居住権の目的となっている建物の敷地である場合には、それぞれ次の算式により計算された面積であるものとみなし、限度面積要件の判定を行います。

  1　配偶者居住権に基づく敷地利用権の面積

  $$特例対象宅地等の面積 \times \frac{その敷地利用権の価額}{その敷地利用権の価額及びその敷地の用に供される宅地等の価額の合計額}$$

  2　その敷地の用に供される宅地等の面積

  $$特例対象宅地等の面積 \times \frac{その敷地の用に供される宅地等の価額}{その敷地利用権の価額及びその敷地の用に供される宅地等の価額の合計額}$$

8. 郵便局舎の敷地の用に供されている宅地等 （郵政民営化法180①、措通69の4-27	郵便局舎の敷地で一定の要件に該当すれば、特定事業用宅地等とみなして、課税価格が80％減額されます。 ・郵便局の業務の用に供されている宅地等で、以下のすべての要件に該当するもの ①平成19年10月1日前から被相続人又はその相続人が賃貸借契約に基づき旧日本郵政公社に貸し付けていた建物の敷地の用に供されていた宅地等であること。

<table>
<tr><td>～69の4-37)</td><td>②①の建物は、賃貸契約の当事者である被相続人又はその相続人所有の建物であること。</td></tr>
</table>

②①の建物は、賃貸契約の当事者である被相続人又はその相続人所有の建物であること。

③平成19年10月１日から平成24年９月30日までは郵便局㈱、平成24年10月１日から相続開始直前までは日本郵便㈱に対し、①の賃貸借契約に一定事項以外の事項について変更なく貸付けていた宅地等であること。

④③の宅地等を取得した相続人から、相続開始後５年以上、日本郵便㈱が引き続き借り受けること。（総務大臣の証明が必要です。）

⑤その宅地等につき、既にこの特例（郵政民営化法180条）の適用を受けていないこと。

※上記の要件を満たさない場合であっても、貸付事業用宅地等に該当するときは、最大200m²部分について、課税価格が50％減額されます。

9. 申告手続
（措法69の4⑦、
措令40の2⑤、
措規23の2⑧）

小規模宅地等の特例の適用を受けるためには、特例の適用を受けようとする者の相続税の申告書（期限後申告書及び修正申告書を含みます。）に、小規模宅地の特例の適用を受ける旨を記載し（第11・11の２表の付表２の上段）、特例の適用を受ける宅地等についての課税価格に算入すべき価額の計算に関する明細書（第11・11の２表の付表1,1（続））その他一定の書類を添付して提出しなければなりません。

小規模宅地等の区分	添付書類
特定事業用宅地等	①②③④⑤⑮⑯
（郵便局の敷地の場合）	①②③⑤⑭
特定居住用宅地等	①②③⑤⑦⑧⑨⑩
（老人ホーム等に入所していた場合）	①②③⑤⑦⑧⑨⑩⑪⑫⑬
その他の小規模宅地等	①②③⑰
未分割の場合	⑥

①小規模宅地等に係る課税価格の計算明細書（第11・11の２表の付表1,1（続））

②特定計画山林又は特定事業用資産の対象となる財産がある場合、特例の適用にあたっての同意（第11・11の２表の付表２、第11・11の２表の付表２の２）

③遺言書の写し、遺産分割協議書の写し（自署・押印済みのもの）、印鑑証明書等

④相続開始前３年以内に事業の用に供されたものである場合は、相続開始時の減価償却資産の価額が宅地等の15％以上のものであることを明らかにする書類

⑤相続の開始の日から10日を経過した日以後に作成された戸籍の謄本若しくは法定相続情報一覧図の写し又はそれぞれのコピー

⑥**未分割の場合**はその旨、分割されていない事情及び分割の見込みの詳細（「**申告期限後３年以内の分割見込書**」）

⑦その親族が小規模宅地等を自己の居住の用に供していることを明らかにする書類（相続の開始の日以後に作成された住民票の写し（被相続人の親族に係るもの））※

⑧相続開始前３年以内の住所又は居所を明らかにする書類（相続の開始の日以後に作成された戸籍の附票の写し（同上））※

	⑨相続開始前3年以内に親族本人又はその配偶者、三親等内の親族又は特別の関係がある一定の法人の所有する家屋に居住したことのない旨を証明する書類（住民票、賃貸契約書など適宜用意） ⑩相続開始の時において自己の居住している家屋を相続開始前のいずれの時においても所有していたことがないことを証する書類 ⑪相続開始の日以後に作成された被相続人の戸籍の附票の写し ⑫要介護認定、要支援認定等を受けていたことを明らかにするもの（介護保険の被保険者証の写し等） ⑬被相続人が相続開始直前に入所していた老人ホーム等の名称・所在地と措令40の2②のいずれの施設に該当するかを明らかにする書類 ⑭総務大臣が交付した証明書 ⑮法人の定款の写し ⑯相続開始直前において、被相続人等が法人の発行済株式等の50％を超えて所有していたことを記載した書類（その法人が証明したもの） ⑰貸付事業用宅地等が相続開始前3年以内に新たに被相続人等の貸付事業の用に供されたものであるときには、被相続人等が相続開始の日まで3年を超えて特定貸付事業を行っていたことを明らかにする書類 ※被相続人の親族が個人番号を有する場合は⑦⑧は不要です。
10.3年以内に分割された場合の手続 （措法69の4④⑤⑥、法32①六、措令40の2⑳㉓㉔㉕） （P.167、168参照）	(1)相続税の申告期限までに分割されなかった宅地等について、その申告期限から3年以内に分割された場合（その期間内に分割されなかったことにつき一定のやむを得ない事情がある場合において、税務署長の承認を受け、一定期間内に分割された場合を含みます。）、特例の適用を受けることができます。これにより相続税が減額するときには、分割があった日の翌日から4か月以内に限り、納税地の税務署長に対して更正の請求ができます。 (2)**申告期限から3年を経過する日までに宅地等が分割されなかったこと**につき、一定のやむを得ない事情がある場合には、申告期限から3年を経過する日の翌日から2か月を経過する日までに、「**遺産が未分割であることについてやむを得ない事由がある旨の承認申請書**」を、やむを得ない事情を証明する書類を添付して提出する必要があります。 (3)申告期限までに分割されていた特例対象宅地等について、特定計画山林が分割されなかったことにより、特例対象宅地等の選択ができず、特例の適用を受けていなかった場合、申告期限から3年以内（一定のやむを得ない事情がある場合において、税務署長の承認を受けたときはその分割の日の翌日から4か月以内）に特定計画山林が分割されたことにより選択がされたときは、更正の請求により特例の適用を受けることができます。

財産評価

小規模宅地

— 74 —

■借地権・定期借地権などの評価

1.借地権	(1)借地権の範囲
	・相続税法上の借地権は、借地借家法に規定する建物の所有を目的とする地上権及び賃借権をいいます。
	・所得税・法人税の借地権には、上記以外に構築物の所有を目的とする地上権や賃借権を含みます。

(2)借地権の評価方法

（評基通27）

土地所有者との契約内容		借地権の評価額
通常の場合		（自用地としての評価額）×（借地権割合）

相当の地代通達（個別通達）

相当の地代を支払う場合	権利金の支払が0で、相当の地代の支払を維持している場合	借地権＝ゼロ
	上記以外	（自用地としての評価額）×（借地権割合） $\times \left\{ 1 - \dfrac{\left(\begin{array}{c}\text{実際に支払って}\\\text{いる地代の年額}\end{array}\right) - \left(\begin{array}{c}\text{通常の地代}\\\text{の年額}\end{array}\right)}{\left(\begin{array}{c}\text{相当の地代の年}\\\text{額}\end{array}\right) - \left(\begin{array}{c}\text{通常の地代}\\\text{の年額}\end{array}\right)} \right\}$
	（注1）	「実際に支払っている地代の年額」≧「相当の地代の年額」のときは { } の中を0とし、「実際に支払っている地代の年額」＜「通常の地代の年額」のときは { } の中を1とします。
	（注2）	相当の地代＝$\left(\begin{array}{c}\text{自用地としての評価額}\\\text{の過去3年間の平均額}\end{array}\right) \times 6\%$
	（注3）	通常の地代＝相当の地代×（1−借地権割合）
更地のまま一時利用する場合等		借地権＝ゼロ
借地権の取引慣行がない地域の場合		
「無償返還の届出」を提出している場合※		

※被相続人（＝土地所有者）が同族関係者となっている同族会社に対し土地を貸し付けている場合
借地権者である同族会社の被相続人所有の株式の評価上20%の借地権価額を純資産価額に加算します。

2. 借地権の目的となっている宅地 （評基通25）（昭43直資3-22）

土地所有者との契約内容			借地権の目的となっている宅地の評価額
通常の場合			$\begin{pmatrix}自用地としての\\評価額\end{pmatrix} - \begin{pmatrix}自用地としての\\評価額\end{pmatrix} \times \begin{pmatrix}借地権\\割合\end{pmatrix}$
相当の地代を支払う場合	権利金の支払が0で、相当の地代の支払を維持している場合		（自用地としての評価額）×80%
	上記以外	①②のうちいずれか低い方	① $\begin{pmatrix}自用地としての\\評価額\end{pmatrix} - \begin{pmatrix}自用地としての\\評価額\end{pmatrix} \times \begin{pmatrix}借地権\\割合\end{pmatrix}$ $\times \left\{ 1 - \dfrac{\begin{pmatrix}実際に支払って\\いる地代の年額\end{pmatrix} - \begin{pmatrix}通常の地代の\\年額\end{pmatrix}}{\begin{pmatrix}相当の地代\\の年額\end{pmatrix} - \begin{pmatrix}通常の地代\\の年額\end{pmatrix}} \right\}$ ②（自用地としての評価額）×80%
更地のまま一時利用する場合			（自用地としての評価額）
使用貸借の場合			
借地権の取引慣行がない地域の場合			（自用地としての評価額）×80%
「無償返還の届出」を提出している場合（使用貸借を除きます。）			

※地代と借地権・底地の関係は、下図のようになります。

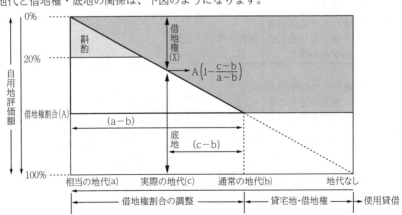

上図より
借地権割合（A）:（a−b） =（A−X）:（c−b）
よって、相当の地代に満たない地代を支払っている場合の借地権の割合（X）は、
$$X = A\left(1 - \dfrac{c-b}{a-b}\right)$$ となります。

3. 定期借地権
(1)定期借地権の範囲

内容	定期借地権等			普通借地権	旧借地法の既存借地権
	一般定期借地権	建物譲渡特約付借地権	事業用借地権		
利用目的	限定なし	限定なし	事業用建物の所有を目的とする借地契約	限定なし	限定なし
当初の存続期間	50年以上	30年以上	10年以上30年未満　／　30年以上50年未満	30年以上	堅固30年以上その他20年以上
契約の更新	更新しない旨の特約が可能	建物譲渡により借地権消滅	なし　／　なしという特約可能	更新しない旨の特約は無効	更新しない旨の特約は無効
終了事由	期間満了により終了	建物譲渡により終了	期間満了により終了	正当事由が必要	正当事由が必要

(2)定期借地権の評価方法

（評基通27-2）　定期借地権の評価は、原則として、課税時期において借地権者に帰属する経済的利益及びその存続期間を基として評定した価額によって評価しますが、課税上弊害がない限り、次の算式により計算した金額によって評価することができます。

$$\binom{自用地として}{の評価額} \times \left(\frac{定期借地権設定時に借地権者に帰属する経済的利益の総額（注１）}{定期借地権設定時のその宅地の通常の取引価額}\right) \times \left(\frac{課税時期の定期借地権の残存期間年数に応ずる基準年利率（注２）による複利年金現価率}{定期借地権の設定期間年数に応ずる基準年利率（注２）による複利年金現価率}\right)$$

（注１）　上記算式の「借地権者に帰属する経済的利益の総額」は次の①、②、③の合計となります。

①借地権者から土地所有者に返還を要しない権利金等の支払がある場合	権利金等の支払額
②借地権者から土地所有者に対し、返還を要する保証金等の支払がある場合	$\binom{保証金}{の額}$ $-\binom{保証金}{の額}\times\binom{設定期間年数に応ずる基準年利率}{による複利現価率}$ $-\binom{保証金}{の額}\times\binom{基準年利率未満の約定利率}{}\times\binom{設定期間年数に応ずる基準年利率による複利年金現価率}{}$
③借地権者から土地所有者へ支払う地代が低額である場合	$\binom{差額地代}{の額※}\times\binom{設定期間年数に応ずる基準年利率による複利年金現価率}{}$ ※「差額地代の額」＝「同種同等の他の定期借地権における地代の額」－「契約による支払地代の額」なお、①又は②の授受がある場合には、「契約による支払地代の額」に次の金額を加算します。$（①又は②）\times\binom{設定期間年数に応ずる基準年利率による年賦償還率}{}$

（注２）　基準年利率は、設定期間年数に応じ、短期（３年未満）・中期（３年以上７年未満）・長期（７年以上）に区分されています。（評基通4-4）

4. 定期借地権の目的となっている宅地
（平成10年8月25日付課評2-8、課資1-13、平成11年7月26日付課評2-2-14、課資1-11）

(1)一般定期借地権の目的となっている宅地の評価（借地権設定者が親族であるなど課税上弊害のある場合を除く。）

$$\left(\begin{array}{c}自用地として\\の評価額\end{array}\right) - \left(\begin{array}{c}自用地として\\の評価額\end{array}\right) \times (1 - 底地割合（注）) \times \frac{A}{B}$$

A：課税時期の一般定期借地権の残存期間年数に応ずる基準年利率による複利年金現価率

B：一般定期借地権の設定期間年数に応ずる基準年利率による複利年金現価率

（注）底地割合は、次に定める割合によります。

	借地権割合		底地割合
地域区分	路線価図記号	評価倍率表	
	C	70%	55%
	D	60%	60%
	E	50%	65%
	F	40%	70%
	G	30%	75%

※ A地域、B地域及び借地権の取引慣行のない地域については、(2)の評価方法によります。

（評基通25(2)）

(2)一般定期借地権以外の定期借地権等の目的となっている宅地、路線価図記号A・Bの地域及び借地権の取引慣行のない地域に存する一般定期借地権の目的となっている宅地の評価

次の①又は②の算式で計算した価額のうち、いずれか低い方により評価します。

①$\left(\begin{array}{c}自用地として\\の評価額\end{array}\right) - \left(\begin{array}{c}定期借地権等の評価方法に\\よって評価した価額\end{array}\right)$

②$\left(\begin{array}{c}自用地として\\の評価額\end{array}\right) \times \left(1 - \begin{array}{c}定期借地権等の残存\\期間に応じる割合\end{array}\right)$

（注）残存期間に応じる割合

課税時期から契約満了までの残存期間	割　合
～5年以下	5／100
5年超～10年以下	10／100
10年超～15年以下	15／100
15年超～	20／100

5. 地上権 （法23）	地上権（借地借家法に規定する借地権・定期借地権及び民法第269条の2の規定による区分地上権に該当するものを除きます。）は、その残存期間に応じ、次により評価します。 （自用地としての評価額）×（残存期間に応ずる地上権割合）

残存期間		地上権割合
	10年以下	5%
10年超	15年以下	10%
15年超	20年以下	20%
20年超	25年以下	30%
25年超	30年以下	40%
30年超	35年以下	50%
35年超	40年以下	60%
40年超	45年以下	70%
45年超	50年以下	80%
50年超		90%

（注）残存期間の定めのない地上権については、地上権割合は40%とします。

6. 区分地上権 （評基通27-4）	**(1)区分地上権の範囲** 　区分地上権とは、民法269条の2に規定する地上権で、工作物の所有を目的として土地の一定層を客体として設定されるものをいいます。 **(2)区分地上権の評価方法** 　（自用地としての評価額）× $\left(\begin{array}{l}\text{土地利用制限率を基とした}\\\text{区分地上権の割合}\end{array}\right)$ （注1）土地利用制限率は「公共用地の取得に伴う損失補償基準細則」の「別記2 土地利用制限率算定要領」の算定によります。 （注2）地下鉄等のトンネルの所有を目的とする場合の区分地上権の割合は30%とすることができます。

7. 区分地上権に 　準ずる地役権 （評基通27-5）	**(1)区分地上権に準ずる地役権の範囲** 　区分地上権に準ずる地役権とは、特別高圧架空電線の架設等を目的として地下又は空間について上下の範囲を定めて設定されるものをいい、建造物の設置を制限することになります。 **(2)区分地上権に準ずる地役権の評価方法** 　$\left(\begin{array}{l}\text{自用地として}\\\text{の評価額}\end{array}\right)$ × $\left(\begin{array}{l}\text{土地利用制限率を基とした区分}\\\text{地上権に準ずる地役権の割合}\end{array}\right)$ （注1）土地利用制限率は**6.区分地上権**(2)（注1）と同じ （注2）この割合は次の①②の区分に従い、次に掲げる割合とすることができます。

①家屋の建築が全くできない場合	50% 借地権割合	⎫ ⎬ いずれか高い方の割合 ⎭
②家屋の構造・用途等に制限を受ける場合	30%	

8. 地上権等の目的となっている宅地 （評基通25⑶、⑷、⑸）	権利の種類	評価方法	
	地上権 （民265条）	$\left(\begin{array}{c}\text{自用地とし}\\\text{ての評価額}\end{array}\right) - \left(\begin{array}{c}\text{地上権の評価方法によって}\\\text{評価した価額}\end{array}\right)$	
	区分地上権 （民269条の2）	$\left(\begin{array}{c}\text{自用地とし}\\\text{ての評価額}\end{array}\right) - \left(\begin{array}{c}\text{区分地上権の評価方法によって}\\\text{評価した価額}\end{array}\right)$	
	区分地上権に準ずる地役権	$\left(\begin{array}{c}\text{自用地とし}\\\text{ての評価額}\end{array}\right) - \left(\begin{array}{c}\text{区分地上権に準ずる地役権の評}\\\text{価方法によって評価した価額}\end{array}\right)$	

9. 土地の上に存する権利が競合する場合 （評基通27-6）	競合する権利の設定		借地権・定期借地権・地上権の評価方法
	$\left(\begin{array}{c}\text{借地権}\\\text{定期借地権等}\\\text{地上権}\end{array}\right)$	と 区分地上権	$\left(\begin{array}{c}\text{借地権・定期借地}\\\text{権等・地上権の評}\\\text{価方法によって評}\\\text{価した価額}\end{array}\right) \times \left(1 - \begin{array}{c}\text{区分地上権}\\\text{の割合}\end{array}\right)$
	$\left(\begin{array}{c}\text{借地権}\\\text{定期借地権等}\\\text{地上権}\end{array}\right)$	と 区分地上権に準ずる地役権	$\left(\begin{array}{c}\text{借地権・定期借地}\\\text{権等・地上権の評}\\\text{価方法によって評}\\\text{価した価額}\end{array}\right) \times \left(1 - \begin{array}{c}\text{区分地上権}\\\text{に準ずる地}\\\text{役権の割合}\end{array}\right)$

10. 貸家建付借地権等（評基通28）

(1)**貸家建付借地権等の範囲**

　　貸家建付借地権等とは、借り受けた宅地に家屋を建て、これを他人に貸付けている場合の借地権等をいいます。

(2)**貸家建付借地権等の評価方法**

$$\left(\begin{array}{c}\text{借地権・定期借}\\\text{地権等の評価方}\\\text{法によって評価}\\\text{した価額}\end{array}\right) - \left(\begin{array}{c}\text{借地権・定期借}\\\text{地権等の評価方}\\\text{法によって評価}\\\text{した価額}\end{array}\right) \times \left(\begin{array}{c}\text{借家権}\\\text{割合}\end{array}\right) \times \left(\begin{array}{c}\text{賃貸}\\\text{割合}\end{array}\right)$$

11. 転貸借地権（評基通29）

(1)**転貸借地権の範囲**

　　転貸借地権とは、他から借り受けている宅地を自己の用に供することなく他に転貸している場合の借地権をいいます。

(2)**転貸借地権の評価方法**

$$\left(\begin{array}{c}\text{借地権の評価方法に}\\\text{よって評価した価額}\end{array}\right) - \left(\begin{array}{c}\text{借地権の評価方法に}\\\text{よって評価した価額}\end{array}\right) \times \left(\begin{array}{c}\text{借地権}\\\text{割合}\end{array}\right)$$

12. 転借権（評基通30）

(1)**転借権の範囲**

　　転借権とは、他の借地権者から宅地を転借りしている場合の借地権をいいます。

(2)**転借権の評価方法**

　①通常の場合

$$\left(\begin{array}{c}\text{借地権の評価方法に}\\\text{よって評価した価額}\end{array}\right) \times \left(\begin{array}{c}\text{左の借地権の評価の}\\\text{基とした借地権割合}\end{array}\right)$$

　②転借権が貸家の敷地の用に供されている場合

$$\left(\begin{array}{c}\text{①により評価}\\\text{した価額}\end{array}\right) - \left(\begin{array}{c}\text{①により評価}\\\text{した価額}\end{array}\right) \times \left(\begin{array}{c}\text{借家権}\\\text{割合}\end{array}\right) \times \left(\begin{array}{c}\text{賃貸}\\\text{割合}\end{array}\right)$$

13. 借家人の有する宅地等に対する権利 （評基通31）	(1) 借家人の有する宅地等に対する権利の範囲 借家人の有する宅地等に対する権利とは、借り受けている家屋の敷地である宅地を利用する権利をいいます。ただし、この権利が取引される慣行のない地域にあるものは評価しません。取引慣行のある地域としては、銀座等の集客力のある飲食店舗などが考えられます。 (2) 借家人の有する宅地等に対する権利の評価方法 ① 「家屋所有者、土地所有者又は借地権者」である場合 $\left(\begin{array}{c}借地権の評価方法に\\よって評価した価額\end{array}\right) \times \left(\begin{array}{c}借家権\\割合\end{array}\right) \times \left(\begin{array}{c}賃借\\割合\end{array}\right)$ ② 「家屋所有者＝転借権者」である場合 $\left(\begin{array}{c}転借権の評価方法に\\よって評価した価額\end{array}\right) \times \left(\begin{array}{c}借家権\\割合\end{array}\right) \times \left(\begin{array}{c}賃借\\割合\end{array}\right)$
14. 宅地の上に存する権利の基本イメージ	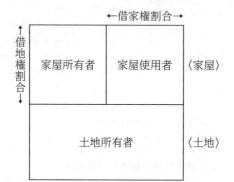 自　用　地×借地権割合　　　　　　　　　　→借地権 自　用　地×（1－借地権割合）　　　　　　→貸宅地 自用家屋×（1－借家権割合）　　　　　　→貸家 自　用　地×（1－借地権割合×借家権割合）→貸家建付地
15. 配偶者居住権等の評価 （法23の2) (P.22参照)	(1) 配偶者居住権 ＝建物の相続税評価額－居住建物の所有権(3) (2) 配偶者居住権の敷地利用権 ＝土地の相続税評価額－土地の相続税評価額×配偶者居住権の存続期間に応じた法定利率（3％）による複利現価率 (3) 配偶者居住権の設定された居住建物の所有権 ＝建物の相続税評価額×$\dfrac{残存※耐用年数－配偶者居住権の存続年数}{残存耐用年数}$×配偶者居住権の存続期間に応じた法定利率（3％）による複利現価率 ※残存耐用年数＝耐用年数－経過年数 (4) 配偶者居住権の設定された居住建物の敷地の所有権 ＝土地の相続税評価額－(2)

（注1）建物及び土地の相続税評価額

居住建物の一部が賃貸の場合	相続税評価額 × $\left(\dfrac{\text{賃貸部分以外の床面積}}{\text{居住建物の床面積}}\right)$
居住建物を配偶者と共有の場合	相続税評価額 × 被相続人の持分割合

（耐用年数）

（注2）「耐用年数」は、耐用年数省令に定める住宅用の耐用年数を1.5倍したものをいいます。

構造	耐用年数省令に定める耐用年数	配偶者居住権等の評価で用いる耐用年数
鉄骨鉄筋コンクリート造又は鉄筋コンクリート造	47	71
れんが造、石造又はブロック造	38	57
金属造（骨格材の肉厚が4ミリメートルを超えるものに限る。）	34	51
金属造（骨格材の肉厚が3ミリメートルを超え4ミリメートル以下のものに限る。）	27	41
金属造（骨格材の肉厚が3ミリメートル以下のものに限る。）	19	29
木造又は合成樹脂造	22	33
木骨モルタル造	20	30

（経過年数）

（注3）「経過年数」とは、居住建物が建築された日（新築時）から配偶者居住権が設定された時までの年数をいいます。なお相続開始前に増改築があった場合においても増改築部分を区分しません（相基通23の2-3）。

（存続年数）

（注4）「存続年数」とは、次の区分に応じてそれぞれに定める年数をいいます。

配偶者居住権の存続期間	存続年数
終身	配偶者居住権が設定された時におけるその配偶者の平均余命
別に定めた場合	配偶者居住権が設定された時から、配偶者居住権の存続期間満了の日までの年数（配偶者の上記平均余命を上限とします。）

※「耐用年数」、「経過年数」、「存続年数」の端数処理は、6月以上切上げ6月未満切捨てとします。

※上記「配偶者居住権が設定された時」とは、それぞれ次の時をいいます。

（相基通23の2-2)

遺産分割	分割協議による取得	協議成立の日
	調停による取得	調停成立の日
	審判による取得	審判確定の日
遺贈による取得		相続開始の時

財産評価

借地権

（注5）存続年数に応じた法定利率による複利現価率

$$\frac{1}{(1+法定利率)^{配偶者居住権の存続年数}}$$

（小数点以下3位未満四捨五入）

〈**参考**〉平均余命、複利現価率（配偶者居住権等の評価明細書の裏面参照）

《参考2》第23回生命表（完全生命表）に基づく平均余命（「配偶者居住権の存続年数等」の⑧）　※令和4年3月2日公表（厚生労働省）

満年齢	平均余命 男	平均余命 女	満年齢	平均余命 男	平均余命 女	満年齢	平均余命 男	平均余命 女	満年齢	平均余命 男	平均余命 女	満年齢	平均余命 男	平均余命 女
18	64	70	38	44	50	58	26	31	78	11	14	98	3	3
19	63	69	39	43	49	59	25	30	79	10	13	99	2	3
20	62	68	40	43	48	60	24	29	80	9	12	100	2	3
21	61	67	41	42	47	61	23	29	81	9	12	101	2	2
22	60	66	42	41	46	62	22	28	82	8	11	102	2	2
23	59	65	43	40	45	63	22	27	83	8	10	103	2	2
24	58	64	44	39	44	64	21	26	84	7	9	104	2	2
25	57	63	45	38	44	65	20	25	85	7	9	105	2	2
26	56	62	46	37	43	66	19	24	86	6	8	106	2	2
27	55	61	47	36	42	67	18	23	87	6	7	107	1	2
28	54	60	48	35	41	68	18	22	88	5	7	108	1	1
29	53	59	49	34	40	69	17	21	89	5	6	109	1	1
30	52	58	50	33	39	70	16	20	90	4	6	110	1	1
31	51	57	51	32	38	71	15	20	91	4	6	111	1	1
32	50	56	52	31	37	72	15	19	92	4	5	112	1	1
33	49	55	53	30	36	73	14	18	93	4	5	113	1	1
34	48	54	54	29	35	74	13	17	94	3	4	114	—	1
35	47	53	55	29	34	75	13	16	95	3	4			
36	46	52	56	28	33	76	12	15	96	3	3			
37	45	51	57	27	32	77	11	15	97	3	3			

《参考3》複利現価表（法定利率3%）（「配偶者居住権の存続年数等」の⑧）

存続年数	複利現価率	存続年数	複利現価率	存続年数	複利現価率	存続年数	複利現価率	存続年数	複利現価率	存続年数	複利現価率	存続年数	複利現価率
1	0.971	11	0.722	21	0.538	31	0.400	41	0.298	51	0.221	61	0.165
2	0.943	12	0.701	22	0.522	32	0.388	42	0.289	52	0.215	62	0.160
3	0.915	13	0.681	23	0.507	33	0.377	43	0.281	53	0.209	63	0.155
4	0.888	14	0.661	24	0.492	34	0.366	44	0.272	54	0.203	64	0.151
5	0.863	15	0.642	25	0.478	35	0.355	45	0.264	55	0.197	65	0.146
6	0.837	16	0.623	26	0.464	36	0.345	46	0.257	56	0.191	66	0.142
7	0.813	17	0.605	27	0.450	37	0.335	47	0.249	57	0.185	67	0.138
8	0.789	18	0.587	28	0.437	38	0.325	48	0.242	58	0.180	68	0.134
9	0.766	19	0.570	29	0.424	39	0.316	49	0.235	59	0.175	69	0.130
10	0.744	20	0.554	30	0.412	40	0.307	50	0.228	60	0.170	70	0.126

○小規模宅地等の特例の適用　　配偶者居住権の設定された居住建物の敷地利用権や敷地所有権は、一定の要件を満たせば小規模宅地等の特例の適用が可能です。

　この場合、配偶者居住権の敷地利用権の適用限度面積は以下のようになります。

$$宅地全体の地積 \times \frac{配偶者居住権の相続税評価額}{宅地全体の相続税評価額}$$

○配偶者居住権の消滅時の課税関係　　配偶者の死亡、存続期間の終了、居住建物の全部滅失によって配偶者居住権が消滅した場合には、居住建物等の所有者への課税は生じません。

— 83 —

■家屋等の評価

家屋及び家屋の上に存する権利	
(1)評価単位 （評基通88）	家屋の評価単位は、原則として、1棟の家屋ごとに評価します。

(2)家屋
（評基通89）

区分	評価方式
住宅、店舗、工場 倉庫その他の建物	$\left(\begin{array}{l}\text{課税時期の年分の}\\\text{固定資産税評価額(※)}\end{array}\right)\times1.0$ (※)固定資産税評価額が付されていない部分については、状況の類似した付近の家屋の固定資産税評価額を基として、構造、経過年数、用途等の差を考慮して評定した価額とします。 ただし、付近に類似した家屋がない場合には、 $\left\{\begin{array}{l}\text{再建築}\\\text{価額}\end{array}-\begin{array}{l}\text{再建築}\\\text{価額}\end{array}\times0.9\times\dfrac{\text{経過年数}}{\text{耐用年数}}\right\}\times\dfrac{70}{100}$ により計算します。 なお、申告期限までに固定資産税評価額が付された場合には、その固定資産税評価額により評価します。

(3)文化財建造物
である家屋
（評基通89-2）

家屋の(2)による評価額×（1－控除割合）
①控除割合→重要文化財0.7、登録有形文化財0.3、伝統的建造物0.3
②固定資産税評価額が付されていない場合の家屋の(2)による評価額は次によります。

$$\left\{\text{再建築価額}-\text{再建築価額}\times0.9\times\dfrac{\begin{array}{c}\text{建築の時から}\\\text{課税時期までの年数(※)}\end{array}}{\begin{array}{c}\text{建築の時から}\\\text{朽廃の時までの年数}\end{array}}\right\}\times\dfrac{70}{100}$$

（※）期間が1年未満であるときは1年とします。

(4)建築中の家屋
（評基通91）

区分	評価方式
課税時期において 建築中の家屋	（費用現価）$\times\dfrac{70}{100}$ (注) 費用現価とは、課税時期までに投下された建築費用の額を、課税時期の価額に引き直した額の合計額をいいます。

　請負契約により家屋を建築中の場合、家屋の評価とは別に、費用現価と支払済金額との差額が未払金（債務）又は前渡金（財産）となることに留意して下さい。
（例）建築費総額1,000、既支払額500、課税時期における工事進捗度80%
　　　　家屋　→1,000×80％×70／100＝560
　　　　未払金→1,000×80％－500＝300

財産評価

借地権

家屋等

(5)附属設備等
（評基通92）

区分	評価方式
家屋と構造が一体となっている電気設備、ガス設備、給排水設備等	家屋の価額に含めて評価します。 （純資産価額方式で取引相場のない株式を評価する場合、貸借対照表に計上されている建物附属設備は、家屋に含めて評価します。）
門、塀等	$\left(再建築価額 - \begin{array}{c}建築の時から課税時期までの期\\間（１年未満の端数は１年とし\\ます。）の定率法による償却費\\の額の合計額又は減価の額\end{array}\right) \times \dfrac{70}{100}$
庭木、庭石、あずまや、庭池等の庭園設備	$(調達価額) \times \dfrac{70}{100}$ （注）調達価額とは課税時期において、その財産をその財産の現況により取得する場合の価額をいいます。

(6)借家権
（評基通94）

区分	評価方式
借家権（借地借家法の適用がある家屋賃借人の有する賃借権をいいますので、家屋の無償使用はこれに含まれません。）	①借家権が権利金等の名称をもって取引される慣行のない地域にあるものは評価しません。 ②評価する場合は、次の算式によります。 $\left(\begin{array}{c}(2)、(3)又は(5)によ\\り評価した価額\end{array}\right) \times \left(\begin{array}{c}借家権\\割\ \ 合\end{array}\right) \times \left(\begin{array}{c}賃借\\割合\end{array}\right)$ （注１）借家権割合は国税局長が定める割合で、各国税局ごとの財産評価基準書に記載されています。例えば、大阪国税局管内の借家権割合は30％と定められています。 （注２）賃借割合は次の算式によります。 $\dfrac{\begin{array}{c}その家屋のうち\\賃借している独立部分の床面積の合計\end{array}}{その家屋の各独立部分の床面積の合計}$

(7)貸家
（評基通93）

区分	評価方式
借家権の目的とされる貸家の用に供されている家屋	$\left\{\begin{array}{c}(2)、(3)又\\は(5)によ\\り評価し\\た価額\end{array} - \begin{array}{c}(2)、(3)又\\は(5)によ\\り評価し\\た価額\end{array} \times \left(\begin{array}{c}借家権\\割\ \ 合\end{array}\right) \times \left(\begin{array}{c}賃貸\\割合\end{array}\right)\right\}$ （注１）賃貸割合は次の算式によります。 $\dfrac{\begin{array}{c}その家屋のうち\\賃貸している独立部分の床面積の合計\end{array}}{その家屋の各独立部分の床面積の合計}$ （注２）借家権を評価しない場合でも算式は同じです。 （注３）従業員社宅は貸家評価しません。

■構築物の評価

1. 評価単位 （評基通96）	構築物の価額は、原則として、1個ごとに評価します。ただし、2個以上の構築物でそれらを分離した場合においては、それぞれの利用価値を著しく低下させると認められるものは、それらを一括して評価します。

2. 範囲及び評価 方法 （評基通97）	範囲	評価方法
	ガソリンスタンド、橋、トンネル、広告塔、運動場又は野球場のスタンド、プール等で、土地又は家屋と一括して評価するものは除きます。	$\left(再建築価額 - \begin{array}{l}建築の時から課税時期までの期\\間（1年未満の端数は1年とし\\ます。）の定率法による償却費の\\額の合計額又は減価の額\end{array}\right) \times \dfrac{70}{100}$

■果樹等及び立竹木の評価

●果樹等

1. 果樹等の評価 単位 （評基通98、110）	樹種ごとに、幼齢樹（成熟樹に達しない樹齢のもの）及び成熟樹（その収穫物による収支が均衡する程度の樹齢に達したもの）に区分し、それらの区分に応ずる樹齢ごとに評価します。（屋敷内にある果樹等は評価しません。） （例：かんきつ樹、りんご樹、ぶどう樹、こうぞ、みつまたなど）

2. 範囲及び評価方法（評基通99）

区分	評価方法
幼齢樹	$\left(\begin{array}{l}植樹の時から課税時期までの期間に要した\\苗木代、肥料代、薬剤費等の現価の合計額\end{array}\right)^{(※)} \times \dfrac{70}{100}$ （※）収支内訳書又は青色申告決算書における育成費用の計算欄の翌年への繰越額とすることもできます。
成熟樹	$\left(\begin{array}{l}植樹の時から成熟の時までの\\期間に要した苗木代、肥料代、\\薬剤費等の現価の合計額\end{array} - \begin{array}{l}成熟の時から課税時期までの期間（1\\年未満の端数は、1年とします。）の\\定額法による償却費の額の合計額\end{array}\right)^{(※)} \times \dfrac{70}{100}$ （※）収支内訳書又は青色申告決算書における減価償却費の計算欄の未償却残高とすることもできます。

●立竹木
1. 立竹木の評価単位及び評価方法
(1)「森林の立木」の評価（評基通111、113〜121）

評価単位	評価方法
「森林の立木」は、樹種及び樹齢を同じくする1団地の立木ごとに評価します。	①下記②以外の場合（主要樹種とは、杉及びひのきをいいます。） $\begin{array}{l}1ha当たりの主\\要樹種の標準価額\end{array} \times 地味級 \times 立木度 \times 地利級 \times \dfrac{地積}{1ha}$ （注1）「主要樹種の標準価額」は財産評価基準書に記載されています。 （注2）地味級、立木度、地利級は、評基通118、119、121を参照してください。 ②樹齢15年以上の森林で、立木材積が明らかな場合 $\begin{array}{l}1ha当たり\\の標準価額\end{array} \times \left(\begin{array}{l}森林の1ha当\\たりの立木材積\end{array} \div \begin{array}{l}標準立\\木材積\end{array}\right) \times 地利級 \times \dfrac{地積}{1ha}$ （注）「標準立木材積」は、評基通120に記載されています。 ③森林の主要樹種以外の立木は、売買実例価額、精通者意見価格等を参酌して評価します。（評基通117）

財産評価

立木

家屋等

構築物

(2) 「森林の立木以外の立木」の評価 (評基通111、122)

評価単位	評価方法
森林の立木以外の立木とは、畑の中や屋敷内にある立木などのうち、庭園設備として一括評価される立木以外の立木をいい、1本の立木ごとに評価します。	売買実例価額、精通者意見価格等を参酌して評価します。

(3) 「庭園にある立木及び立竹」の評価 (評基通111、125)

評価単位	評価方法
庭園にある立木及び立竹は、その庭園にある立木及び立竹の全部を評価単位とし、庭園設備と一括して評価します。	立木及び立竹の調達価額 $\times \dfrac{70}{100}$ (注) 調達価額とは、課税時期においてその財産をその財産の現況により取得する場合の価額をいいます。

(4) 「庭園にある立竹以外の立竹」の評価 (評基通111、124)

評価単位	評価方法
庭園にある立竹以外の立竹は、1団地にある立竹ごとに評価します。	売買実例価額、精通者意見価格等を参酌して評価します。

2. 保安林の評価
(評基通123)

森林法その他の法令で立木の伐採に制限を受ける場合は、次の通り評価します。

　　　立木の評価額 － (立木の評価額 × 控除割合)

　　(注) 控除割合は次の伐採関係の区分に応じた割合となります。

伐採関係の区分	控除割合
一部皆伐	0.3
択伐	0.5
単木選伐	0.7
禁伐	0.8

3. 特別緑地保全地区内の立木
(評基通123-2)

上記2.の控除割合を0.8として評価します。

4. 公益的機能別施業森林区域内の立木の評価
(平成24年7月12日付課評2-35ほか)

森林経営計画が定められていた区域内に存する立木のうち、一定の要件を満たすものは、次の通り評価します。

　　　立木の評価額 － (立木の評価額 × 控除割合)

　　(注) 控除割合は次の森林の区分に応じた割合となります。

森林の区分	割合
• 水源涵養機能維持増進森林 • 水源涵養機能維持増進森林以外の森林のうち、①択伐以外による複層林施業を推進すべき森林及び②長伐期施業を推進すべき森林	0.2
• 水源涵養機能維持増進森林以外の森林のうち、③特定の広葉樹を育成すべき森林及び④択伐による複層林施業を推進すべき森林	0.4

なお、評価対象の立木が保安林として伐採の制限を受けている場合は、この項によって評価した価額と保安林として評価した価額のいずれか低い金額を評価額とします。

5. 立木の課税価格の算入額 （法26）	相続又は遺贈（包括遺贈及び相続人に対する遺贈に限ります。）により取得した立木の課税価格に算入する金額は、立木の評価額に**85%**を乗じて算出した金額とします。

■動産等の評価

1. 一般動産	**(1)一般動産の範囲** 　一般動産とは、事業を営む者が所有し事業の用に使用する機械及び装置、器具、備品、車両運搬具や一般家庭用の家具、什器、衣料、非事業用の車両運搬具等をいいます。 **(2)一般動産の評価** （評基通128、129、130）

評価単位	評価方法
一般動産の評価単位は1個又は1組ごとに評価します。※	①売買実例価額、精通者意見価格等が明らかなもの
	売買実例価額、精通者意見価格等を参酌して評価します。
	②売買実例価額、精通者意見価格等が明らかでないもの
	$\left(\begin{array}{c}\text{その動産と同種、同}\\\text{規格の新品の課税時}\\\text{期における小売価額}\end{array}\right) - \left(\begin{array}{c}\text{製造の時から課税時期ま}\\\text{での期間（1年未満の端}\\\text{数は1年とします。）の}\\\text{定率法による償却費の額}\\\text{の合計額又は減価の額}\end{array}\right)$

※ただし、家庭用動産、農耕用動産、旅館用動産等で、1個又は1組の価額が5万円以下のものは、それぞれ一括して一世帯、一農家、一旅館等ごとに評価します。

2. たな卸商品等	**(1)たな卸商品等の範囲** 　たな卸商品等とは、商品、原材料、製品、半製品、仕掛品、生産品その他これらに準ずる動産をいい、「これらに準ずる動産」とは、貯蔵品、消耗品、副産物、仕損品、作業屑その他事業の用に供される物的流動資産をいいます。

(2)原則的評価 (評基通132、133)

種類及び品質がおおむね同一のものごとに次の通り評価します。

区分	評価方法	
商品 製品及び生産品	課税時期における販売価額 −	・販売業者の適正利潤の額 ・予定経費の額 ・販売商品についての消費税額 (注)「予定経費の額」とは課税時期から販売のときまでにその販売業者が負担すると認められる経費をいいます。
原材料	課税時期における仕入価額 +	・引取り等に要する運賃の額 ・その他の経費の額
半製品及び仕掛品	課税時期における原材料の仕入価額 +	・原材料の引取り、加工等に要する運賃の額 ・加工費の額 ・その他の経費の額

(3)原則的評価の算定をし難い場合

個々の価額を算定し難いたな卸商品等の評価は、所得税法施行令第99条又は法人税法施行令第28条(たな卸資産の評価の方法)に定める方法のうち、その企業が所得の金額の計算上選定している方法によることができます。

3. 書画骨とう品
(評基通135)

書画骨とう品の評価は次の区分に応じて次の通り評価します。

区分	評価方法
①販売業者が有するもの	たな卸資産の評価により評価します。
②①以外のもの	売買実例価額、精通者意見価格等を参酌して評価します。

4. 電話加入権

(1)電話加入権の範囲

電話加入権とは、加入電話契約者がNTTとの間で締結した加入電話契約に基づいて、加入電話により、NTTから電気通信役務の提供を受ける権利をいいます。携帯電話の加入権は評価しません。

(2)電話加入権の評価方法

(評基通161)
(令3.6.22評基通改正)

・電話加入権の取引相場が存在せず、インターネットの発達等により容易に売買実例価額を調べることも可能であるため、標準価額を定めず、売買実例価額、精通者意見価格等を参酌して評価するとされています。

・相続税等の申告にあたっては、一般動産の評価単位の定めに基づき一括して評価する家庭用動産等に電話加入権を含めて差し支えありません。

5. 営業権
（評基通165、166）

次の算式によって計算した金額によって評価します。

$$\boxed{超過利益金額} \times \begin{array}{c}\text{営業権の持続年数（原則10年）に応ず}\\\text{る基準年利率による複利年金現価率}\end{array}$$

$$\boxed{\begin{array}{l}\text{平均利}\\\text{益金額}\end{array} \times 0.5 - \begin{array}{l}\text{標準企業}\\\text{者報酬額}\end{array} - \begin{array}{l}\text{総資産}\\\text{価額}\end{array} \times 0.05}$$

基準年利率 → 10年の複利年金現価率	
0.01%	9.995
0.05%	9.973
0.10%	9.945
0.25%	9.864
0.50%	9.730
0.75%	9.600
1.00%	9.471

(注)医師、弁護士等のようにその者の技術、手腕又は才能等を主とする事業に係る営業権で、その事業者の死亡と共に消滅するものは、評価しません。

①平均利益金額

次の㋑と㋺のいずれか低い方の金額とします。

㋑ 課税時期の属する年の前年以前3年間（法人の場合は、課税時期の直前期末以前3年間とします。）の所得の金額（注）の合計額 $\times \dfrac{1}{3}$

㋺ 課税時期の属する年の前年（法人の場合は課税時期の直前期末以前1年間とします。）の所得の金額

(注) 所得の金額

$$\boxed{\begin{array}{l}\text{事業所得の金額}\\\text{（法人の場合は繰}\\\text{越欠損金控除前の}\\\text{所得の金額）}\end{array}} \pm \boxed{\begin{array}{l}\text{経常的損益}\\\text{以外の損益}\end{array}} + \boxed{\begin{array}{l}\text{支払利子及び}\\\text{社債発行差金}\\\text{の償却費}\end{array}} + \boxed{\begin{array}{l}\text{青色事業専従者給与額又}\\\text{は事業専従者控除額（法}\\\text{人の場合は、損金算入さ}\\\text{れた役員給与の額）}\end{array}}$$

②標準企業者報酬額

平均利益金額の区分に応じ、次に掲げる算式により計算した金額とします。

平均利益金額の区分	標準企業者報酬額
1億円以下	平均利益金額×0.3 ＋1,000万円
1億円超 　3億円以下	平均利益金額×0.2 ＋2,000万円
3億円超 　5億円以下	平均利益金額×0.1 ＋5,000万円
5億円超	平均利益金額×0.05＋7,500万円

(注)営業権の価額の計算上、平均利益金額に0.5を乗じることから、平均利益金額が5,000万円以下の場合は、営業権の価額は算出されません。

③総資産価額

課税時期（法人の場合は直前期末）における企業の総資産を評価通達で評価した金額です。

6. 特許権、実用新案権、意匠権及び商標権 （評基通140～ 147）	**(1)特許権** 　特許権は発明を保護するための権利で、権利の存続期間は出願日から20年です。特許権者は、その発明について独占的な実施権を有します。 **(2)特許権の評価方法** ①特許権者と実施権者が異なる場合 $\boxed{\text{1年目の補償金年額}}$ × $\boxed{\text{1年後の基準年利率による複利現価率}}$ + $\boxed{\text{2年目の補償金年額}}$ × $\boxed{\text{2年後の基準年利率による複利現価率}}$ + …… + $\boxed{\text{n年目の補償金年額}}$ × $\boxed{\text{n年後の基準年利率による複利現価率}}$ 合計＝特許権の価額（n：課税時期から特許権の存続期間が終了する時期までの年数の範囲内での推算年数） 　※1　補償金の額が確定していない場合は、課税時期前の相当の期間内に取得した補償金のうち、その特許権の内容等に照らし、その特許権に係る経常的な収入と認められる金額を基として推算した金額とします。 　※2　課税時期後において取得見込の補償金の合計額が50万円に満たないときは、評価しません。 ②特許権者自らが特許発明を実施する場合 　その者の営業権の価額に含めて評価します。 **(3)実用新案権、意匠権及び商標権** 　特許権の評価方法に準じて評価します。
7. 著作権 （評基通148）	著作者の別に一括して評価します。（個々の著作物ごとに評価することもできます。） $\boxed{\text{年平均印税収入の額 × 0.5 × 評価倍率 ＝ 著作権の価額}}$ ①年平均印税収入の額は、課税時期の属する年の前年以前3年間の印税収入額の年平均額です。 ②評価倍率は、課税時期後における各年の印税収入が「年平均印税収入の額」であるものとして、著作物の精通者の意見等を基として推算した印税収入期間に応ずる基準年利率による複利年金現価率とします。

— 91 —

■未支給年金等・売買契約後の相続開始・未収法定果実

1. 未支給年金等の取扱い (所基通34-2)	(1) 国民年金法に基づく未支給年金請求権は、死亡した受給権者の遺族が、その未支給の年金を自己の固有の権利として請求するものですので、次のいずれの場合でも**相続財産には含まれません。**（平成7年11月7日最高裁） ①被相続人が、既に年金の受給資格を有していたにも関わらず、日本年金機構に請求をしていなかった場合に、相続開始後に相続人が支払請求をした場合 ②被相続人が、既に年金の支給を受けており、相続開始日以前の月分の年金を受給する場合 (2) (1)の未支給の年金は、遺族の一時所得になります。 (3) 遺族が受ける遺族基礎年金、遺族厚生年金、遺族一時金、国民健康保険の葬祭費、健康保険の埋葬料等は、相続財産にはなりません。（所得税も非課税です。） (4) 企業年金法に基づく遺族一時金については、退職手当金等（P.142）を参照。
2. 土地等又は建物等の売買契約成立後に相続の開始があった場合	R5.11.20　　　　　　R5.12.3　　　　　　　R6.1.31 ────┼──────────┼──────────┼──── 売買契約　　　　　　　相続開始　　　　　　　引渡し 手付100　　　　　　　　　　　　　　　　　残金1,000 <table><tr><td rowspan="1">売主</td><td>財産</td><td>売買契約に基づく土地等の対価のうち相続開始時における未収入金1,000</td></tr><tr><td rowspan="2">買主</td><td>財産</td><td>土地等の引渡請求権（契約金額相当額1,100）</td></tr><tr><td>債務</td><td>相続開始時における未払金1,000</td></tr></table> ※譲渡所得の申告 　→契約ベース→被相続人のR5の準確定申告（所得税） 　　※R7.1.1に被相続人は存在しないので、R7の住民税の課税はありません。 　→引渡しベース→相続人のR6の確定申告（R6所得税・R7住民税）
3. 未収法定果実 （評基通208）	課税時期において既に収入すべき期限が到来しているもので、同時期においてまだ収入していない地代、家賃その他の賃貸料、貸付金の利息等の法定果実の価額は、その収入すべき法定果実の金額によって評価します。家賃等の日割り計算は行いません。

財産評価

動産等

未支給年金等

■上場株式の評価

1. 範囲及び評価方法	範囲 (評基通168)	金融商品取引所（東京、名古屋、札幌、福岡）に上場されている株式
	評価方法 (評基通169)	次の①から④のうち最も低い価額 ①課税時期の最終価格 (注)課税時期に最終価格がない場合には、課税時期の前日以前又は翌日以後の最終価格のうち、課税時期に最も近い日のもの（最も近い日の最終価格が2ある場合には、その平均額） ②課税時期の属する月の毎日の最終価格の月平均額 ③課税時期の属する月の前月の毎日の最終価格の月平均額 ④課税時期の属する月の前々月の毎日の最終価格の月平均額 (注) 負担付贈与等により取得した場合は①のみにより評価

(評基通4-3、5-2)

(注) 外国の金融商品取引所に上場されている株式は、上場株式の評価方法に準じて評価します。邦貨換算は、原則として、納税者の取引金融機関が公表する課税時期における最終の為替相場によります。なお、課税時期に相場がない場合は、課税時期前の相場のうち最も近い日の相場によります。

(参考)
市場区分の再編（2022年4月4日から）

（東京証券取引所）

旧区分	現在の市場区分
市場第一部 市場第二部 マザーズ ジャスダック （スタンダード／グロース）	〈プライム市場〉グローバルな投資家との建設的な対話を中心に据えた企業向けの市場 〈スタンダード市場〉公開された市場における投資対象として十分な流動性とガバナンス水準を備えた企業向けの市場 〈グロース市場〉高い成長可能性を有する企業向けの市場

（名古屋証券取引所）

旧区分	現在の市場区分
市場第一部	プレミア市場
市場第二部	メイン市場
セントレックス	ネクスト市場

2. 金融商品取引所の選択
(評基通169)

国内の2以上の金融商品取引所に上場されている株式は、納税義務者はどの金融商品取引所でも選択することができます。
ただし、「課税時期の最終価格」がある金融商品取引所があるにもかかわらず、その最終価格がない金融商品取引所を選択することはできません。

3. 信用取引を行っている場合の上場株式の評価

株式の信用取引を行っている場合の財産及び債務の評価は次によります。

区分	財産	債務
信用売り	①証券会社に差し出している借株担保金（売建金額） ②①についての利息（日歩）	①借株の評価額 　（課税時期の最終価格） ②①についての品貸料（逆日歩）
信用買い	①買付株式の評価額 　（課税時期の最終価格及び課税時期以前3か月間の最終価格の月平均額のうち最も低い額） ②①についての品貸料（逆日歩）	①証券会社で買い建てた価額 ②①についての利息（日歩）

(注) 信用取引に際し、証券会社に預託している「預託保証金」は、課税財産に含まれます。

4. 最終価格の特例
(評基通170、171(2)(3))

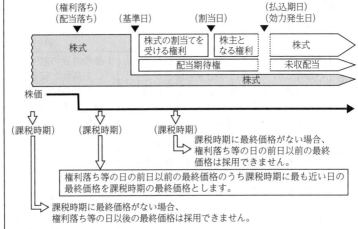

5. 最終価格の月平均額の特例

課税時期の属する月以前3か月間に権利落ち等がある場合には、最終価格の月平均額は次によります。(配当落ちの場合には適用がありません。)

(1) 課税時期が基準日以前の場合 (評基通172)

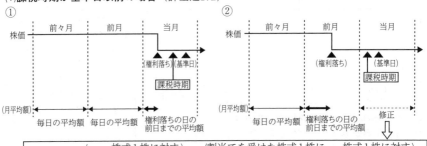

(2) 課税時期が基準日の翌日以後の場合

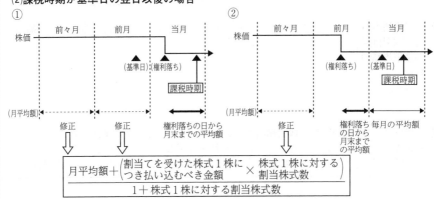

■気配相場等のある株式の評価

1. 範囲及び評価方法（評基通168、174）

(1)登録銘柄及び店頭管理銘柄

	範囲		評価方法
登録銘柄	証券会社において店頭取引が行われている株式のうち、日本証券業協会が定めた基準に基づき登録銘柄として登録されている株式（日本銀行出資証券を含みます。）をいいます。	①から④のうち最も低い価額	①課税時期の取引価格（取引価格について高値と安値の両方が公表されている場合には、その平均額を取引価格とします。） ②課税時期の属する月の毎日の取引価格の月平均額 ③課税時期の属する月の前月の毎日の取引価格の月平均額 ④課税時期の属する月の前々月の毎日の取引価格の月平均額
店頭管理銘柄	上場廃止又は店頭売買登録廃止の措置がとられた銘柄のうち、売買が継続されている株式について、日本証券業協会が定めた基準に基づいて店頭管理銘柄として指定されている株式をいいます。		※負担付贈与等により取得した場合は①のみにより評価します。

(2)公開途上にある株式（評基通168、174）

範囲		評価方法
株式の公開が公表された日から、株式の公開の前日までのその株式をいいます。 ※具体的には、次の株式をいいます。 ①金融商品取引所が株式の上場を承認したことを明らかにした日から上場の日の前日までのその株式（登録銘柄を除きます。） ②日本証券業協会が株式を登録銘柄として登録することを明らかにした日から登録の日の前日までのその株式（店頭管理銘柄を除きます。）	公募・売出しが行われる場合	公開価格によります。 ※公開価格とは、金融商品取引所又は日本証券業協会の内規によって行われるブックビルディング方式又は競争入札方式のいずれかの方式により決定される公募価格・売出し価格をいいます。
	公募・売出しが行われない場合	課税時期以前の取引価格等を勘案して評価します。

2. 取引価格の特例・取引価格の月平均額の特例
（評基通175、176、177、177-2）

上場株式の評価における、最終価格の特例及び最終価格の月平均額の特例と同様の修正を行います。

3. 上場株式との相違点
（評基通176）

課税時期に取引価格がない場合には、**課税時期の前日以前の取引価格**のうち、最も近い日の取引価格を採用します。（ただし、登録銘柄及び店頭管理銘柄は課税時期の属する月以前3か月以内のものに限ります。）

■取引相場のない株式の評価

1. 取引相場のない株式の評価方式の判定

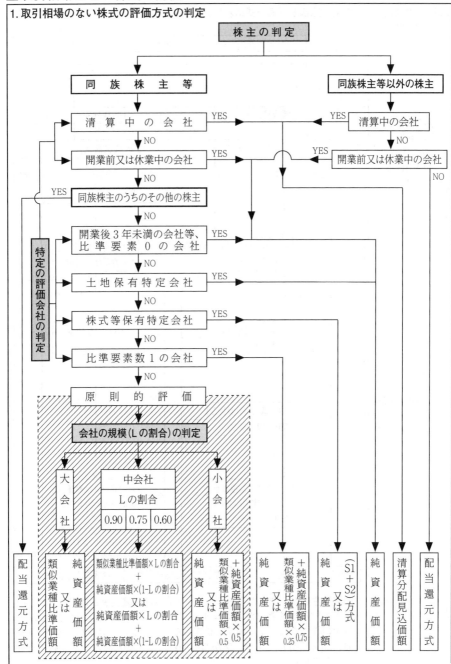

2. 株主の判定
（評基通188）
〈第１表の１〉

(1) 株主の態様と評価方式は次によります。

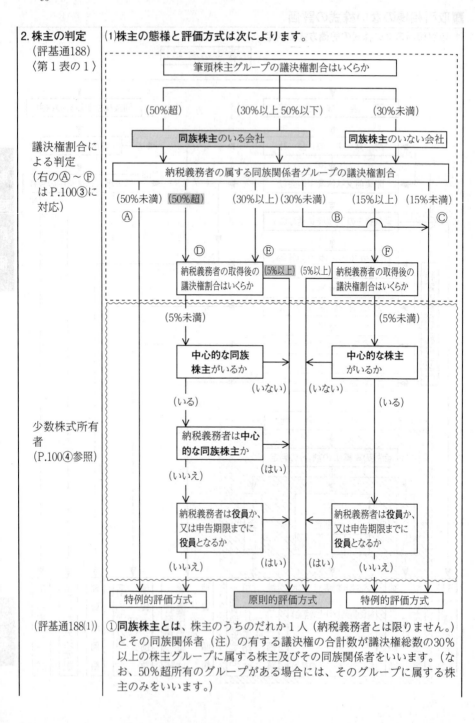

（評基通188(1)）

① **同族株主**とは、株主のうちのだれか１人（納税義務者とは限りません。）とその同族関係者（注）の有する議決権の合計数が議決権総数の30％以上の株主グループに属する株主及びその同族関係者をいいます。（なお、50％超所有のグループがある場合には、そのグループに属する株主のみをいいます。）

(法令4)	(注) **同族関係者**とは(i)〜(vi)の個人又は法人をいいます。 (i)株主等の親族（配偶者、6親等内の血族及び3親等内の姻族） (ii)株主等と事実上婚姻関係と同様の事情にある者 (iii)個人である株主等の使用人 (iv)上記以外の者で個人である株主等から受ける金銭その他の資産によって生計を維持している者 (v)上記(ii)〜(iv)に掲げる者と生計を一にするこれらの者の親族 (vi)1つの株主グループが、他の会社の議決権の総数又は出資金額の50％超を有している場合のその会社（子会社、孫会社等を含む）
(評基通188(2))	②**中心的な同族株主**とは、次の(i)及び(ii)の要件を満たす株主をいいます。 (i)同族株主のいる会社の株主であること。 (ii)①同族株主のうちのだれか1人・(ii)①の配偶者・(iii)①の直系血族・(iv)①の兄弟姉妹・(v)①の一親等の姻族・(vi)これらの者と同族関係者である会社でこれらの者が有する議決権の合計数が議決権総数の25％以上である会社、の有する議決権の合計数が議決権総数の25％以上であること。 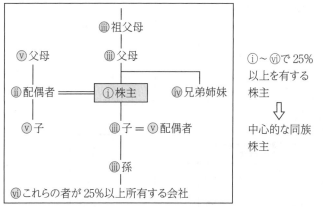
(評基通188(4))	③**中心的な株主**とは、次の(i)及び(ii)の要件を満たす株主をいいます。 (i)同族株主のいない会社の株主であること。 (ii)株主のうちだれか1人及びその同族関係者の有する議決権の合計数が議決権総数の15％以上である株主グループに属する株主のうち、単独で議決権総数の10％以上の株式を有している株主であること。
(評基通188(2)(4))	④**役員**とは、次の者をいい、いわゆる平取締役は含まれません。（法人税法施行令第71条第1項第1号第2号及び第4号） ①社長、②理事長、③代表取締役、④代表執行役、⑤代表理事、⑥清算人、⑦副社長、⑧専務、⑨専務理事、⑩常務、⑪常務理事、⑫その他⑦から⑪に準ずる職制上の地位を有する役員、⑬指名委員会等設置会社の取締役及び監査等委員である取締役、⑭会計参与及び監査役並びに監事 (注)「役員となる株主」とは、課税時期の翌日から法定申告期限までに役員となる者をいいます。

(2)「第1表の1　評価上の株主の判定及び会社規模の判定の明細書」
　①「事業内容」

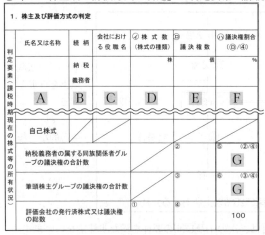

　類似業種比準価額計算上の業種目の番号←
　評価会社の取引金額全体に占める事業別の構成比←

②「1．株主及び評価方式の判定」の判定要素（課税時期現在の株式等の所有状況）

A⇨納税義務者が同族株主等の原則的評価方式等を適用する株主に該当するかどうか
　を判定するために必要な納税義務者の属する同族関係者グループ（株主の1人と
　その同族関係者のグループをいいます。）の株主の氏名又は名称
　　この場合における同族関係者とは、株式の1人とその配偶者、6親等内の血族及
　び3親等内の姻族等をいいます。
B⇨納税義務者との続柄
C⇨課税時期又は法定申告期限における役職名を、社長、副社長、代表取締役、専務
　取締役、常務取締役、会計参与、監査役等と具体的に記載
D⇨相続、遺贈または贈与による取得後の株式数（種類株式を発行している場合には、
　株式の種類ごとに株式数を記載）
E⇨各株式数に応じた議決権数（1単元の株式数に満たない株式に係る議決権数は切
　り捨てて記載。単元株制度を採用していない会社は、1株式＝1議決権）
F⇨評価会社の議決権の総数（④欄）に占める議決権数（それぞれの株主の㊀欄の議
　決権数）の割合を1％未満の端数を切り捨てて記載
G⇨1％未満の端数を切り捨て（ただし、50％超から51％未満までの範囲にあるとき
　は「51％」と記載）

（注1）**株式について分割協議が済んでいない場合の議決権割合**
- 納税義務者の議決権割合は、納税義務者ごとに、それぞれが従来から有する株式数に未分割の株式数のすべてを加算した数に応じた議決権数により計算します。（未分割の株式数は㋐と表示し外書きで記載します。）
- 「納税義務者の属する同族関係者グループの議決権の合計数」の欄には、そのグループの有する実際の議決権数（未分割の株式に応じた議決権数を含みます。）を記載します。
- なお、遺産分割協議が後日成立した場合は取得した株式を基に判定をやり直します。

（注2）**議決権を有しない株式がある場合の議決権総数**（評基通188-4）
評価会社の株主のうちに会社法第308条第1項の規定による株式の議決権を有しないこととされる会社があるときは、その議決権を有しないこととされる会社の有する評価会社の議決権数は0として計算した議決権の数をもって評価会社の議決権総数とします。また、評価会社の株主が同族関係者に該当するかどうかの判定をする場合においても同様です。

（注3）**自己株式を有する場合**（評基通188-3）
評価会社が自己株式を有している場合にはその自己株式に係る議決権を0として計算した議決権数をもって、評価会社の議決権総数を計算します。

（注4）**種類株式がある場合の議決権総数**（評基通188-5）
評価会社が会社法第108条第1項に規定する数種の株式を発行しているときは、種類株式のうち一部の事項について議決権を行使できない株式に係る議決権の数を含めて、議決権の数又は議決権の総数を判定します。

（注5）**中小企業投資育成会社が株主である場合**（評基通188-6）
　①投資育成会社が同族株主に該当し、かつ、投資育成会社以外に同族株主に該当する株主がいないとき
　　→その投資育成会社は同族株主に該当しないものとして取り扱います。
　②投資育成会社が中心的な同族株主又は中心的な株主に該当し、かつ、その投資育成会社以外に中心的な同族株主又は中心的な株主に該当する株主がいないとき
　　→その投資育成会社は中心的な同族株主又は中心的な株主に該当しないものとして取り扱います。
　③①、②において評価会社の議決権総数からその投資育成会社の有する議決権の数を控除した数をその評価会社の議決権総数とした場合に同族株主に該当することとなる者があるとき
　　→同族株主に該当することとなる者以外の株主は、同族株主のいる会社の同族株主以外の株主として取り扱います。

（例）	議決権割合	投資育成会社を除いた議決権割合
投資育成会社	30%	0％
甲	25%	35％→同族株主
乙	20%	28％→同族株主以外の株主
その他	25%	35％

③議決権割合による判定 （下のⒶ～Ⓕは P.96に対応）

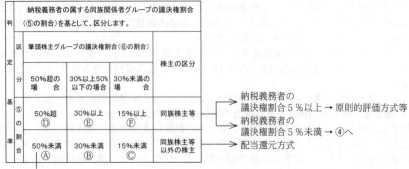

④少数株式所有者の評価方式の判定

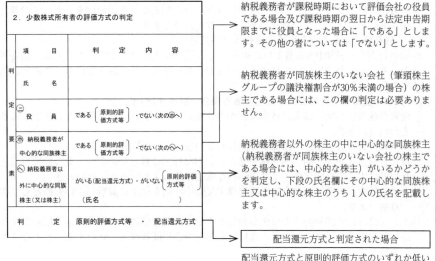

3. 会社規模の判定（評基通178）

従業員70人以上	→	大会社
従業員70人未満	→	卸売業、小売・サービス業、それ以外に区分して、第1表の2の判定基準にあてはめて、会社規模とLの割合を判定

「第1表の2　評価上の株主の判定及び会社規模の判定の明細書」

①判定要素

第1表の2　評価上の株主の判定及び会社規模の判定の明細書(続)　会社名＿＿＿＿＿＿

	3. 会社の規模（Lの割合）の判定				
	項　目	金　額	項　目	人　数	
判定要素	直前期末の総資産価額（帳簿価額）	千円 $\boxed{B}$	直前期末以前1年間における従業員数	$\boxed{A}$ 人 ［従業員数の内訳］ ［継続勤務従業員数］［継続勤務従業員以外の従業員の労働時間の合計時間数］ ↓　　　　　↓ （　　人）+ （　　時間）/1,800時間	
	直前期末以前1年間の取引金額	千円 $\boxed{C}$			

$\boxed{A}$**直前期末以前1年間における従業員数**は、継続勤務従業員（直前期末以前1年間においてその期間に継続して勤務していた従業員（就業規則等で定められた1週間当たりの労働時間が30時間未満である従業員を除きます。））の数に、継続勤務従業員以外の従業員の直前期末以前1年間の労働時間の合計時間数を1,800時間で除して求めた数を加算した数を記載します。

　$\boxed{A}$が70人以上の会社は、大会社と判定されるので、以下の判定は不要です。

(注1) 上記により計算した評価会社の従業員数が、例えば5.1人となる場合は「5人超」に、4.9人となる場合は従業員数「5人以下」に該当します。

(注2) 従業員に含まれない者
　　　社長、理事長、副社長、代表取締役、代表執行役、専務、常務その他これらの役員に準ずる役員、会計参与及び監査役並びに監事

(注3) 出向中の者
　　　評価会社との雇用契約に基づき賃金が支払われる者をいうため、出向元との雇用契約を解消し、出向先で雇用されている者は、出向先にて従業員としてカウントします。

(注4) 人材派遣会社より派遣されている者
　　　①派遣元には登録されるのみで、派遣される期間だけ派遣元と雇用契約を締結する場合は、派遣元の継続勤務従業員以外の従業員としてカウントします。
　　　②派遣元との雇用契約に基づく従業員である場合は、派遣元の継続勤務従業員としてカウントします。
　　　③派遣労働者を受け入れている会社は、派遣労働者の勤務実態に応じて継続勤務従業員とそれ以外の従業員に区分してカウントすることができます。

B **直前期末の総資産価額（帳簿価額）** は、直前期末における各資産の確定決算上の帳簿価額の合計額を記載します。

（注1）帳簿価額の合計額の調整
　（ⅰ）間接法表示の減価償却累計額は控除
　（ⅱ）資産から控除している貸倒引当金は加算
　（ⅲ）減価償却超過額、土地圧縮限度超過額、一括償却資産損金算入限度超過額は加算

（注2）帳簿価額の合計額を調整しないもの
　①前払費用、繰延資産、繰延税金資産など確定決算上、資産に計上しているもの
　②圧縮記帳引当金勘定又は圧縮記帳積立金勘定

C **直前期末以前1年間の取引金額** は、直前期の事業上の収入金額（売上高）を記載します。

この場合の事業上の収入金額とは、その会社の目的とする事業に係る収入金額（金融業・証券業については収入利息及び収入手数料）をいいます。

（注）直前期の事業年度が1年未満であるときには、課税時期の直前期末以前1年間の実際の収入金額によることとなりますが、実際の収入金額を明確に区分することが困難な期間がある場合は、その期間の収入金額を月数あん分して求めた金額によっても差し支えありません。

（注）事業年度の中途において合併している場合は、その間の取引金額を基に直前期末以前1年間の取引金額を合理的に算定します。

（例）

$$\text{合併法人の直前事業年度の取引金額} + \left(\text{被合併法人の最終事業年度の取引金額} \times \frac{\text{最終事業年度の期間のうち合併法人の直前事業年度に対応する期間}}{\text{最終事業年度の期間}} \right)$$

―103―

②会社規模（Lの割合）の判定

該当する部分を○で囲んで表示します。

判定基準								
⑤ 直前期末以前1年間における従業員数に応ずる区分				70人以上の会社は、大会社（㋐及び㋑は不要）				
				70人未満の会社は、㋐及び㋑により判定				
㋐ 直前期末の総資産価額（帳簿価額）及び直前期末以前1年間における従業員数に応ずる区分				㋑ 直前期末以前1年間の取引金額に応ずる区分				会社規模とLの割合（中会社）の区分
総 資 産 価 額（帳 簿 価 額）				取 引 金 額				
卸 売 業	小売・サービス業	卸売業、小売・サービス業以外	従業員数	卸 売 業	小売・サービス業	卸売業、小売・サービス業以外		
20億円以上	15億円以上	15億円以上	35 人 超	30億円以上	20億円以上	15億円以上		大 会 社
4億円以上 20億円未満	5億円以上 15億円未満	5億円以上 15億円未満	35 人 超	7億円以上 30億円未満	5億円以上 20億円未満	4億円以上 15億円未満	0.90	中
2億円以上 4億円未満	2億5,000万円以上 5億円未満	2億5,000万円以上 5億円未満	20 人 超 35 人 以 下	3億5,000万円以上 7億円未満	2億5,000万円以上 5億円未満	2億円以上 4億円未満	0.75	会
7,000万円以上 2億円未満	4,000万円以上 2億5,000万円未満	5,000万円以上 2億5,000万円未満	5 人 超 20 人 以 下	2億円以上 3億5,000万円未満	6,000万円以上 2億5,000万円未満	8,000万円以上 2億円未満	0.60	社
7,000万円未満	4,000万円未満	5,000万円未満	5 人 以 下	2億円未満	6,000万円未満	8,000万円未満		小 会 社

・「会社規模とLの割合（中会社）の区分」欄は、㋐欄の区分（「総資産価額（帳簿価額）」と「従業員数」とのいずれか下位の区分）と㋑欄（取引金額）の区分とのいずれか上位の区分により判定します。

判定	大会社	中会社			小会社	
		Lの割合				
		0.90	0.75	0.60		

4.増（減）資の状況その他評価上の参考事項

① 課税時期の直前期末以後における増（減）資に関する事項
例えば、増資については、次のように記載します。

　増資年月日　　　　　　　令和○年○月○日
　増資金額　　　　　　　　○○○千円
　増資内容　　　　　　　　1：0.5（1株当たりの払込金額50円、株主割当）
　増資後の資本金額　　　　○○○千円

② 課税時期以前3年間における社名変更、増（減）資、額面変更、事業年度の変更、合併及び転換社債型新株予約権付社債の発行状況に関する事項

③ 種類株式に関する事項
例えば、種類株式の内容、発行年月日、発行株式数等を、次のように記載します。

　種類株式の内容　　　議決権制限株式
　発行年月日　　　　　令和○年○月○日
　発行株式数　　　　　○○○○○○株
　発行価額　　　　　　1株につき○○円（うち資本金に組み入れる金額○○円）
　1単元の株式の数　　○○○株
　議決権　　　　　　　○○の事項を除き、株主総会において議決権を有しない。
　転換条項　　　　　　令和○年○月○日から令和○年○月○日までの間は株主からの請求により普通株式への転換可能（当初の転換価額は○○円）
　償還条項　　　　　　なし
　残余財産の分配　　　普通株主に先立ち、1株につき○○円を支払う。

④ 剰余金の配当の支払いに係る基準日及び効力発生日

⑤ 剰余金の配当のうち、資本金等の額の減少に伴うものの金額

⑥ その他評価上参考となる事項

(注) 評価会社が「卸売業」、「小売・サービス業」又は「卸売業、小売・サービス業以外」のいずれの業種に該当するかは、直前期末以前1年間の取引金額に基づいて判定し、その取引金額のうちに2以上の業種に係る取引金額が含まれている場合には、それらの取引金額のうち最も多い取引金額に係る業種によって判定します。

(参考) 会社規模の判定表

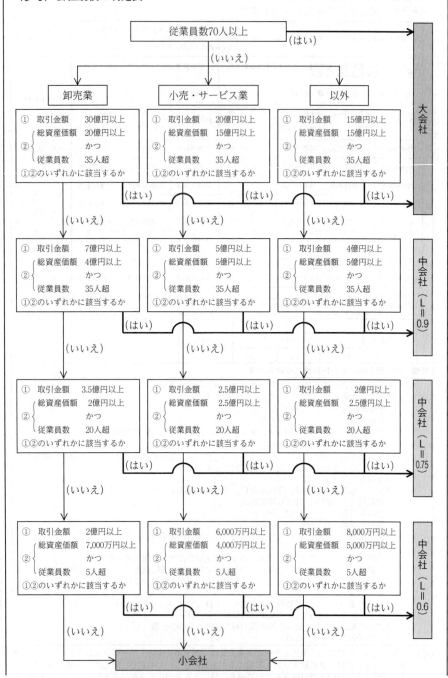

4. 純資産価額方式 （評基通185）

$$\left[\begin{array}{l}\text{相続税評価額によ} \\ \text{る資産の合計額(A)}\end{array} - \begin{array}{l}\text{負債の} \\ \text{合計額(B)}\end{array} - \boxed{\begin{array}{l}\text{評価差額に対する} \\ \text{法人税額等相当額(C)}\end{array}}\right] \div \begin{array}{l}\text{発行済} \\ \text{株式数}\end{array} = \begin{array}{l}\text{1株当たりの} \\ \text{純資産価額}\end{array}$$

$$\left[\left(\begin{array}{l}\text{相続税評価額による} \\ \text{(各資産の合計額)} - \text{(各負債の合計額)}\end{array}\right) - \left(\begin{array}{l}\text{帳簿価額による} \\ \text{(各資産の合計額)} - \text{(各負債の合計額)}\end{array}\right)\right] \times 37\%$$

各資産の相続税評価額の合計額	各負債の相続税評価額の合計額
〈加えるもの〉 • 生命保険請求権 • 所得税額等の還付金額 • 中間納付還付税額など 〈除くもの〉 • 繰延資産・前払費用その他で財産性のないものなど	〈加えるもの〉 • 課税時期で未払となっている公租公課、未払配当金、未払賞与金、未払利息 • 被相続人の死亡により確定した退職金など 〈除くもの〉 • 引当金（退職給与引当金を除く） • 準備金など

A（左）／B（右上）

評価差額に対する法人税額等相当額 C

純資産価額

$$\div \begin{array}{l}\text{発行済株式数} \\ \text{(自己株式を除く)}\end{array} = \begin{array}{l}\text{1株当たりの} \\ \text{純資産価額}\end{array}$$

同族株主等の議決権割合が50％以下の場合には、この価額の80％を評価額とします。
ただし以下の場合は80％評価はできません。
①大会社の株式を純資産価額で評価する場合（評基通179(1)、185）
②中会社の株式の評価のうち、類似業種比準価額で計算する部分を純資産価額で評価する場合（評基通179(2)）
③開業前又は休業中の会社の株式を評価する場合（評基通189-5）
④医療法人の出資を評価する場合（評基通194-2）
⑤企業組合等の出資を評価する場合（評基通196）

財産評価

株式等

（参考）37％の根拠

法人税	23.2 %
地方法人税	2.39%（23.2%×10.3%）
事業税	7.0 %
特別法人事業税	2.59%
道府県民税	0.23%（23.2%×1.0%）
市町村民税	1.39%（23.2%×6.0%）
合　　計	36.80%⇨37%

第5表　1株当たりの純資産価額（相続税評価額）の計算明細書
①資産の部

第5表　1株当たりの純資産価額（相続税評価額）の計算明細書				会社名			

1. 資産及び負債の金額（課税時期現在）

資　産　の　部				負　債　の　部			
科　　目	相続税評価額	帳簿価額	備　考	科　　目	相続税評価額	帳簿価額	備　考
	千円	千円			千円	千円	

〈課税時期において仮決算を行っていない場合〉
（実務上は特例の方が一般的）

（原則） 1株当たりの純資産価額の計算は課税時期における各資産及び各負債の金額によります。

（特例） しかし、評価会社が課税時期において仮決算を行っていないため、課税時期における資産及び負債の金額が明確でない場合において、直前期末から課税時期までの間に資産及び負債について著しい増減がないため評価額の計算に影響が少ないと認められるときは、次により計算してよいとされています。（この場合には、株式等保有特定会社及び土地保有特定会社の判定における総資産価額等についても、同様に取り扱われます。）

(i) 直前期末現在の資産及び負債を対象とし、課税時期の属する年分の財産評価基準を適用して計算した金額を基として計算（例：直前期末が令和4年で課税時期が令和5年である場合には令和5年分の財産評価基準により評価します。）

(ii) 帳簿価額についても、直前期末の資産及び負債の帳簿価額によります。

　相続税評価額

課税時期における評価会社の各資産（自己株式を除きます。）について、評価基本通達の定めにより評価した価額（相続税評価額）を次により記載します。

(i) **課税時期前3年以内に取得又は新築した土地及び土地の上に存する権利（以下「土地等」といいます。）並びに家屋及びその附属設備又は建築物（以下「家屋等」といいます。）がある場合**

その土地等又は家屋等の相続税評価額は、課税時期における通常の取引価額に相当する金額（ただし、その土地等又は家屋等の帳簿価額が課税時期における通常の取引価額に相当すると認められる場合には、その帳簿価額に相当する金額）によって評価した価額を記載します。

この場合、その土地等または家屋等は、他の土地等又は家屋等と「科目」欄を別にして、「課税時期前3年以内に取得した土地等」などと記載します。

(ii) **所有する取引相場のない株式、出資又は転換社債の価額を純資産価額（相続税評価額）で評価する場合**

評価差額に対する法人税額等相当額の控除を行わないで計算した金額を「相続税評価額」として記載します。（なお、その株式などが株式等保有特定会社の株式などである場合において、納税義務者の選択により「$S_1 + S_2$」方式によって評価する場合のS_2の金額の計算においても、評価差額に対する法人税額等相当額の

控除は行わないで計算することになります。）

　この場合、その株式などは、他の株式などと「科目」欄を別にして、「法人税額等相当額の控除不適用の株式」などと記載します。

(iii) **評価の対象となる資産について、帳簿価額がないもの（例えば、借地権、営業権等）であっても、相続税評価額が算出される場合**

　その評価額を「相続税評価額」欄に記載し、「帳簿価額」欄には「０」と記載します。

(iv) **評価の対象となる資産で帳簿価額のあるもの（例えば、借家権、営業権等）であっても、その課税価格に算入すべき相続税評価額が算出されない場合**

　「相続税評価額」欄に「０」と記載し、その帳簿価額を「帳簿価額」欄に記載します。

(v) **評価の対象とならないもの**（例えば、財産性のない創立費、新株発行費等の繰延資産、繰延税金資産）については、記載しません。

帳簿価額

「資産の部」の「相続税評価額」欄に評価額が記載された各資産についての課税時期における税務計算上の帳簿価額を記載します。

(i) 固定資産に係る減価償却累計額、特別償却準備金及び圧縮記帳に係る引当金又は積立金の金額がある場合には、それらの金額をそれぞれの引当金等に対応する資産の帳簿価額から控除した金額をその固定資産の帳簿価額とします。（減価償却超過額は加算します。）

(ii) 特許権、漁業権等の資産の帳簿価額は、営業権の帳簿価額に含めて記載します。

（注）資産の部の評価上の留意点

	相続税評価額	帳簿価額
前払費用	保険料、賃貸料等の資産性のない前払費用は、評価の対象になりません。	評価の対象とならない前払費用の帳簿価額は控除します。
一括償却資産	取得価額の全額を一時に損金経理し、申告調整によって3年間で損金算入している場合は、法人税申告書別表16(8)の「10」欄に記載のある各事業年度の一括償却資産は、再調達価額で評価する。 なお、再調達価額の算定が困難な場合は、損金算入限度超過額を調達価額としても可。	法人税申告書別表16(8)の「10」欄の金額を記入

生命保険請求権	被相続人の死亡を保険事故として受け取った生命保険金を、受取金額で計上する。（資産計上されている生命保険金の掛金は減額します。）	相続税評価額と同額を計上する。
還付法人税等	予定納税の還付法人税等、所得税額等の還付金額を計上します。	同左
繰延税金資産	財産性がないため計上しない。	同左

②**負債の部**

「相続税評価額」欄には、評価会社の課税時期における各負債の金額を、「帳簿価額」欄には、「負債の部」の「相続税評価額」欄に評価額が記載された各負債の税務計算上の帳簿価額をそれぞれ記載します。

この場合、貸倒引当金、退職給与引当金、納税引当金及びその他の引当金、準備金並びに繰延税金負債に相当する金額は、負債には該当しません。

なお、次の金額は、帳簿に負債としての記載がない場合であっても、負債として「相続税評価額」欄及び「帳簿価額」欄のいずれにも記載します。

(1) **仮決算を行っている場合**

> (イ) 未納公租公課、未払利息等の金額
> (ロ) 課税時期以前に賦課期日のあった固定資産税及び都市計画税の税額
> (ハ) 被相続人の死亡により、相続人その他の者に支給することが確定した退職手当金、功労金その他これらに準ずる給与の金額（法3①二の規定により退職手当金等とみなされない弔慰金等については、純資産価額の計算上負債としません。）
> (ニ) 課税時期の属する事業年度に係る法人税額（地方法人税額を含みます。）、消費税額（地方消費税額を含みます。）、事業税額（特別法人事業税額を含みます。）、道府県民税額及び市町村民税額のうち、その事業年度開始の日から課税時期までの期間に対応する金額

(2) **仮決算を行っていない場合**

> (イ) 未納公租公課、未払利息等の金額
> (ロ) 直前期末以前に賦課期日のあった固定資産税及び都市計画税の税額のうち、未払いとなっている金額
> (ハ) 直前期末日直後から課税時期までに確定した剰余金の配当等の金額（課税時期が配当金交付の基準日の翌日から配当金交付の効力が発生するまでの間にある場合においては、配当期待権が発生しているので、株式の価額の修正をします。）
> (ニ) 被相続人の死亡により、相続人その他の者に支給することが確定した退職手当金、功労金その他これらに準ずる給与の金額（弔慰金等については、(1)(ハ)と同様）

（注）負債の部の評価上の留意点

	相続税評価額	帳簿価額
未納法人税等 未納消費税　ほか	直前期末における未納法人税等の金額を計上	相続税評価額 と同額を記載
保険差益に対する 法人税等	$\left\{ \begin{array}{l} \text{受取生命} \\ \text{保険金} \end{array} \right. - \left(\begin{array}{l} \text{保険料の資産計上額} \\ \text{退職金} \\ \text{社葬費用} \\ \text{直前期末の繰越欠損金} \end{array} \right) \left. \right\} \times 37\%$	同左
社葬費用	密葬の費用など社会通念上故人の遺族が負担すべき費用を除き、負債に計上する	同左
自己株式	計上しない	同左

③株式等・土地等・現物出資等受入れ資産の価額

株式等の価額の合計額	㋑	㋺
土地等の価額の合計額	㋩	
現物出資等受入れ資産 の価額の合計額	㊁	㋭

(ⅰ)　「**株式等の価額の合計額**」欄の相続税評価額の金額㋑は、評価
　　　会社が有している（又は有しているとみなされる）株式等の相続
　　　税評価額の合計額を記載します。
　　　ⅰ　所有目的又は所有期間のいかんにかかわらずすべての株式等
　　　　（自己株式を除きます。）の相続税評価額を合計します。
　　　ⅱ　法人税法12条《信託財産に属する資産及び負債並びに信託財
　　　　産に帰せられる収益及び費用の帰属》の規定により評価会社が
　　　　信託財産を有するものとみなされる場合（ただし、評価会社が
　　　　明らかにその信託財産の収益の受益権のみを有している場合を
　　　　除きます。）において、その信託財産に株式等が含まれている
　　　　ときには、評価会社がその株式等を所有しているものとみなし
　　　　ます。
　　　ⅲ　株式等のうち、出資とは、法人に対する出資をいい、民法上
　　　　の組合等に対する出資は含まれません。
(ⅱ)　「**土地等の価額の合計額**」欄の相続税評価額の金額㋩は、上記
　　　の(ⅰ)に準じて評価会社が有している（又は有しているとみなされる）
　　　土地等の相続税評価額の合計額を記載します。
(ⅲ)　「**現物出資等受入れ資産の価額の合計額**」欄の相続税評価額の
　　　金額㊁は、各資産（自己株式を除きます。）の中に、現物出資、
　　　合併、株式交換、株式移転又は株式交付により著しく低い価額で
　　　受け入れた資産（以下「現物出資等受入れ資産」といいます。）
　　　がある場合に、現物出資、合併、株式交換、株式移転又は株式交
　　　付の時におけるその現物出資等受入れ資産の相続税評価額の合計
　　　額を記載します。
　　・ただし、その相続税評価額が、課税時期におけるその現物出資
　　　　等受入れ資産の相続税評価額を上回る場合には、課税時期にお
　　　　けるその現物出資等受入れ資産の相続税評価額を記載します。

- また、現物出資等受入れ資産が合併により著しく低い価額で受け入れた資産(以下「合併受入資産」といいます。)である場合に、合併の時又は課税時期におけるその合併受入資産の相続税評価額が、合併受入資産に係る被合併会社の帳簿価額を上回るときは、その帳簿価額を記載します。

(注)「相続税評価額」の「合計」欄の①の金額に占める課税時期における現物出資等受入れ資産の相続税評価額の合計の割合が20%以下の場合には、「現物出資等受入れ資産の価額の合計額」欄は記載しません。

④1株当たりの純資産価額の計算

2. 評価差額に対する法人税額等相当額の計算			3. 1株当たりの純資産価額の計算		
相続税評価額による純資産価額 (①-③)	⑤	千円	課税時期現在の純資産価額 (相続税評価額) (⑤-⑧)	⑨	千円
帳簿価額による純資産価額 ((②+ⓒ-ⓑ-④)、マイナスの場合は0)	⑥	千円	課税時期現在の発行済株式数 ((第1表の1の①)-自己株式数)	⑩	株
評価差額に相当する金額 (⑤-⑥、マイナスの場合は0)	⑦	千円	課税時期現在の1株当たりの純資産価額 (相続税評価額) (⑨÷⑩)	⑪	円
評価差額に対する法人税額等相当額 (⑦×37%)	⑧	千円	同族株主等の議決権割合(第1表の1の⑤の割合)が50%以下の場合 (⑪×80%)	⑫	円

▶ ⑥、⑦欄がマイナスの場合は、ゼロとします。

評価会社が自己株式を有している場合には、その自己株式の株式数を控除した株式数を記載します。

納税義務者が議決権割合(第1表1の⑤の割合)50%以下の株主グループに属するときのみ記載します。

5. 類似業種比準価額方式
(評基通180)

$$A \times \left[\frac{Ⓑ}{B} + \frac{Ⓒ}{C} + \frac{Ⓓ}{D} \right] \times \frac{1}{3} \times \begin{Bmatrix} \text{しんしゃく率} \\ 0.7 \text{(大会社)} \\ 0.6 \text{(中会社)} \\ 0.5 \text{(小会社)} \end{Bmatrix} = \boxed{\text{類似業種}\atop\text{比準価額}}$$

(評基通182)

A……類似業種の株価(①課税時期の属するその月、②課税時期の属する月の前月、③課税時期の属する月の前々月、④前年平均株価、⑤課税時期の属する月以前2年間の平均株価のうち最も低いものが類似業種の株価となります。)

B……課税時期の属する年の類似業種の1株当たりの配当金額(財務諸表の配当金額)

C……課税時期の属する年の類似業種の1株当たりの年利益金額(財務諸表の税引前当期純利益)

D……課税時期の属する年の類似業種の1株当たりの純資産価額(財務諸表の純資産の部の合計額)

—111—

国税庁ホームページなどで、次のように公表されます。

業種目				B (配当金額)	C (利益金額)	D (簿価純資産価額)	A（株価）上段：各月の株価、下段：課税時期の属する月以前2年間の平均株価					
大分類							令和4年平均	4年11月分	4年12月分	令和5年1月分	2月分	3月分
中分類	番号	内容										
小分類												
卸売業	65			8.1	54	425	376 381	388 383	391 384	392	408	415
	各種商品卸売業	66	各種商品の仕入卸売を行うもの。例えば、総合商社、貿易商社など	10.0	59	400	282 274	302 277	305 280	306	327	335
	繊維・衣服等卸売業	67	繊維品及び衣服・身の回り品の仕入卸売を行うもの	5.0	14	425	186 195	180 195	180 194	184	192	195
	飲食料品卸売業	68		5.7	38	383	389 388	395 388	385 388	380	383	384
	農畜産物・水産物卸売業	69	米麦、雑穀・豆類、野菜、果実、食肉及び生鮮魚介等の卸売を行うもの	2.7	18	233	173 169	177 170	177 171	177	178	182

財産評価

※1株当たりの資本金等の額を50円とした場合の発行済株式数

第4表　類似業種比準価額等の計算明細書　　　　　　会社名

1. 1株当たりの資本金等の額等の計算	直前期末の資本金等の額	直前期末の発行済株式数	直前期末の自己株式数	1株当たりの資本金等の額（①÷（②−③））	1株当たりの資本金等の額を50円とした場合の発行済株式数（①÷50円）
	①　　　　千円	②　　　　株	③　　　　株	④　　　　円	⑤　　　　株

法人税申告書別表五（一）の「差引翌期首現在資本金等の額」の「差引合計額」を、直前期末の資本金等の額①に記入し、
（資本金等の額÷50円）により、1株当たりの資本金等の額を50円とした場合の発行済株式数を計算します。

(評基通183(1))

Ⓑ 評価会社の1株50円当たりの法人税上の配当金額で、次の算式によって計算した額をいいます。

$$\frac{\text{直前期末以前2年間の配当金額（※）}}{2} \div \text{1株当たりの資本金等の額を50円とした場合の直前期末の発行済株式数（⑤）}$$

（※）特別配当、記念配当等の名称による配当金額のうち、将来毎期継続することが予想できない金額は、非経常的な配当金額（⑦）として除きます。

株式等

1株50円当たりの年配当金額	直前期末以前2（3）年間の年平均配当金額					比準要素数1の会社・比準要素数0の会社の判定要素の金額	
	事業年度 ⑥	年配当金額	⑦左のうち非経常的な配当金額	⑧差引経常的な年配当金額(⑥−⑦)	年平均配当金額	$\frac{⑨}{⑤}$	Ⓑ　円　　銭 0
	直前期	千円	千円	㋑　　千円	⑨(㋑+㋺)÷2　千円		
						$\frac{⑩}{⑤}$	Ⓑ　円　　銭 0
	直前々期	千円	千円	㋺　　千円	⑩(㋺+㋩)÷2　千円	1株(50円)当たりの年配当金額(⑥)の金額	
	直前々期の前期	千円	千円	㋩　　千円		Ⓑ　　　　円　　銭	

(ⅰ) 年配当金額（⑥）は、各事業年度中に配当金交付の効力が発生した剰余金の配当（資本金等の額の減少によるもの、自己株式を取得したことにより生じたみなし配当の金額を除きます。）の金額です（株主資本等変動計算書に記載されています。）。1年未満の事業年度がある場合には、直前期末以前1年間に対応する期間に配当金交付の効力が発生した剰余金の配当金額の総額とします。

(ⅱ) 1株当たりの年配当金額（$\frac{⑨}{⑤}$、$\frac{⑩}{⑤}$）は、評価会社が優先株を発行している場合は、株式の種類ごとにその株式に係る実際の配当金により計算します。

(ⅲ) 「1株当たりの年配当金額」の「Ⓑ」欄は、「比準要素数1の会社・比準要素数0の会社の判定要素の金額」のうち「Ⓑ」欄の金額を記載します。

Ⓒ **評価会社の1株50円当たりの利益金額（法人税法上の所得金額）で、次の算式によって計算した額をいいます。**

（評基通183(2)）

| 法人税の課税所得金額（非経常的な利益の金額を除きます。） | ＋ | 所得の計算上益金に算入されなかった剰余金の配当（資本金等の額の減少によるものを除きます。）等の金額（所得税額に相当する金額を除きます。） | ＋ | 損金に算入された繰越欠損金の控除額 | ÷ | 1株当たりの資本金等の額を50円とした場合における直前期末の発行済株式数 |

1株50円当たりの年利益金額	直 前 期 末 以 前 2 (3) 年 間 の 利 益 金 額						比準要素数1の会社・比準要素数0の会社の判定要素の金額	
	事業年度	⑪法人税の課税所得金額	⑫非経常的な利益金額	⑬受取配当等の益金不算入額	⑭左の所得税額	⑮損金算入した繰越欠損金の控除額	⑯差引利益金額（⑪－⑫＋⑬－⑭＋⑮）	
	直前期	千円	千円	千円	千円	千円	㋥ 千円	$\frac{⑨}{⑤}$又は$\frac{⑨+⑩}{⑤}$÷2 ⑨ 円
	直前々期	千円	千円	千円	千円	千円	㋭ 千円	$\frac{⑩}{⑤}$又は$\frac{㋥+㋭}{⑤}$÷2 ⑩ 円
	直前々期の前期	千円	千円	千円	千円	千円	㋬ 千円	1 株 (50 円) 当 た り の 年 利 益 金 額 $\left[\frac{㋥}{⑤}$又は$\frac{㋥+㋭}{⑤}$÷2 の金額$\right]$ Ⓒ 円

(ⅰ) **直前期末以前2(3)年間の利益金額**欄は、次により記載します。

⑪「法人税の課税所得金額」は法人税申告書の別表一（一）の「①所得金額又は欠損金額」の金額を記載します。

⑫「非経常的な利益金額」欄には、固定資産売却益、保険差益、譲渡損益調整勘定の戻入益等の非経常的な利益の金額を記載します。この場合、非経常的な利益の金額は、非経常的な損失の金額を控除した後の金額（負数の場合は0）とします。

なお、非経常的か経常的かは、評価会社の事業の内容、その利益の発生原因、反復継続性又は臨時偶発性などを考慮して個別に判定します。

⑬「受取配当等の益金不算入額」は、法人税申告書別表四の⑭①欄の金額（資本金等の額の減少によるものを除きます。）を記載します。

⑭「左の所得税額」は、法人税申告書別表六（一）の⑫又は⑲の合計額のうち、別表八（一）の⑨、⑯、㉖、㉝の合計額に対応する金額（受取配当等の益金不算入額を限度とします。）を記載します。

⑮「損金算入した繰越欠損金の控除額」は、法人税申告書の別表四の㊹①欄の金額を記載します。

※ 「直前期」、「直前々期」及び「直前々期の前期」の各欄の記載に当

たって、１年未満の事業年度がある場合には、年配当金額の計算に準じて記載します。

(ii) **比準要素数１の会社・比準要素数０の会社の判定要素の金額**の「Ⓒ」欄及び「Ⓒ'」欄は、それぞれ次により記載します。

　　ⅰ 「Ⓒ」欄は、㊁の金額（ただし、納税義務者の選択により、㊁の金額と㋭の金額との平均額によることができます。）を⑤の株式数で除した金額を記載します。

　　ⅱ 「Ⓒ'」欄は、㋭の金額（ただし、納税義務者の選択により、㋭の金額と㋬の金額との平均額によることができます。）を⑤の株式数で除した金額を記載します。

　　※１ Ⓒ又はⒸ'の金額が負数のときは、０とします。

　　※２ 「直前々期の前期」の各欄は、上記のⅱの計算において、㋭の金額と㋬の金額との平均額によらない場合には記載する必要はありません。

(iii) 「**１株（50円）当たりの年利益金額**」の「Ⓒ」欄には、㊁の金額を⑤の株式数で除した金額を記載します。ただし、納税義務者の選択により、直前期末以前２年間における利益金額を基として計算した金額（（㊁＋㋭）÷２）を⑤の株式数で除した金額をⒸの金額とすることができます。（Ⓒの金額が負数のときは、０とします。）

Ⓓ **評価会社の１株50円当たりの純資産価額（法人税における簿価純資産）**で、次の算式によって計算した額をいいます。

(評基通183(3))

$$\left[\begin{array}{l}\text{法人税法に規定} \\ \text{する資本金等の} \\ \text{額（※１）}\end{array} + \begin{array}{l}\text{法人税法に規定} \\ \text{する利益積立金} \\ \text{額（※２）}\end{array}\right] \div \begin{array}{l}\text{１株当たりの資本金等の額} \\ \text{を50円とした場合における} \\ \text{直前期末の発行済株式数}\end{array}$$

1株50円当たりの純資産価額	直前期末（直前々期末）の純資産価額			比準要素数１の会社・比準要素数０の会社の判定要素の金額	
	事業年度	⑰ 資本金等の額	⑱ 利益積立金額	⑲ 純資産価額（⑰＋⑱）	Ⓓ 円
	直前期	千円	千円	㋡ 千円	Ⓓ' 円
	直前々期	千円	千円	㋦ 千円	1株(50円)当たりの純資産価額（Ⓓ の金額）　Ⓓ 円

(i) **直前期末（直前々期末）の純資産価額**

　　※１ ⑰「資本金等の額」は、直前期の法人税の申告書別表五（一）「Ⅱ 資本金等の額の計算に関する明細書」の差引翌期首現在資本金等の額の差引合計額をいいます。

　　※２ ⑱「利益積立金額」は、直前期の法人税の申告書別表五（一）「Ⅰ 利益積立金額の計算に関する明細書」の差引翌期首現在利益積立金額の差引合計額をいいます（負数の場合は控除します）。

　　※３ ［　］内がマイナスとなる場合には、１株当たりの純資産価額は０とします。

(ii) 「**比準要素数１の会社・比準要素数０の会社の判定要素の金額**」の「Ⓓ」欄及び「Ⓓ'」欄は、それぞれ㋡及び㋦の金額を⑤の株式数で除した金額を記載します。（Ⓓ及びⒹ'の金額が負数のときは、０とします。）

(iii) 「**１株（50円）当たりの純資産価額**」の「Ⓓ」欄には、Ⓓの金額を記載します。（Ⓓの金額が負数のときは、０とします。）

類似業種比準価額の計算

3 類似業種比準価額の計算	1 株(50円)当たりの類似業種の株価	類似業種と業種目番号		(No.)		円	比準割合の計算	区分	1株(50円)当たりの年配当金額	1株(50円)当たりの年利益金額	1株(50円)当たりの純資産価額	1株(50円)当たりの比準価額
		類似業種の株価	課税時期の属する月	月	㋑	円		評価会社	Ⓑ 円 銭 0	Ⓒ 円 0	Ⓓ 円	⑳ × ㉑ × 0.7 ※ 中会社は0.6 小会社は0.5 とします。
			課税時期の属する月の前月	月	㋺	円		類似業種	B 円 銭 0	C 円 0	D 円	
			課税時期の属する月の前々月	月	㋩	円		要素別比準割合	Ⓑ/B	Ⓒ/C	Ⓓ/D	
			前年平均株価		㋥	円		比準割合	$\dfrac{\frac{Ⓑ}{B}+\frac{Ⓒ}{C}+\frac{Ⓓ}{D}}{3}$ = ㉑ .			㉒ 円 銭 0
			課税時期の属する月以前2年間の平均株価		⑳	円						
			A ㋑,㋺,㋩,㋥及び㋭のうち最も低いもの		⑳	円						
		類似業種と業種目番号		(No.)		円	比準割合の計算	区分	1株(50円)当たりの年配当金額	1株(50円)当たりの年利益金額	1株(50円)当たりの純資産価額	1株(50円)当たりの比準価額
		類似業種の株価	課税時期の属する月	月	㋥	円		評価会社	Ⓑ 円 銭 0	Ⓒ 円 0	Ⓓ 円	㉓ × ㉔ × 0.7 ※ 中会社は0.6 小会社は0.5 とします。
			課税時期の属する月の前月	月	㋺	円		類似業種	B 円 銭 0	C 円 0	D 円	
			課税時期の属する月の前々月	月	㋩	円		要素別比準割合	Ⓑ/B	Ⓒ/C	Ⓓ/D	
			前年平均株価		㋥	円		比準割合	$\dfrac{\frac{Ⓑ}{B}+\frac{Ⓒ}{C}+\frac{Ⓓ}{D}}{3}$ = ㉔ .			㉕ 円 銭 0
			課税時期の属する月以前2年間の平均株価		㉓	円						
			A ㋥,㋺,㋩,㋥及び㋭のうち最も低いもの		㉓	円						

1株当たりの比準価額	比準価額(㉒と㉕とのいずれか低い方)	④の金額	
	円 0銭 × $\dfrac{④の金額　円}{50円}$	㉖	円

比準価額の修正	直前期末の翌日から課税時期までの間に配当金交付の効力が発生した場合	比準価額(㉖)	1株当たりの配当金額	修正比準価額
		円 － 円 銭		㉗ 円
	直前期末の翌日から課税時期までの間に株式の割当て等の効力が発生した場合	比準価額(㉖)(㉗があるときは㉗)	割当株式1株当たりの払込金額 / 1株当たりの割当株式数 / 1株当たりの割当株式数又は交付株式数	修正比準価額
		(円 + 円 銭 × 株) ÷ (1株 + 株)		㉘ 円

(評基通181-2)(i) ① 「類似業種と業種目番号」欄には、第1表の1の「事業内容」欄に記載された評価会社の直前期末以前1年間の取引金額に応じて、個別通達に定める類似業種比準価額計算上の業種目及びその番号を記載します。

② 2以上の業種目がある場合は、50%を超える業種目とし、その割合が50%を超える業種目がない場合は、次に掲げるものを業種目とします。

$$業種目別の割合＝\frac{業種目別の取引金額}{評価会社全体の取引金額}$$

　a．評価会社の事業が一つの中分類の業種目中の2以上の類似する小分類の業種目に属し、それらの業種目別の割合の合計が50％を超える場合

　　……その中分類の中にある類似する小分類の「その他の○○業」

　b．評価会社の事業が一つの中分類の業種目中の2以上の類似しない小分類の業種目に属し、それらの業種目別の割合の合計が50％を超える場合（aに該当する場合は除きます。）

　　……その中分類の業種目

　c．評価会社の事業が一つの大分類の業種目中の2以上の類似する中分類の業種目に属し、それらの業種目別の割合の合計が50％を超える場合

　　……その大分類の中にある類似する中分類の「その他の○○業」

　d．評価会社の事業が一つの大分類の業種目中の2以上の類似しない中分類の業種目に属し、それらの業種目別の割合の合計が

50%を超える場合（ｃに該当する場合は除きます。）

……その大分類の業種目

e．ａからｄのいずれにも該当しない場合

……大分類の業種目の中の「その他の産業」

(ⅲ) 類似業種は、業種目の区分の状況に応じて次のようになります。

業種目の区分の状況	類 似 業 種
上記により判定した業種目が小分類に区分されている業種目の場合	小分類の業種目とその業種目の属する中分類の業種目とをそれぞれ記載します。
上記により判定した業種目が中分類に区分されている業種目の場合	中分類の業種目とその業種目の属する大分類の業種目とをそれぞれ記載します。
上記により判定した業種目が大分類に区分されている業種目の場合	大分類の業種目を記載します。

(ⅱ) 「類似業種の株価」及び「比準割合の計算」の各欄に記載する類似業種の株価Ａ、1株（50円）当たりの年配当金額Ｂ、1株（50円）当たりの年利益金額Ｃ及び1株（50円）当たりの純資産価額Ｄの金額については、国税庁ホームページなどで確認します。

(ⅲ) 「比準割合の計算」の「比準割合」欄の比準割合（㉑及び㉔）は、「1株（50円）当たりの年配当金額」、「1株（50円）当たりの年利益金額」及び「1株（50円）当たりの純資産価額」の各欄の要素別比準割合を基に、次の算式により計算した割合を記載します。

$$比準割合 = \frac{\dfrac{Ⓑ}{B} + \dfrac{Ⓒ}{C} + \dfrac{Ⓓ}{D}}{3}$$

(ⅳ) 「1株（50円）当たりの比準価額」欄は、評価会社が第1表の2の「3．会社の規模（Lの割合）の判定」欄により、中会社「0.6」、小会社「0.5」として計算した金額を記載します。

(評基通184) ※類似業種比準価額の修正

　　直前期末の翌日から課税時期までに配当金交付の効力が発生している場合には、類似業種比準価額の修正を行います。

① 配当金交付の効力が発生した場合

類似業種比準価額－1株当たりの配当金＝修正比準価額㉗

② 株式の割当て等の効力が発生した場合

$$\frac{類似業種比準価額（①の修正後） + \left(\begin{array}{c}1株当たりの\\払込金額\end{array}\right) \times \left(\begin{array}{c}1株当たりの\\割当株式数\end{array}\right)}{1 + \left(\begin{array}{c}1株当たりの割当株式数\\又は交付株式数\end{array}\right)} = 修正比準価額㉘$$

(注) 「1株当たりの割当株式数」及び「1株当たりの割当株式数又は交付株式数」は、1株未満の株式数を切り捨てずに実際の株式数を記載します。

6. 特定の評価会社
(1)特定の評価会社の判定の順序と評価方法（評基通189）

（会社の区分）　　　　　　　　　　　（評価方法）

① 清算中の会社 →（はい）
- 清算分配見込額の複利現価による評価方式
（長期清算中の場合は、純資産価額方式）

評基通189-6

↓（いいえ）

② 開業前又は休業中の会社 →（はい）
- 純資産価額方式

評基通189-5

↓（いいえ）

③ 開業後3年未満の会社　又は比準要素0の会社 →（はい）
- 純資産価額方式
（同族株主等の議決権割合が50%以下のときはこの価額の80%を評価額とします。）
- 少数株主の場合は配当還元方式

評基通189-4

↓（いいえ）

④ 土地保有特定会社 →（はい）
- 純資産価額方式
（同族株主等の議決権割合が50%以下のときはこの価額の80%を評価額とします。）
- 少数株主の場合は配当還元方式

評基通189-4

(i). 大会社
$$\frac{土地等の価額}{総資産価額} \geqq 70\%$$

(ii). 中会社
$$\frac{土地等の価額}{総資産価額} \geqq 90\%$$

(iii). 小会社（従業員数5人以下）
- 大会社の基準に該当する総資産価額のある会社は、総資産価額に占める土地等の価額の割合が70%以上
- 中会社の基準に該当する総資産価額のある会社は、総資産価額に占める土地等の価額の割合が90%以上
- 上記以外の小会社は対象となりません。

↓（いいえ）

⑤ 株式等保有特定会社 →（はい）
- 純資産価額方式
（同族株主等の議決権割合が50%以下のときはこの価額の80%を評価額とします。）
- 「S₁＋S₂」方式の選択が可能
- 少数株主の場合は配当還元方式

評基通189-3

$$\frac{株式等の価額}{総資産価額} \geqq 50\%$$

↓（いいえ）

⑥ 比準要素1の会社 →（はい）
- 純資産価額方式
（同族株主等の議決権割合が50%以下のときはこの価額の80%を評価額とします。）
- L＝0.25とする類似業種比準方式と純資産価額方式との併用方式の選択が可能
- 少数株主の場合は配当還元方式

評基通189-2

↓（いいえ）

⑦ 一般の評価会社

(注)課税時期前において合理的理由もなく資産構成に大きな変動があり、それが④⑤の判定を免れるためのものと認められるときは、その変動はなかったものとして判定を行います。

(2)第2表　特定の評価会社の判定の明細書

(i)　「1．比準要素数1の会社」欄は、次により記載します。

なお、評価会社が「3．土地保有特定会社」から「6．清算中の会社」のいずれかに該当する場合には、記載する必要はありません。

	判　　　　定　　　　要　　　　素						判定基準	(1)欄のいずれか2の判定要素が0であり、かつ、(2)欄のいずれか2以上の判定要素が0
	(1)直前期末を基とした判定要素			(2)直前々期末を基とした判定要素				
1．比準要素数1の会社	第4表の ⑧の金額	第4表の ⓒの金額	第4表の ⓓの金額	第4表の ⑧の金額	第4表の ⓒの金額	第4表の ⓓの金額		である（該当）・でない（非該当）
	円　銭 0	円	円	円　銭 0	円	円	判定	該　当　　　　非　該　当

ⅰ　「判定要素」の「(1)直前期末を基とした判定要素」及び「(2)直前々期末を基とした判定要素」は、各欄が示している第4表の「2．比準要素等の金額の計算」の各欄の金額を記載します。

ⅱ　「判定基準」欄は、「(1)直前期末を基とした判定要素」欄の判定要素のいずれか2が0で、かつ、「(2)直前々期末を基とした判定要素」欄の判定要素のいずれか2以上が0の場合に、「である（該当）」を〇で囲んで表示します。

(注)「(1)直前期末を基とした判定要素」欄の判定要素がいずれも0である場合は、「4．開業後3年未満の会社等」欄の「(2)比準要素0の会社」に該当します。

(ii)　「2．株式等保有特定会社」及び「3．土地保有特定会社」の「総資産価額」欄等には、課税時期又は直前期末における評価会社の各資産を財産評価基本通達の定めにより評価した金額（第5表の①の金額等）を記載します。

	判　　　定　　　要　　　素					
2．株式等保有特定会社	総資産価額 （第5表の①の金額）	株式等の価額の合計額 （第5表の④の金額）	株式等保有割合 (②／①)	判定基準	③の割合が50%以上である	③の割合が50%未満である
	①　　　　千円	②　　　　千円	③　　　　%	判定	該　当	非　該　当

	判　　　定　　　要　　　素				
	総資産価額 （第5表の①の金額）	土地等の価額の合計額 （第5表の⑤の金額）	土地保有割合 (⑤／④)	会社の規模の判定 （該当する文字を〇で囲んで表示します。）	
	④　　　　千円	⑤　　　　千円	⑥　　　　%	大会社・中会社・小会社	

3．土地保有特定会社	判定基準	会社の規模	大　会　社	中　会　社	小　会　社 （総資産価額（帳簿価額）が次の基準に該当する会社）	
					・卸売業 　　　　　　　20億円以上 ・小売・サービス業 　　　　　　　15億円以上 ・上記以外の業種 　　　　　　　15億円以上	・卸売業 　7,000万円以上20億円未満 ・小売・サービス業 　4,000万円以上15億円未満 ・上記以外の業種 　5,000万円以上15億円未満
		⑥の割合	70%以上　70%未満	90%以上　90%未満	70%以上　70%未満	90%以上　90%未満
		判　　定	該当　非該当	該当　非該当	該当　非該当	該当　非該当

（令和六年一月一日以降用）

ⓘ 「2．株式等保有特定会社」欄は、評価会社が「3．土地保有特定会社」から「6．清算中の会社」のいずれかに該当する場合には記載する必要はなく、「3．土地保有特定会社」欄は、評価会社が「4．開業後3年未満の会社等」から「6．清算中の会社」のいずれかに該当する場合には、記載する必要はありません。

ⓘ 「2．株式等保有特定会社」の「株式等保有割合」欄の③の割合及び「3．土地保有特定会社」の「土地保有割合」欄の⑥の割合は、1％未満の端数を切り捨てて記載します。

(iii) 「4．開業後3年未満の会社等」、「5．開業前又は休業中の会社」、「6．清算中の会社」の各欄を記載します。

4．開業後3年未満の会社等	(1) 開業後3年未満の会社	判定要素			判定基準	課税時期において開業後3年未満である	課税時期において開業後3年未満でない
		開業年月日	年　月　日		判定	該当	非該当
	(2) 比準要素数0の会社		直前期末を基とした判定要素			判定基準	直前期末を基とした判定要素がいずれも0
		判定要素	第4表の⑧の金額	第4表の⑥の金額	第4表の⑨の金額		である（該当）　・　でない（非該当）
			円　銭 0	円	円	判定	該当	非該当

5．開業前又は休業中の会社	開業前の会社の判定		休業中の会社の判定		6．清算中の会社	判定	
	該当	非該当	該当	非該当		該当	非該当

ⓘ 「(2)比準要素数0の会社」の「判定要素」の「直前期末を基とした判定要素」は、各欄が示している第4表の「2．比準要素等の金額の計算」の各欄の金額（第2表の「1．比準要素数1の会社」の「判定要素」の「(1)直前期末を基とした判定要素」の各欄の金額と同一となります。）を記載します。

ⓘ 評価会社が「(1)開業後3年未満の会社」に該当する場合には、「(2)比準要素数0の会社」の各欄は記載する必要はありません。

ⓘ 評価会社が「5．開業前又は休業中の会社」又は「6．清算中の会社」に該当する場合には、「4．開業後3年未満の会社等」の各欄は、記載する必要はありません。

ⓘ 「5．開業前又は休業中の会社」の各欄は、評価会社が「6．清算中の会社」に該当する場合には、記載する必要はありません。

ⓥ 「7．特定の評価会社の判定結果」の該当する番号を○で囲みます。

7．特定の評価会社の判定結果	1．比準要素数1の会社　　　　　　　2．株式等保有特定会社 3．土地保有特定会社　　　　　　　　4．開業後3年未満の会社等 5．開業前又は休業中の会社　　　　　6．清算中の会社 該当する番号を○で囲んでください。なお、上記の「1．比準要素数1の会社」欄から「6．清算中の会社」欄の判定において2以上に該当する場合には、後の番号の判定によります。

7. 一般の評価会社の評価方法（評価明細書　第3表）
(1)原則的評価方式の場合

大会社
- 類似業種比準価額方式
- 純資産価額方式の選択が可能
（純資産価額方式によって計算する場合には、同族株主の議決権割合が50％以下であっても20％の評価減は適用できません。）

中会社
- 類似業種比準価額と純資産価額方式との併用方式
  [類似業種比準価額×L]＋[純資産価額×(1－L)]
  ※Lの割合→0.90、0.75、0.60のいずれか（P.103参照）
- 純資産価額方式の選択が可能

小会社
- 純資産価額方式
- 類似業種比準価額と純資産価額方式との併用方式（L＝0.5とします。）の選択が可能

（注）株式の価額の修正
課税時期が直前期末と配当交付の効力発生日の間にある場合には株式の価額の修正を行います。

イ．配当期待権が発生している場合

株式の価額－1株当たりの配当金額＝修正後の株式の価額

ロ．株式の割当て又は株式無償交付の効力が発生している場合

$$\frac{株式の価額＋\binom{1株当たりの}{払込金額}×\binom{1株当たりの}{割当株式数}}{1＋\binom{1株当たりの割当株式数}{又は交付株式数}}＝修正後の株式の価額$$

（「1株当たりの割当株式数」及び「1株当たりの割当株式数又は交付株式数」は、1株未満の株式数を切り捨てずに実際の株式数を記載します。）

(2)特例的評価方式の場合（配当還元方式）

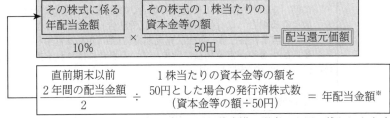

（※2円50銭未満の場合は2円50銭とします。）

（注1）この金額が(1)の原則的評価方式によって計算した価額を超えるときは、(1)の原則的評価による価額とします。

（注2）直前期末以前2年間の配当金額は、評価会社の配当金の総額を基に、第4表の類似業種比準価額を算定するときの1株あたりの年配当金額に準じて計算します。配当金の総額は、直前期の株主資本等変動計算書により確認します。

8. 株式等保有特定会社 (評基通189-3)	(1) 株式等保有特定会社の評価方法（評価明細書　第7表）

原則として純資産価額方式によって評価しますが、次の①「S$_1$の金額」と②「S$_2$の金額」との合計額によって評価することが可能です。

① S$_1$の金額（評価会社が所有する株式等とその株式等に係る受取配当収入がなかったとした場合の原則的評価方式による評価額）

類似業種比準価額で計算する場合

$$A \times \left[\frac{\frac{Ⓑ-ⓑ}{B} + \frac{Ⓒ-ⓒ}{C} + \frac{Ⓓ-ⓓ}{D}}{3} \right] \times \begin{cases} しんしゃく率 \\ 0.7 （大会社） \\ 0.6 （中会社） \\ 0.5 （小会社） \end{cases}$$

(P.110参照)

A＝類似業種の株価
B＝課税時期の属する年の類似業種の1株当たりの配当金額
C＝課税時期の属する年の類似業種の1株当たりの年利益金額
D＝課税時期の属する年の類似業種の1株当たりの純資産価額
Ⓑ＝評価会社の直前期末における1株当たりの配当金額
Ⓒ＝評価会社の直前期末以前1年間における1株当たりの利益金額
Ⓓ＝評価会社の直前期末における1株当たりの純資産価額
ⓑ＝Ⓑ×「受取配当金等収受割合」
ⓒ＝Ⓒ×「受取配当金等収受割合」
ⓓ＝(イ)＋(ロ)
　(イ)＝Ⓓ×[株式等の帳簿価額の合計額÷（総資産価額（帳簿価額））]
　(ロ)＝(利益積立金÷直前期末における発行済株式数（50円換算))
　　　×「受取配当金等収受割合」
　　　※利益積立金が負数のときは0とします。

(注1)

受取配当金
等収受割合
(1を限度とし、小
数3位未満切捨て) ＝ 直前期末以前2年間の受取配当金等の額の合計額 ÷ （直前期末以前2年間の受取配当金等の額の合計額 ＋ 直前期末以前2年間の営業利益の金額の合計額）

ただし、「直前期末以前2年間の営業利益の金額の合計額」が赤字の時（①計算結果が1を越える場合、②計算式の分母がゼロ又は負数となる場合）は「受取配当金等収受割合」を1とします。

また、営業利益とは、会社計算規則第121条に定める営業利益をいい、受取配当金等が営業利益に含まれている場合にはこれを控除します。

(注2)　ⓓは、Ⓓを限度とします。

純資産価額で計算する場合

$$\frac{\left\{ \left(\begin{array}{c} 各資産の \\ 相続税 \\ 評価額 \end{array} - \begin{array}{c} 株式等の \\ 相続税 \\ 評価額 \end{array} \right) - \begin{array}{c} 各負債の \\ -相続税 \\ 評価額 \end{array} \right\} - \left(\begin{array}{c} 株式等を除く純資産価 \\ 額の評価差額の37\% \\ 相当額 \end{array} \right)}{発行済株式数}$$

※評基通185ただし書の80%評価は適用可能です。

—121—

第7表　株式等保有特定会社の株式の価額の計算明細書

会社名

財産評価

株式等

〈取引相場のない株式（出資）の評価明細書〉

（令和六年一月一日以降用）

1. Sₗの金額

受取配当金等収受割合の計算	事業年度	① 直 前 期	② 直前々期	合計（①＋②）	受取配当金等収受割合
受取配当金等	受取配当金等の額	千円	千円	④ 千円	（④＋⑥）÷（④＋⑥） ※小数点以下3位未満切り捨て ⑥
	営業利益の金額	千円	千円	⑥ 千円	

| ⑧－⑤の金額 | 1株（50円）当たりの年配当金額（第4表の⑧）③ 円 銭 0 | ⑤の金額（③×⑥）④ 円 銭 0 | ⑧－⑤の金額（③－④）⑤ 円 銭 0 | |

| ⓒ－ⓔの金額 | 1株（50円）当たりの年利益金額（第4表のⓒ）⑥ 円 | ⓔの金額（⑥×⑥）⑦ 円 | ⓒ－ⓔの金額（⑥－⑦）⑧ 円 | |

ⓓ－ⓓの金額	（イ）の金額	1株（50円）当たりの純資産価額（第4表のⓓ）⑨ 円	直前期末の株式等の帳簿価額の合計額 ⑩ 千円	直前期末の総資産価額（帳簿価額）⑪ 千円	（イ）の金額（⑨×（⑩÷⑪））⑫ 円
	（ロ）の金額	利益積立金額（第4表の⑱の「直前期」欄の金額）⑬ 千円	1株当たりの資本金等の額を50円とした場合の発行済株式数（第4表の⑤の株式数）⑭ 株	（ロ）の金額（（⑬÷⑭）×⑥）⑮ 円	
	ⓓの金額（⑫＋⑮）⑯ 円	ⓓ－ⓓの金額（⑨－⑯）⑰ 円		

（注）1　⑥の割合は、1を上限とします。
　　　2　⑯の金額は、ⓓの金額（⑨の金額）を上限とします。

（類似業種比準価額等の計算）

1株50円当たりの類似業種比準価額の計算

類似業種と業種目番号	（No. ）		区 分	1株（50円）当たりの年配当金額	1株（50円）当たりの年利益金額	1株（50円）当たりの純資産価額	1株（50円）当たりの比準価額
類似業種の株価	課税時期の属する月	月 ○ 円	比準割合の計算	評価会社	⑤ 円 銭 0	⑧ 円	⑰ 円	⑱×⑲×0.7 ※
	課税時期の属する月の前月	月 ○ 円		類似業種 B	円 銭 0	C 円	D 円	※中会社は0.6小会社は0.5とします。
	課税時期の属する月の前々月	月 ○ 円		要素別比準割合	⑤/B	⑧/C	⑰/D	
	前年平均株価	○ 円			・	・	・	
	課税時期の属する月以前2年間の平均株価	○ 円		比準割合	$\frac{⑤/B+⑧/C+⑰/D}{3}$ = ⑲ ・			⑳ 円 銭 0
	A ○○○○のうち最も低いもの ⑱ 円						

類似業種と業種目番号	（No. ）		区 分	1株（50円）当たりの年配当金額	1株（50円）当たりの年利益金額	1株（50円）当たりの純資産価額	1株（50円）当たりの比準価額
類似業種の株価	課税時期の属する月	月 ○ 円	比準割合の計算	評価会社	⑤ 円 銭 0	⑧ 円	⑰ 円	㉑×㉒×0.7 ※
	課税時期の属する月の前月	月 ○ 円		類似業種 B	円 銭 0	C 円	D 円	※中会社は0.6小会社は0.5とします。
	課税時期の属する月の前々月	月 ○ 円		要素別比準割合	⑤/B	⑧/C	⑰/D	
	前年平均株価	○ 円			・	・	・	
	課税時期の属する月以前2年間の平均株価	○ 円		比準割合	$\frac{⑤/B+⑧/C+⑰/D}{3}$ = ㉒ ・			㉓ 円 銭 0
	A ○○○○○のうち最も低いもの ㉑ 円						

1株当たりの比準価額	比準価額（⑳と㉓とのいずれか低い方の金額）× $\dfrac{第4表の④の金額}{50円}$	㉔ 円

比準価額の修正	直前期末の翌日から課税時期までの間に配当金交付の効力が発生した場合	比準価額（㉔の金額）－ 1株当たりの配当金額　円　銭	修正比準価額 ㉕ 円
	直前期末の翌日から課税時期までの間に株式の割当て等の効力が発生した場合	比準価額（㉔（㉕がある ときは㉕）の金額）＋ 割当株式1株当たりの払込金額　円　銭 × 1株当たりの割当株式数　株 ÷（1株＋ 1株当たりの割当株式数又は交付株式数　株）	修正比準価額 ㉖ 円

第8表　株式等保有特定会社の株式の価額の計算明細書（続）

会社名

令和六年一月一日以降用

（取引相場のない株式（出資）の評価明細書）（続）

1. S₁の金額

純資産価額（相続税評価額）の修正計算

相続税評価額による純資産価額 （第5表の⑤の金額）	課税時期現在の株式等の価額の 合計額（第5表の⑰の金額）	差　　引 （①－②）
①　　　　　　　　千円	②　　　　　　　　千円	③　　　　　　　　千円

帳簿価額による純資産価額 （第5表の⑥の金額）	株式等の帳簿価額の合計額 （第5表の⑰＋（⊜－⑳）の金額）（注）	差　　引 （④－⑤）
④　　　　　　　　千円	⑤　　　　　　　　千円	⑥　　　　　　　　千円

評価差額に相当する金額 （③－⑥）	評価差額に対する法人税額等相当額 （⑦×37%）	課税時期現在の修正純資産価額 （相続税評価額）（③－⑧）
⑦　　　　　　　　千円	⑧　　　　　　　　千円	⑨　　　　　　　　千円

課税時期現在の発行済株式数 （第5表の⑩の株式数）	課税時期現在の修正後の1株当たりの 純資産価額（相続税評価額）（⑨÷⑩）	（注）第5表の⊜及び⑳の金額に株式等 以外の資産に係る金額が含まれてい る場合には、その金額を除いて計算 します。
⑩　　　　　　　　株	⑪　　　　　　　　円	

1株当たりのS₁の金額の計算の基となる金額

修正後の類似業種比準価額 （第7表の㉔、㉘又は㉙の金額）	修正後の1株当たりの純資産価額 （相続税評価額）（⑪の金額）	
⑫　　　　　　　　円	⑬　　　　　　　　円	

1株当たりのS₁の金額の計算

区　分	1株当たりのS₁の金額の算定方法	1株当たりのS₁の金額
比準要素数1である会社のS₁の金額	次のうちいずれか低い方の金額 イ　⑬の金額 ロ　（⑫の金額 × 0.25）＋（⑬の金額 × 0.75）	⑭　　　　　　円
上記以外の会社 大会社のS₁の金額	次のうちいずれか低い方の金額（⑬の記載がないときは⑫の金額） イ　⑫の金額 ロ　⑬の金額	⑮　　　　　　円
中会社のS₁の金額	（⑫と⑬とのいずれか × Lの割合）＋（⑬の金額 × （1－ Lの割合 ）） 　低い方の金額　　　0.　　　　　　　　　　　　　　　　　0.	⑯　　　　　　円
小会社のS₁の金額	次のうちいずれか低い方の金額 イ　⑬の金額 ロ　（⑫の金額 × 0.50）＋（⑬の金額 × 0.50）	⑰　　　　　　円

② S₂の金額（評価会社が所有する株式等を評価通達の定めにより評価した価額）

$$\frac{\left(\begin{array}{c}株式等（自己株式を除く）\\の相続税評価額\end{array}\right) - \left\{\left(\begin{array}{c}株式等の相続税\\評価額\end{array}\right) - \left(\begin{array}{c}株式等の\\帳簿価額\end{array}\right)\right\} \times 37\%}{発行済株式数}$$

注1　｛　｝内が負数のときは、0とします。

注2　この場合には、評基通185ただし書の80%評価の適用はありません。

2. S₂の金額

課税時期現在の株式等 の価額の合計額 （第5表の⑰の金額）	株式等の帳簿価額の合計額 （第5表の⑰＋（⊜－⑳）の金額）（注）	株式等に係る評価差額 に相当する金額 （⑱－⑲）	⑳の評価差額に対する 法人税額等相当額 （⑳×37%）
⑱　　　　　千円	⑲　　　　　千円	⑳　　　　　千円	㉑　　　　　千円

S₂の純資産価額相当額 （⑱－㉑）	課税時期現在の 発行済株式数 （第5表の⑩の株式数）	S₂の金額 （㉒÷㉓）	（注）第5表の⊜及び⑳の金 額に株式等以外の資産に係 る金額が含まれている場合 には、その金額を除いて計 算します。
㉒　　　　　千円	㉓　　　　　株	㉔　　　　　円	

3. 株式等保有特定会社の株式の価額

1株当たりの純資産価額（第5表の ⑪の金額（第5表の⑫の金額がある ときはその金額））	S₁の金額とS₂の金額との合計額 （（⑭、⑮、⑯又は⑰）＋㉔）	株式等保有特定会社の株式の価額 （㉕と㉖とのいずれか低い方の金額）
㉕　　　　　円	㉖　　　　　円	㉗　　　　　円

9. 種類株式の評価	**(1) 配当優先株式** 配当について優先・劣後のある株式を発行している会社の株式の評価は、次の調整を行います。 ① 類似業種比準方式により評価する場合 　比準要素のうち「1株当たりの配当金額Ⓑ」の計算は、株式の種類ごとにその株式に係る実際の配当金により行います。 ② 純資産価額方式により評価する場合 　配当優先の有無にかかわらず純資産価額方式によります。（調整なし） **(2) 無議決権株式** 同族株主（原則的評価方式が適用される同族株主等をいいます。）が無議決権株式を相続又は遺贈により取得した場合 ① 原則 　議決権の有無を考慮せずに評価します。 ② 調整計算（選択適用） 　次の条件のすべてを満たす場合には納税者の選択により、上記(1)配当優先株式の評価又は原則的評価方式により評価した価額から、その価額に5％を乗じて計算した金額を控除した金額により評価するとともに、その控除した金額を議決権のある株式の価額に加算した金額で評価することができます。 【条件】 イ　その株式について、相続税の法定申告期限までに、遺産分割協議が確定していること。 ロ　相続又は遺贈により、その会社の株式を取得したすべての同族株主から、相続税の法定申告期限までに、無議決権株式の価額について5％を乗じて計算した金額を控除し、その控除した金額を議決権のある株式の価額に加算して申告することについての届出書が所轄税務署長に提出されていること。 ハ　相続税の申告に当たり、評価明細書に、調整計算の算式に基づく無議決権株式及び議決権のある株式の評価額の算定根拠を適宜の様式に記載し、添付していること。

（調整計算の算式）

$$\text{無議決権株式の評価額（単価）} = \left[\begin{array}{c} \text{調整計算前の無議決権株式} \\ \text{の1株当たりの評価額} \end{array} \right] \times 0.95$$

$$\text{議決権のある株式への加算額} = \left[\begin{array}{c} \text{調整計算前の無議決} \\ \text{権株式の1株当たり} \\ \text{の評価額} \end{array} \times \begin{array}{c} \text{無議決権株式} \\ \text{の株式総数} \end{array} \times 0.05 \right] = \chi$$

$$\text{議決権のある株式の評価額（単価）} = \left[\begin{array}{c} \text{調整計算前の議決} \\ \text{権のある株式の1} \\ \text{株当たりの評価額} \end{array} \times \begin{array}{c} \text{議決権のある} \\ \text{株式の株式総数} \end{array} + \chi \right] \div \begin{array}{c} \text{議決権のある} \\ \text{株式の株式総数} \end{array}$$

(注)「株式総数」は、同族株主がその相続又は遺贈により取得したその株式の総数をいいます。（配当還元方式により評価する株式及び社債類似株式を除きます。）

（別添）

（　　枚中の　　枚目）

無議決権株式の評価の取扱いに係る選択届出書

令和　　年　　月　　日

_____税務署長　殿

住　所_____

氏　名_____印

住　所_____

氏　名_____印

住　所_____

氏　名_____印

（被相続人氏名）

令和___年___月___日に相続開始した被相続人_____に係る相続

（法人名）

税の申告において、相続又は遺贈により同族株主が取得した_____の

発行する無議決権株式の価額について、この評価減の取扱いを適用する前の評価額からそ

の価額に５パーセントを乗じて計算した金額を控除した金額により評価するとともに、当

該控除した金額を当該相続又は遺贈により同族株主が取得した当該会社の議決権のある株

式の価額に加算して申告することを選択することについて届出します。

(3)社債類似株式

① 次の条件を満たす株式（社債類似株式）については、評価通達197-2《利付公社債の評価》の(3)に準じて発行価額により評価します。(P.129(1)「上記以外」参照)　なお、既経過利息に相当する配当金の加算は行いません。

また、社債類似株式を発行している会社の社債類似株式以外の株式の評価に当たっては、社債類似株式を社債であるものとして計算します。

【条件】

イ　配当金については優先して分配する。

また、ある事業年度の配当金が優先配当金に達しないときは、その不足額は翌事業年度以降に累積することとするが、優先配当金を超えて配当しない。

ロ　残余財産の分配については、発行価額を超えて分配は行わない。

ハ　一定期日において、発行会社は本件株式の全部を発行価額で償

還する。

ニ　議決権を有しない。

ホ　他の株式を対価とする取得請求権を有しない。

②　社債類似株式を発行している会社の社債類似株式以外の株式の評価

社債類似株式を発行している会社の社債類似株式以外の株式は、社債類似株式を社債であるものとして、次の(i)及び(ii)により評価します。

(i)　**類似業種比準方式**

ⅰ　1株当たりの資本金等の額等の計算

社債類似株式に係る資本金等の額及び株式数はないものとして計算します。

ⅱ　1株（50円）当たりの年配当金額Ⓑ

社債類似株式に係る配当金はないものとして計算します。

ⅲ　1株（50円）当たりの年利益金額Ⓒ

社債類似株式に係る配当金を費用として利益金額から控除して計算します。

ⅳ　1株（50円）当たりの純資産価額Ⓓ

社債類似株式の発行価額は負債として簿価純資産価額から控除して計算します。

(ii)　**純資産価額方式**

ⅰ　社債類似株式の発行価額の総額を負債（相続税評価額及び帳簿価額）に計上します。

ⅱ　社債類似株式の株式数は発行済株式数から除外します。

(4)拒否権付株式

拒否権の有無にかかわらず普通株式と同様に評価します。

(注)　拒否権付株式とは、会社法第108条第1項第8号に規定する株主総会の決議に対して拒否権の行使が認められた株式をいいます。

財　産　評　価

株式等

■株式に関する権利の評価

範囲及び評価方法

(1)株式の割当てを受ける権利（評基通168(4)、190）

範囲	評価方法
株式の割当基準日の翌日から株式の割当ての日までの間における株式の割当てを受ける権利をいいます。	財産評価基本通達の定めにより評価した株式の価額（いわゆる権利落後の株式の価額） ー 株式1株につき払い込むべき金額 ＝ 株式の割当てを受ける権利の価額

(2)株主となる権利（評基通168(5)、191）

範囲	評価方法	
株式の申込みに対して割当てがあった日の翌日（※1）から会社の設立登記の日の前日（※2）までの間における株式の引受けに係る権利をいいます。 ※1 会社の設立に際し発起人が引受けをする会社にあっては、その引受けの日をいいます。 ※2 株式の割当ての場合にあっては、払込期日をいいます。	会社設立の場合	課税時期以前にその株式1株につき払い込んだ価額によって評価します。
	上記以外の場合	株主となる権利の発生している株式（上場株式、気配相場等のある株式及び取引相場のない株式）について、それぞれの株式の区分ごとに、財産評価基本通達の定めにより評価した株式の価額に相当する金額により評価します。ただし、課税時期の翌日以後に払い込むべき金額がある場合には、割当てを受けた株式1株につき払い込むべき金額を控除します。

〈参考〉「株式の割当てを受ける権利」と「株主となる権利」の区分

（権利落ち）　（基準日）　　（株式の割当日）　　（払込期日）
▼　　　　　　▼　　　　　　▼　　　　　　　　　▼
株式 ｜ 株式の割当てを受ける権利 ｜ 株主となる権利 ｜ 株式
　　　｜　　　　　　　　　　　　株式　　　　　　　　　　　　｜

(3)株式無償交付期待権（評基通168(6)、192）

範囲	評価方法
株式無償交付の基準日の翌日から株式無償交付の効力が発生する日までの間における株式の無償交付を受けることができる権利をいいます。	株式無償交付期待権の発生している株式（上場株式、気配相場等のある株式及び取引相場のない株式）について、それぞれの株式の区分ごとに、財産評価基本通達の定めにより評価した株式の価額に相当する金額により評価します。

(4)配当期待権（評基通168(7)、193）

範囲	評価方法
配当金交付の基準日の翌日から配当金交付の効力が発生する日までの間における配当金を受け取ることができる権利をいいます。	課税時期後に受けると見込まれる予想配当金額（①） ー ①につき源泉徴収されるべき所得税の額に相当する金額 ＝ 配当期待権の価額

〈参考〉

(5)ストックオプション（評基通168(8)、193-2）

範囲	評価方法
会社の取締役、従業員等が自社の株式を予め定められた価額（権利行使価額）で購入できる権利をいいます。（評価対象になるのは、上場又は気配相場等のある株式で、課税時期が権利行使期間内にあるものです。）	①上場株式の評価（評基通169から172）又は気配相場等のある株式の評価（評基通174から177-2）を準用した評価額 ②権利行使価額 ③(①－②)×(ストックオプション1個の行使により取得できる株式数) ※③＜0のときは、0

(6)上場新株予約権（評基通168(9)、193-3）

範囲		評価方法
新株予約権無償割当てにより株主に割り当てられた新株予約権	金融商品取引所に上場されているもの	取引所が公表する課税時期の最終価格と上場期間中の新株予約権の毎日の最終価格の平均額の、いずれか低い金額
	上場廃止後権利行使期間内にあるもの	①課税時期におけるその目的たる株式の価額 ②権利行使価額 ③(①－②)×(新株予約権1個の行使により取得できる株式数) ※③＜0のときは、0

■出資等の評価

1. 持分会社の出資 （評基通194）	・出資持分を承継取得した場合には、取引相場のない株式に関する評価方法を準用して評価します。 ・出資者の死亡退社の場合には、相続人がその出資に係る持分払戻請求権を取得したことになります。 ・合名会社、合資会社の無限責任社員は、死亡と同時に退社し、その持分については、定款に別段の定めのある場合のほかは払戻しを受けることになります。

①定款に相続人が社員の地位を承継できる旨の定めがあり持分を承継する場合	取引相場のない株式の評価方法に準じて評価
②持分の払戻しを受ける場合	純資産価額
③会社が債務超過の場合	超過部分の債務は無限連帯社員の連帯債務とし、債務を負担した相続人で債務控除

2. 医療法人（評基通194-2）

(1)医療法人の区分及び評価方法

区分			評価方法
財団たる医療法人	──		評価しません。
社団たる医療法人	持分の定めのないもの		
	持分の定めのあるもの		取引相場のない株式の評価に準じて評価します。

(2)取引相場のない株式の評価方法との相違点

医療法人は、次の理由により、取引相場のない株式の評価方法をそのまま準用できません。

①剰余金の配当が禁止されている。

②各社員には出資義務が強制されておらず、社員には出資を有するものと出資を有しないものとの併存が禁止されていない。

③各社員の議決権は平等であり、出資と議決権とが結びついていない。

したがって、取引相場のない株式とは次の相違点があります。

評価方式	配当還元方式による特例的評価方式はありません。
類似業種比準価額の計算式	$A \times \left[\dfrac{\dfrac{ⓒ}{C} + \dfrac{ⓓ}{D}}{2} \right] \times \left\{ \begin{array}{l} 0.7 \ (大会社) \\ 0.6 \ (中会社) \\ 0.5 \ (小会社) \end{array} \right\}$
純資産価額	出資割合が50%以下の場合においても80%評価はできません。
「比準要素数1」の医療法人	類似業種比準価額 $\times$ 0.25 $+$ 純資産価額 $\times$ $(1-0.25)$ または、 純資産価額
「$S_1 + S_2$」方式における類似業種比準価額の修正計算式	$A \times \left[\dfrac{\dfrac{ⓒ-ⓒ}{C} + \dfrac{ⓓ-ⓓ}{D}}{2} \right] \times \left\{ \begin{array}{l} 0.7 \ (大会社) \\ 0.6 \ (中会社) \\ 0.5 \ (小会社) \end{array} \right\}$
配当期待権の評価	なし
その他	①会社規模の判定においては「小売・サービス業」とします。 ②類似業種比準価額の計算を行う場合の類似業種は、その他の産業（No.113）を採用します。

(P.110参照)

(P.120参照)

(3)出資額限度法人に移行した医療法人の評価

〈文書回答事例〉
(H16.6.8)

出資額限度法人とは、持分の定めのある社団たる医療法人のうち、出資持分を残したまま、社員の退社時における出資払戻請求権及び医療法人の解散時における残余財産分配請求権に関し、その法人財産に及ぶ範囲を実際の払込出資額を限度とすることを定款上明らかにしたものをいいます。

社員が死亡により退社した場合の出資の評価

相続人等が出資を相続等により承継した場合	通常の持分の定めのある社団たる医療法人と同様の評価（評基通194-2）
相続人等が現実に出資払込額の払戻しを受けた場合	出資払込額により評価 ※1　一定の場合には、他の出資者に対する出資価額の増加額についてみなし贈与が発生 ※2　あらかじめ出資持分を取得することを予定して払戻しを受けていると認められる場合は出資としての価額として評価

3. 農業協同組合等
（評基通195）

農業協同組合、漁業協同組合等の一般的な産業団体に対する出資の価額は、払込済出資金額によって評価します。

4. 企業組合等
（評基通196）

企業組合、漁業生産組合等に対する出資の価額は、取引相場のない株式の評価方法を準用して、純資産価額により評価します。

なお、出資割合が50%以下の場合においても80%評価はできません。

■公社債等の評価

1. 公社債 （評基通197(1)、197-2）

(1)利付公社債

範囲	評価方法	
券面に利札の付いている債券	金融商品取引所に上場されているもの	$\left\{\binom{\text{課税時期}}{\text{の最終価}\atop\text{格等}} + \binom{\text{源泉所得税（復興特別}}{\text{所得税等を含みます。}\atop\text{以下同じ）相当額控除}\atop\text{後の既経過利息の額}}\right\} \times \dfrac{\text{券面額}}{100\text{円}}$
	(注1)	国内の2以上の金融商品取引所に上場されている場合は、東京金融商品取引所と納税地の最寄りの金融商品取引所を選択することができます。
	(注2)	「課税時期の最終価格等」は、日本証券業協会において、売買参考統計値が公表される銘柄として選定されている公社債の場合、日本証券業協会の公表する平均値と最終価格のうち低い方を採用します。
	(注3)	課税時期に最終価格等がない場合は、課税時期前で最も近い日の最終価格等によります。
	日本証券業協会において売買参考統計値が公表される銘柄として選定されているもの	$\left\{\binom{\text{課税時期}}{\text{の平均値}} + \binom{\text{源泉所得税相当額控除}}{\text{後の既経過利息の額}}\right\} \times \dfrac{\text{券面額}}{100\text{円}}$ (注) 課税時期に平均値がない場合は、課税時期前で最も近い日の平均値によります。
	上記以外	$\left\{\binom{\text{発行}}{\text{価額}} + \binom{\text{源泉所得税相当額控除}}{\text{後の既経過利息の額}}\right\} \times \dfrac{\text{券面額}}{100\text{円}}$

※個人向け国債

個人向け国債は、課税時期において中途換金した場合に取扱機関から支払を受けることができる価額により評価します。

$$\text{（額面金額）} + \binom{\text{源泉所得税相当額控除}}{\text{前の既経過利息の額}} - \text{（中途換金調整額）}$$

(注)財務省ホームページで中途換金の計算ができます。

財務省→個人向け国債→個人向け国債シミュレーション→中途換金シミュレーション→〈種類〉、〈回号〉、〈中途換金実施日〉、〈金額〉を入力

(2)割引発行の公社債 （評基通197(2)、197-3(1)(2)(3)）

範囲	評価方法	
券面額を下回る価格で発行される債券で、利子に代えて券面額と発行価格の差額（償還差益）のあるもの	金融商品取引所に上場されているもの	$\binom{\text{課税時期の}}{\text{最終価格等}} - \dfrac{\text{償還差益に係る}}{\text{源泉所得税相当額}}） \times \dfrac{\text{券面額}}{100\text{円}}$ (注) 利付公社債の場合と同じ

券面額を下回る価格で発行される債券で、利子に代えて券面額と発行価格の差額（償還差益）のあるもの	日本証券業協会において売買参考統計値が公表される銘柄として選定されているもの	$\left(\dfrac{\text{課税時期}}{\text{の平均値}} - \dfrac{\text{償還差益に係る}}{\text{源泉所得税相当額}}\right) \times \dfrac{\text{券面額}}{100\text{円}}$ （注1）利付公社債の場合と同じ （注2）割引金融債は除く
	上記以外	$\left\{\dfrac{\text{発行}}{\text{価額}} + \left(\text{券面額} - \dfrac{\text{発行}}{\text{価額}}\right) \times \dfrac{\left(\begin{array}{c}\text{発行日から課税}\\\text{時期までの日数}\end{array}\right)}{\left(\begin{array}{c}\text{発行日から償還}\\\text{期限までの日数}\end{array}\right)}\right.$ $\left. - \dfrac{\text{償還差益に係る}}{\text{源泉所得税相当額}}\right\} \times \dfrac{\text{券面額}}{100\text{円}}$ 割引金融債を評価する場合、売出価額に、源泉所得税相当額が含まれていますので、「発行価額＝売出価額－源泉所得税相当額」となります。

(3)元利均等償還が行われる公社債（評基通197(3)、197-4）

範囲	評価方法
元本と利息が毎年均等額で償還される公社債（遺族国庫債券及び引揚者国庫債券）	定期金に関する権利（法24①一、有期定期金）を準用して評価します（P.141参照）。

(4)転換社債型新株予約権付社債（評基通197(4)、197-5）

範囲		評価方法
一定の条件のもとに発行会社の株式に自由に転換できる権利を付与されている社債	金融商品取引所に上場されているもの	$\left\{\left(\begin{array}{c}\text{課税時期の}\\\text{最終価格}\end{array}\right) + \left(\begin{array}{c}\text{源泉所得税相当額控除}\\\text{後の既経過利息の額}\end{array}\right)\right\} \times \dfrac{\text{券面額}}{100\text{円}}$ （注）課税時期に最終価格がない場合は、課税時期前で最も近い日の最終価格
	日本証券業協会において店頭転換社債として登録されているもの	$\left\{\left(\begin{array}{c}\text{課税時期の}\\\text{最終価格}\end{array}\right) + \left(\begin{array}{c}\text{源泉所得税相当額控除}\\\text{後の既経過利息の額}\end{array}\right)\right\} \times \dfrac{\text{券面額}}{100\text{円}}$ （注）課税時期に最終価格がない場合は、課税時期前で最も近い日の最終価格

—131—

一定の条件のもとに発行会社の株式に自由に転換できる権利を付与されている社債	上記以外で転換社債の発行会社の株式について、「株価」＞「転換社債の転換価格」となっている場合	転換社債の発行会社の株式の価額（注）$\times \dfrac{100円}{転換社債の転換価格}$ （注）①上場株式又は気配相場のある株式である場合は、「上場株式・気配相場のある株式の評価」を準用して評価した価額 ②取引相場のない株式である場合は、「取引相場のない株式の評価」を準用して評価した株式の価額に次の修正を行います。 $\dfrac{（修正前株価）+（転換価格）\times（増資割合※）}{1+（増資割合※）}$ ※増資割合とは、次の割合をいいます。 $増資割合=\dfrac{\left(\dfrac{株式に転換されていない}{転換社債の券面総額}\right)\div\left(\dfrac{転換}{価格}\right)}{課税時期の発行済株式数}$
	上記以外で「株価」＜「転換価格」となっている場合	$\dfrac{転換社債の}{発行価額}+\left(\dfrac{源泉所得税相当額控除}{後の既経過利息の額}\right)$

2. 貸付信託受益証券（評基通198）

範囲	評価方法
信託財産を運用して得られる利益を受けることができる権利（受益権）を表示した有価証券	$\left(\dfrac{元本}{の額}\right)+\left(\dfrac{既経過}{収益の額}\right)-\left(\dfrac{既経過収益の額につき源泉}{徴収されるべき所得税の額}に相当する金額\right)-\left(\dfrac{買取}{割引料}\right)$

3. 証券投資信託受益証券（評基通199）

範囲		評価方法
証券投資信託法に基づいて募集発行される証券（いつでも売買でき、中途解約によって換金することもできる）	中期国債ファンド、MMF等の日々決算型のもの	$\left(\dfrac{一口当りの基準価額}\right)\times\left(\dfrac{口}{数}\right)+\left(\dfrac{再投資されていない未収分配金}\right)-\left(\dfrac{未収分配金につき源泉徴収されるべき所得税の額に相当する金額}\right)-\left(\dfrac{信託財産留保額及び解約手数料（消費税額に相当する額を含む）}\right)$
	上場されている証券投資信託の受益証券	上場株式の評価（評基通169から172）を準用して評価
	上記以外	$\left(\dfrac{一口当りの基準価額}\right)\times\left(\dfrac{口}{数}\right)-\left(\dfrac{課税時期において解約請求した場合に源泉徴収されるべき所得税の額に相当する金額}\right)-\left(\dfrac{信託財産留保額及び解約手数料（消費税額に相当する額を含む）}\right)$ （注）課税時期の基準価額がない場合には、課税時期前で最も近い日の基準価額とします。

4. 不動産投資信託証券（J-REIT）（評基通213）

範囲	評価方法
不動産を主な運用対象とする投資信託で、不動産投資法人の投資証券及び不動産投資信託の受益証券（上場されているものに限ります。）	上場株式の評価（評基通169から172）を準用して評価

財産評価

公社債等

■ゴルフ会員権の評価

ゴルフ会員権別の評価方法 （評基通211）		課税時期における通常の取引価格×70％＝評価額	
	(1)取引相場のある会員権	（注）取引価格に含まれない預託金等がある場合には、次の金額を加算します。 ①課税時期において直ちに返還を受けることができる預託金等は、その金額 ②課税時期から一定期間経過後に返還を受けることができる預託金等は、返還を受けることができる金額の、課税時期から返還を受ける日までの期間（期間が1年未満であるとき、又は1年未満の端数があるときは、1年とします。）に応ずる長期・中期・短期のいずれかの基準年利率による複利現価の額	
	(2)取引相場のない会員権	①預託金制会員権	(1)の（注）①②により計算した金額
		②株式制会員権	課税時期において取引相場のない株式として評価した金額
		③株式と預託金の併用制の会員権	株式の価額（取引相場のない株式としての評価額） ＋預託金等((1)の（注）①②により計算した金額)
	(3)プレー権のみの会員権	評価の対象としない。	

■貸付金債権の評価

貸付金債権 （評基通204、205）	貸付金、売掛金、未収入金、預貯金以外の預け金、仮払金、その他これらに類するものの価額は、元本の価額と利息の価額との合計額とします。 (1) 元本の価額＝返済されるべき金額 　※債権金額の全部又は一部について、課税時期において、①手形交換所における取引停止処分や破産手続開始決定など一定の事実が発生しているとき、②債権者集会の協議による債権の切捨て等、③金融機関のあっせんに基づくなど真正に成立したものと認められる債権の切捨て等、④その他その回収が不可能又は著しく困難であると見込まれるときには、それらの金額は元本の価額に算入しません。 (2) 利息の価額＝課税時期現在の既経過利息 （注）被相続人の同族会社に対する貸付金が回収可能性がないと判断するには、上記(1)④について(1)①～③と同程度に債権回収が著しく困難であることが確実と認められることが必要（同族会社への貸付債権の評価額を零とする納税者の主張が退けられた判決・裁決が多い。）。

■預貯金の評価

1. 預貯金 （評基通203）	預貯金の評価は次の算式により行います。（※）復興特別所得税の額を含みます。 預入高＋既経過利子の額－源泉所得税相当額[※]＝評価額
2. 既経過利子等	(1)既経過利子の計算 　①課税時期現在における中途解約利率により計算します。 　②中間利息の支払があるものについては、預入日から課税時期までの期間について所定の解約利率によって計算した既経過利子の額から既に支払を受けた中間利息の額を控除した金額によって計算します。 　③定期預金、定期郵便貯金、定額郵便貯金以外の預貯金で、課税時期現在の既経過利子の額が少額なものに限り、課税時期現在の預入高によって評価します。 　　→普通預金などは、既経過利子の計算は不要です。 　　→定期預金等については、既経過利子の計算は必ず行います。 (2)定額郵便貯金の評価方法 　定額郵便貯金は、最長預入期間が10年で、据置期間（預入後6か月）経過後はいつでも払戻しが可能です。利息の計算は6か月ごとの複利計算で行い、利息計算期間は月割で、預入の月から課税時期の属する月の前月までの期間（月単位）とします。 $\{元金 \times (1+\dfrac{利率}{2})^n\} \times (1+利率 \times \dfrac{m}{12}) - 元金 = 既経過利子$ （預入期間の月数＝6か月×n＋mか月） 【計算例】（元本の額）3,000,000円、（預入日）令和元年8月15日、 　　　　（課税時期）令和5年3月25日、（預入期間）43か月、 　　　　（適用利率）0.4％、（源泉徴収）20.315％（15％×1.021[※]＋5％） 　　　　　　　（※）復興特別所得税（平成25年1月1日から令和19年12月31日まで） 3,000,000円＋43,266円(イ)－8,789円(ロ)＝3,034,477円 (イ)　$\{3,000,000円 \times (1+\dfrac{0.004}{2})^7\} \times (1+0.004 \times \dfrac{1}{12}) - 3,000,000円 = 43,266円$ (ロ)　43,266円×20.315％＝8,789円

■邦貨換算

邦貨換算 （評基通4-3）	外貨建てによる財産及び国外にある財産の邦貨換算は、納税義務者の取引金融機関が公表する課税時期における最終のTTB（対顧客直物電信買相場）によります。 ※課税時期に相場がないときには、課税時期前で最も近い日のTTBによります。

■暗号資産

暗号資産の評価 （評基通4-3、5）	暗号資産については、評価通達に定める評価方法に準じて評価します。 (1)暗号資産取引所等において十分な数量及び頻度で取引が行われ、継続的に価格情報が提供されている暗号資産⇒外国通貨に準じて、相続人等が取引を行っている暗号資産交換業者が公表する課税時期における取引価格（残高証明書に記載されたものを含む）によって評価します。 (2)客観的な交換価値を示す一定の相場が成立していない暗号資産⇒その暗号資産の内容や性質、取引実態等を勘案し個別に評価します（売買実例価額、精通者意見価格等を参酌して評価する方法等）。

財産評価

ゴルフ会員権

貸付金債権

預貯金等

■家族名義の預金等

1. 名義預金の取扱い	被相続人の遺産であるかどうかは、形式ではなく実質で判断します。被相続人以外の者の名義になっている財産でも、その財産を被相続人が管理しており、かつ、その財産の取得資金を被相続人が支出している場合は、相続財産に含まれるものがあります。 ・家族名義預金が被相続人の財産と考えられる例 ① 家族名義の定期預金と被相続人名義の定期預金の届出住所・届出印・申込書の筆跡が同一であり、これに使用された印鑑が同一であった。 ② 被相続人から贈与を受けた現金で取得した家族名義の定額郵便貯金・株式等について、現金を贈与したと認定できる証拠がないこと、贈与税の申告がされておらず、被相続人の指示に相続人が従っていたこと。 ③ 被相続人と配偶者の協力により蓄財したものであるが、被相続人の所有に帰属するとの認識の下、被相続人が管理支配していた。
2. 家族名義預金の判定例	名義人が実質所有者であることを証明できるか 名義口座の届出住所は被相続人の口座と同一か 名義口座に使用している印鑑は被相続人使用の印鑑と同一か 名義口座の開設届出書、定期預金等の申込書の筆跡は被相続人のものと同一か 家族名義預金等の開設又は多額の入金をした時、被相続人に多額の収入がなかったか 被相続人から相続人等への贈与の事実及び贈与税の申告があるか 資金運用の指示は誰が行っていたか 家族名義預金等の形成の過程はどうであったか その家族の年齢・職業・収入から考えて妥当な残高か 通帳等の保管は誰がしていたか 相続開始直前に預貯金から引き出した現金を把握しているか 被相続人及び家族名義の口座間取引を確認したか
3. 預金の残高の推移	一般的に預貯金については、残高証明書に記載された金額のみをもって相続財産として計上することには問題があります。 　被相続人の各口座・家族名義の口座・有価証券取引明細書等の過去5年分程度の入出金履歴を作成し、預金等の移動・他の資産への化体等の確認をします。 　概ね100万円以上の資金移動については、移動日付、移動金額、移動状況及びその理由、移動に伴う課税関係の有無と、相続財産への反映の有無を検討することが必要です。 　また、課税時期直前における預金の出金については手許現金として相続税の課税対象とすべきものか否かを検討します。

（例）

（単位：千円）

名義人 年月日	被相続人				妻A		長男B	土地購入など	
	··銀行··支店	··銀行··支店		··証券··支店	ゆうちょ銀行	··銀行··支店	··銀行··支店		
	普通預金	普通預金	定期預金		定額貯金	定期預金	定期預金	購入	譲渡
H30.4.28	−600 →				600				
H30.5.6	500 ←		−500						
H30.7.16	−3,000 →					3,000			
H30.12.8	2,780 ←			−2,780					
H30.12.8	−2,780 →						2,780		
H31.3.4		135,000 ←							−135,000
H31.3.10		−100,000 →	60,000			30,000 ↑	10,000 ↑		土地譲渡
H31.4.28	−1,100 →				1,100				
R2.4.28	−1,100 →				1,100				
R3.4.28	−1,100 →				1,100				
R4.8.4	−4,680 →			4,680					土地譲渡
R4.9.17		8,000 ←							−8,000
R4.10.5	−5,000 →						5,000		
R5.4.18			−3,000 ⎫ （※3）					車輛購入	
R5.4.19			−1,000 ⎭						
R5.4.20	相続開始								
					（※1）	（※2）	（※2）	（※4）	

（※1）
妻Aの定額郵便貯金への毎年の入金は、贈与税の非課税の範囲内で計画的に行われていたが、妻はこの事実を知らず、通帳の管理・運営及び払戻し等については、すべて被相続人の判断で行っていた。
→妻の定額貯金は被相続人の財産に帰属

（※2）
妻A、長男Bの定期預金は被相続人の預金が原資となっており、定期預金証書・届出印の管理は、被相続人が行っていた。
→妻と長男の定期預金は被相続人の財産に帰属

（※3）
相続開始直前の出金
　R5.4.18出金の300万円のうち、30万円はその日に病院に支払をし、残りの270万円はR5.4.23葬儀社へ支払をした。
　R5.4.19出金の100万円のうち、R5.4.25に10万円を病院の請求に基づき支払い、残りは当座の生活費として自宅においていた。
→相続開始時に手許にある現金370万円は相続財産として計上します。
　（葬儀費用270万円と病院代10万円は債務控除の対象となります。）

（※4）
車両が相続財産となっているか確認を要します。

4. 生前贈与との関係	①被相続人（贈与者）と受贈者との間の贈与について、両者の意思が客観的に確認できること、 ②被相続人（贈与者）から受贈者に移動した預金等につき、贈与後は受贈者が自由に使用収益できていたこと（通帳及びカード又は証書等が受贈者固有の印鑑を届出印として作成され、届出住所は受贈者の住所

であり、その預金の入出金及び解約権が受贈者にあること)、
③移動金額が110万円を超える場合には、贈与税の申告納付が行われていること、
などの場合には、生前に贈与があったものとして取り扱います。

5. 金融資産に関する確認事項の例	(現金・預貯金)

① 次の入出金口座は確認しているか。(家族名義預金を含む。)
　　ⅰ　水道光熱費等の公共料金の自動引落し
　　ⅱ　定期預金の利息・配当金の入金
　　ⅲ　賃貸マンションを経営している場合の家賃の入金
　　ⅳ　大口の入出金・振込みの相手口座・取得資産又は売却資産
　　ⅴ　過年度の譲渡代金の入金先
　　ⅵ　相続税・所得税等の納付のための出金
　　ⅶ　給料・退職金・保険金の振込先
② 貸金庫のある銀行に他の口座がないか。
③ 自宅にあるカレンダー・電話帳等に記載された金融機関や、携帯電話・パソコンに登録されている金融機関は確認しているか。
④ 弔問や弔電のあった金融機関は確認しているか。
⑤ 自宅付近・営業所付近の金融機関は把握しているか。
⑥ 同族会社の取引銀行に個人預金がないか。
⑦ 相続人等が金融機関に勤務している場合、その金融機関との取引は把握しているか。
⑧ 借入金がある銀行の預金は妥当か。
⑨ 死亡直前の多額の出金につき、調査はできているか。
⑩ 被相続人の収入状況と金融財産額との比較をしたか。
⑪ 定期預金等で番号が連続しているものに欠番がないか。
⑫ 当座借越契約がある場合、担保は何か。
⑬ 銀行のインターネット取引はないか。
(有価証券)
① 証券会社取引口座の残高と照合ができているか。
② 預貯金に証券会社との取引又は配当金の振込がないか。
③ 配当金額から逆算して株式数が一致しているか。
④ 相続開始前に増資等があった銘柄について増資分の申告漏れがないか。
⑤ 同族会社の取引のある証券会社との取引がないか。
⑥ 被相続人の過去の申告書の内容(配当・株式売買等)は確認したか。
⑦ 家族名義の株式等がある場合、実質所有者の確認はしたか。
⑧ 借入金の担保として銀行に差入れたものがないか。
⑨ 農協・信用金庫等に預金がある場合、出資金の把握はしたか。
⑩ 同族会社の株式について、名義借りの株式はないか。
⑪ 同族会社の関係で取引先の上場会社等の株式を有してないか。

■生命保険金等

1. 生命保険契約等に関する課税関係

(1) 生命保険契約

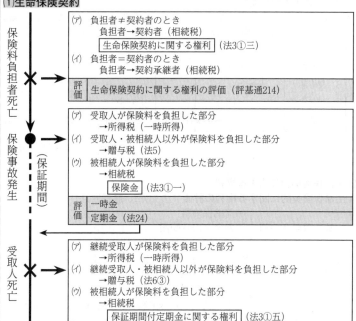

保険料負担者死亡
- (ア) 負担者≠契約者のとき
  負担者→契約者（相続税）
  生命保険契約に関する権利（法3①三）
- (イ) 負担者＝契約者のとき
  負担者→契約承継者（相続税）
- 評価　生命保険契約に関する権利の評価（評基通214）

保険事故発生（保証期間）
- (ア) 受取人が保険料を負担した部分
  →所得税（一時所得）
- (イ) 受取人・被相続人以外が保険料を負担した部分
  →贈与税（法5）
- (ウ) 被相続人が保険料を負担した部分
  →相続税
  保険金（法3①一）
- 評価　一時金／定期金（法24）

受取人死亡
- (ア) 継続受取人が保険料を負担した部分
  →所得税（一時所得）
- (イ) 継続受取人・被相続人以外が保険料を負担した部分
  →贈与税（法6③）
- (ウ) 被相続人が保険料を負担した部分
  →相続税
  保証期間付定期金に関する権利（法3①五）
- 評価　一時金／定期金（法24）

(2) (1)以外の定期給付契約

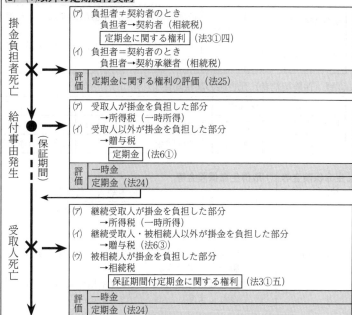

掛金負担者死亡
- (ア) 負担者≠契約者のとき
  負担者→契約者（相続税）
  定期金に関する権利（法3①四）
- (イ) 負担者＝契約者のとき
  負担者→契約承継者（相続税）
- 評価　定期金に関する権利の評価（法25）

給付事由発生（保証期間）
- (ア) 受取人が掛金を負担した部分
  →所得税（一時所得）
- (イ) 受取人以外が掛金を負担した部分
  →贈与税
  定期金（法6①）
- 評価　一時金／定期金（法24）

受取人死亡
- (ア) 継続受取人が掛金を負担した部分
  →所得税（一時所得）
- (イ) 継続受取人・被相続人以外が掛金を負担した部分
  →贈与税（法6③）
- (ウ) 被相続人が掛金を負担した部分
  →相続税
  保証期間付定期金に関する権利（法3①五）
- 評価　一時金／定期金（法24）

財産評価

預貯金等

保険金等

(3)保険料負担と課税関係

生命保険金等を受け取った場合は、保険金受取人と保険料負担者の関係及びそれぞれの負担した保険料の金額を基礎として課税関係が決定されます。

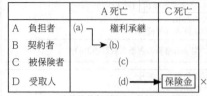

2. 生命保険契約に関する権利
(1)生命保険契約に関する権利の評価（法3①三、評基通214）

$$解約返戻金の額 \begin{cases} ⊕前納保険料 \\ ⊕剰余金の分配額 \\ △源泉徴収される所得税相当額 \end{cases}$$

(注) 保険事故が発生しなかった場合に返還金の支払いがない生命保険契約（いわゆる掛捨て保険）は、契約者に返還金を受ける権利がないので評価しません。

$$生命保険契約に関する権利 \times \frac{被相続人が負担した保険料}{払込保険料の全額} = 被相続人から保険契約者への相続財産$$

(2)養育年金付こども保険（相基通3-15）
①契約内容

保険契約者	親	契約内容	被保険者が一定の年齢に達するごとに基本保険金が支払われる。
被保険者	子		保険契約者が死亡した場合には満期に達するまで養育年金が支払われる。

②親（保険契約者）死亡時の課税関係

区分	保険事故	相続財産	評価
基本保険金部分	未発生	生命保険契約に関する権利	法3①三によります。
養育年金部分	発 生	生命保険金	年金受給権（相基通24-2）

3. 生命保険金等
（法3①一）

(1)取得生命保険金等

$$①生命保険金等の額 \times \frac{被相続人が負担した保険料の額}{払込保険料の総額}$$

が相続税の課税対象とされます。

（相基通3-13）
(i)保険料の免除があった場合には、分母、分子の保険料はその免除額を含みません。
(ii)振替貸付による保険料及び未払保険料は、契約者が払い込んだものとします。

（相基通3-17）	(iii)雇用主が保険料を負担している場合、雇用主が負担した保険料は従業員が負担したものとしますが、雇用主が保険金を従業員の退職手当金として支給することとしている場合は、その保険金は退職手当金等に該当します。
（相基通3-7、3-10）	②保険金等の額 　生命保険金等とは、被保険者の死亡を保険事故として支払われる生命保険契約に係る死亡保険金及び被保険者の死亡又は死亡の直接の基因となった傷害を保険事故として支払われる損害保険契約に係る死亡保険金（無保険車傷害保険契約に基づいて取得する保険金は含みません。）をいいます。また、被保険者の傷害、疾病その他これらに類するもので死亡を伴わないものを保険事故として被保険者に支払われる保険金等が被保険者の死亡後に支払われた場合は、被相続人の本来の財産（未収入金）となります。
（生命保険契約照会制度） 〈生命保険協会HP〉	• 本人が死亡又は認知判断能力が低下しており、生命保険契約の有無が分からない場合において、法定相続人等が生命保険協会に対してインターネットまたは郵送で、生命保険契約の有無や請求可能かどうかについて照会できる制度があります。 • 契約の存在が判明した場合、契約内容の確認や保険金の請求については、各生命保険会社に直接連絡する必要があります。

⑵**保険金の評価**（相基通3-6、24-1、評基通200、200-2、200-3）

受取方法		評価方法	
一時金による受取		一時金の額	
年金による受取（法24、評基通200〜200-6）	有期定期金	①解約返戻金の金額 ②定期金に代えて一時金の給付を受けることができる場合には、その一時金の金額 ③ $\left(\begin{array}{c}\text{給付を受けるべ}\\\text{き金額の年平均}\\\text{額（※1）}\end{array}\right) \times \left(\begin{array}{c}\text{残存期間に応ず}\\\text{る予定利率の複}\\\text{利年金現価率}\end{array}\right)$	いずれか多い金額
		※1　給付期間に受ける金額の合計額÷給付期間の年数（1年未満切上げ）	
	終身定期金	①解約返戻金の金額 ②定期金に代えて一時金の給付を受けることができる場合には、その一時金の金額 ③ $\left(\begin{array}{c}\text{給付を受け}\\\text{るべき金額}\\\text{の年平均額}\end{array}\right) \times \left(\begin{array}{c}\text{定期金給付契約の目的}\\\text{とされた者の平均余命}\\\text{（※2）に応ずる予定}\\\text{利率の複利年金現価率}\end{array}\right)$	いずれか多い金額
		※2　厚生労働省が公表する最新の「完全生命表」の平均余命（1年未満切捨て）によります。（令5の8、規12の6）	
	期間付終身年金	有期定期金としての評価 終身定期金としての評価	いずれか少ない金額
	保証期間付終身年金	有期定期金としての評価 終身定期金としての評価	いずれか多い金額

財産評価

保険金等

（相基通3-8、 3-9、24-3）	**(3)剰余金、契約者貸付金などがある場合** ①保険金とともに受け取る剰余金、割戻金、前納保険料は、保険金等の額に含みます。（解約返戻金とともに受け取ることとなる剰余金がある場合はこれを解約返戻金に含め、源泉徴収される所得税がある場合は控除します。） ②契約者貸付金、保険料の振替貸付金、未払込保険料及び利息が保険金から控除される場合 (i)被相続人が契約者であるときには、控除後の金額を受取人の受取保険金とします。 (ii)被相続人が契約者でないときには、控除された金額を契約者、控除後の金額を受取人のそれぞれの受取保険金とします。
（法12①五）	**(4)生命保険金等の非課税金額** 相続人（相続の放棄をした者や相続権を失った者を除きます。）が取得した生命保険金等の合計額のうち、次の金額については非課税とされます。 ①全ての相続人が取得した生命保険金等の合計額(a)が ⌈500万円×法定相続人の数（注）＝非課税限度額⌉　(b)以下 である場合 　→各相続人の取得した保険金の全額が非課税とされます。 ②(a)が(b)を超える場合 　→$(b) \times \dfrac{その相続人の取得した保険金の金額}{(a)}$ がその相続人についての非課税金額とされます。 （注）法定相続人の数に含まれる養子の数は、実子がいる場合には養子1人まで、実子がいない場合には養子2人までと制限されています。また相続税負担の不当減少と認められる場合には法定相続人の数から除外されます。 ③生命保険金は本来の相続財産ではないので遺産分割協議の対象とはならず、契約上の指定受取人を生命保険金の取得者として課税関係が決められます。相基通3-12に規定する相当な理由がないのに、指定受取人以外の者が保険金を取得したときは、指定受取人が相続取得後に取得者に贈与したものと取り扱われます。 ④相続人以外の者が受取人であるときには、その受取人が遺贈により保険金等を取得したものとされます。この場合には、その者については非課税の適用はなく、さらに、その者が加算対象贈与財産の贈与を受けていたときは、生前贈与加算の規定が適用されます。

| 4. 定期金に関する権利 (法3①四、25、評基通200-4、200-5) | 給付事由が発生していない定期金に関する権利（生命保険契約を除きます。）は次の通り評価します。 |

解約返戻金を支払う旨の定め			評価方法
有			解約返戻金の額
無	①	保険料が一時払いの場合	$\left(\begin{array}{l}\text{一時払}\\\text{保険料の額}\end{array} \times \begin{array}{l}\text{経過期間（※）に}\\\text{応じる複利終価率}\end{array}\right) \times 0.9$ ※ 1年未満の端数切捨て
	②	①以外の場合	$\left(\begin{array}{l}\text{払込掛金等}\\\text{の合計額}\end{array} \div \begin{array}{l}\text{経過期間の}\\\text{年数（※）}\end{array}\right) \times \begin{array}{l}\text{経過期間に}\\\text{応ずる予定}\\\text{利率の複利}\\\text{年金終価率}\end{array} \times 0.9$ ※ 1年未満の端数切上げ

| 5. 保証期間付定期金に関する権利 (法3①五、24) | 保証期間付定期金に関する権利は次の通り評価します。 |

一時金の場合	$\text{一時金の額} \times \dfrac{\text{被相続人が負担した保険料等}}{\text{払込保険料等の全額}}$
定期金の場合 (法24)	$\left.\begin{array}{l}\bullet\ \text{有期定期金}\\ \quad\text{としての評価額}\\ \bullet\ \text{終身定期金}\\ \quad\text{としての評価額}\end{array}\right\} \begin{array}{l}\text{いずれか}\\\text{多い金額}\end{array} \times \dfrac{\text{被相続人が負担した}}{\text{保険料等}} \Big/ \text{払込保険料等の全額}$

6. 契約に基づかない定期金に関する権利 (法3①六、相基通3-46)

(1)契約に基づかない定期金に関する権利とは次のものをいいます。

①退職年金契約に基づき継続受取人に支払われる退職年金の受給権
→課税

②国家公務員共済組合法
③地方公務員等共済組合法
④船員保険法
⑤厚生年金保険法

の規定による遺族年金→それぞれの法律により非課税

(相基通3-47)

以上より、退職年金を受給中であった被相続人の死亡により継続受取人が取得した継続受給権だけに限られます。

なお、退職手当金等が定期金で支給された場合には、契約に基づかない定期金に関する権利ではなく、退職手当金等として課税されます。

(2)評価

①一時金により受け取る場合には、その一時金の額

②年金により受け取る場合には、給付事由が発生している定期金の評価（法24）によります。

なお、退職年金は受給者の過去の役務の提供を原因として支払われているため、保険料等の負担按分という概念がありません。

■退職手当金等

<table>
<tr>
<td rowspan="4">1.退職手当金等
の範囲
（法3①二）</td>
<td colspan="3">(1)相続財産とみなされる退職金、功労金</td>
</tr>
<tr>
<td rowspan="2">被相続人の死亡により取得する被相続人に支給されるべきであった退職手当金・功労金</td>
<td>死亡後3年以内に支給額が確定したもの
（注）生前退職によるもので、支給額が死亡後3年以内に確定したものを含みます。
（相基通3-31）</td>
<td>相続税課税
（みなし相続財産）</td>
</tr>
<tr>
<td>上記以外のもの</td>
<td>所得税課税
（相続人の一時所得）</td>
</tr>
<tr>
<td colspan="3">（注）申告期限後に退職手当金等の支給額が確定した場合には、修正申告をしなければなりません。</td>
</tr>
<tr>
<td>（相基通3-18）
（令1の3）</td>
<td colspan="3">①退職手当金等の範囲
　(i)退職手当金等はその名義のいかんにかかわらず実質上、被相続人の退職手当金等として支給される金品をいいます。
　(ii)適格退職年金契約、小規模企業共済契約に基づく年金又は一時金は退職手当金等に含まれます。また、国家公務員共済組合法、地方公務員等共済組合法、私立学校教職員共済法に規定する一時金等も退職手当金等に含まれます。
　(iii)企業型年金又は個人型年金に係る死亡一時金については、次の区分によります。
　　①確定拠出年金の加入者等がその給付金の支給開始前に死亡した場合
　　　退職手当金等に該当します。</td>
</tr>
<tr>
<td>（法3①六、相基通3-29）</td>
<td colspan="3">　　ⅱ確定拠出年金の受給者が死亡した場合
　　　契約に基づかない定期金に関する権利を取得したものとし、その全額が相続財産となります。</td>
</tr>
<tr>
<td>（相基通3-28）</td>
<td colspan="3">　(iv)雇用主が従業員（被相続人）のために、次に掲げる保険契約又は共済契約（掛捨保険は除く）を締結している場合において、その従業員の死亡により相続人その他の者がこれらの契約に関する権利を取得したときは、その契約に関する権利は、退職手当金等に該当します。
　　①従業員の配偶者その他の親族等を被保険者とする生命保険契約又は損害保険契約
　　ⅱ従業員又はその者の配偶者その他の親族等の有する財産を保険又は共済の目的とする損害保険契約又は共済契約</td>
</tr>
<tr>
<td>（所法9、35）
（所令82の2）
（所基通9-2）</td>
<td colspan="3">　(v)なお、相続税の課税対象となる年金のうち以下の年金については、遺族が毎年受け取る年金には所得税は課税されません。
　　①確定給付企業年金法3①に規定する確定給付企業年金
　　ⅱ所得税法施行令73①に規定する特定退職金共済団体が行う退職金共済
　　ⅲ適格退職年金契約に基づく退職年金
②被相続人の死亡により相続人等が受ける弔慰金等がある場合には、
その弔慰金等が実質的に退職手当等に該当するかどうかを判定しなければなりません。</td>
</tr>
</table>

退職手当金等 （金銭・物品）			退職手当金等に該当
	実質的に退職手当金等 と認められるもの		
弔慰金等 （弔慰金・花輪代） 葬祭料等	非課税部分	普通給与(月額)×$\left\{\begin{array}{l}\text{(業務上死亡) 36か月}\\\text{(業務外死亡) 6か月}\end{array}\right\}$ 〈特別法上の弔慰金がある場合〉 普通給与(月額)×$\left\{\begin{array}{l}\text{(業務上死亡) 36か月}\\\text{(業務外死亡) 6か月}\end{array}\right\}$ いずれか 特別法上の弔慰金 ─────── 大きい金額	

(相基通3-20)　※普通給与とは、賞与以外の普通給与（給料、賃金の他扶養手当、勤務地手当などの諸手当も含みます。）をいいます。

(相基通3-23)　※特別法上の弔慰金とは、次のようなものをいいます。

労働者災害補償保険法に規定する遺族補償給付及び葬祭料
国家公務員災害補償法に規定する遺族補償及び葬祭補償
労働基準法に規定する遺族補償及び葬祭料
健康保険法に規定する埋葬料など
従業員の業務上死亡に伴い、雇用主からその従業員の遺族に支給された退職手当金等の他に、労働協約、就業規則等に基づき支給される災害補償金、遺族見舞金、その他の弔慰金等の遺族給付金で、上記弔慰金等に準ずるもの

(相基通3-32、3-33)　※被相続人の死亡後確定した賞与や支給期の到来していない給与は、本来の相続財産として取り扱います。

(相基通3-25)　**③退職手当金等の支給を受けた者**
　　(i)退職給与規程により、支給を受ける者が定められている場合には、規程により支給を受けることとなる者
　　(注) この場合、遺産分割協議の対象外（最決昭55・11・27）
　　(ii)退職給与規程に支給を受ける者が定められていない場合、又は、被相続人がその規程の適用を受けない者である場合
　　(注) 受取人である被相続人の地位を相続人が承継したと解する。
　　　（東京家審昭47・11・15）
　　　① 申告書を提出する時等までに現実に取得した人があるときは、その取得した者
　　　② 相続人全員の協議により支給を受ける者を定めたときは、定められた者
　　　③ ①②以外の場合は、全員（均等に取得したものとします。）

④退職手当金等の評価
　　(i)一時金で受け取る場合には一時金の額とします。
　　(ii)年金で受け取る場合には、定期金に関する権利の評価（法24）によります。

2. 退職手当金等の非課税金額 （法12①六）	相続人が取得した退職手当金等の合計額のうち、次の金額については非課税とされます。（相続を放棄した者又は相続権を失った者が取得した退職手当金等には、非課税金額の規定の適用はありません。） 　①全ての相続人が取得した退職手当金等の合計額(a)が 　　　 $\boxed{500万円×法定相続人の数（注）＝非課税限度額(b)}$ 以下 　　である場合 　　　→各相続人の取得した退職手当金等の全額が非課税とされます。 　　（注）法定相続人の数に含まれる養子の数は、生命保険金等の場合 　　　　　と同様です。 　②(a)が(b)を超える場合 　　　→(b)× $\dfrac{その相続人の取得した退職手当金等の金額}{(a)}$ 　　がその相続人についての非課税金額とされます。
3. 取引相場のない株式の評価と退職手当金等	純資産価額方式により株式評価を行う場合において、被相続人（役員等）の死亡により課税時期後に相続人等に支払われる退職手当金等の額は、評価会社の負債として取り扱われます。この場合、みなし相続財産とならない弔慰金等は負債として取り扱われません。なお、法人税法上の規定により、退職給与として不相当に高額なものとして損金算入が認められない部分についても株式評価上は負債として取り扱われます。
4. 役員の死亡退職金支給の議事録	【例】役員の死亡退職金支給についての臨時株主総会議事録 　　　　議案　前代表取締役　山田　一郎　死亡に伴う退職金支給の件 　　議長は、前代表取締役　山田　一郎の永年の功績（略歴下記参照）について一同に対し、説明をなしたのちその功績に報いるため、その相続人に対し退職金及び弔慰金として次の通り贈呈したい旨を提案し、同提案に対してその賛否を諮ったところ、満場一致をもって承認可決した。 　氏　　　　名　　山田　一郎 　略　　　　歴　　昭和48年7月　　当社設立・常務取締役就任 　　　　　　　　　平成8年11月　　当社代表取締役就任 　　　　　　　　　令和5年8月　　死亡退職 　退職慰労金額　　金36,000,000円 　弔　慰　金　　　金 4,000,000円 　支払方法及び　　当株主総会承認決議後おおむね3か月以内に一括支給する。 　支払時期

■信託に関する特例

1.受益者等の存する信託における課税関係 （法9の2）	委託者や受益者等の死亡に基因して適正な対価を負担せずに信託の受益者等となった場合や信託に関する利益を受けた場合には、贈与（死亡に基因するときは遺贈）により財産の取得があったものとみなされます。

相続税が 課税される場合	みなし 遺贈者	みなし 受遺者	課税の対象
委託者の死亡によって信託の効力が生じた場合	委託者	受益者等	信託財産に属する資産及び負債を取得又は承継したものとみなす（その受益者等が二以上である場合には、その権利の全部をそれぞれの受益者等がその信託に関する権利の内容に応じて有するものとされます）
受益者等であった者の死亡によって新たな受益者等が存することとなった場合	受益者等であった者	新たな受益者等	信託財産に属する資産及び負債を取得又は承継したものとみなす（受益者連続型信託に関する権利（収益に関する権利が含まれていないものを除きます。）で利益を受ける期間の制限その他の権利の価値に作用する要因としての制約が付されているものについては、その制約が付されていないものとみなされます）
受益者等であった者の死亡によって一部の受益者等が存しなくなった場合	一部の受益者等であった者	信託についての新たな利益を受ける既存の受益者等	信託財産に属する資産及び負債を取得又は承継したものとみなす
受益者等であった者の死亡によって信託が終了し、残余財産の給付を受けるべき又は帰属すべきとなった場合	終了時の受益者等	残余財産の帰属又は給付を受ける者	受益者として有していた権利に相当するものを除く信託の残余財産を取得したものとみなす

	①受益者等 ┬ 信託の受益者として現に権利を有する者 └ 特定委託者（信託の変更をする権限を現に有し、かつ、その信託の信託財産の給付を受けることとされている者をいいます。）
（法9の3）	②受益者連続型信託とは、信託法第91条《受益者の死亡により他の者が新たに受益権を取得する旨の定めのある信託の特例》に規定する信託、同法第89条第1項《受益者指定権等》に規定する受益者指定権等を有する者の定めのある信託その他これらの信託に類するもの

—146—

<table>
<tr><td rowspan="2">2. 受益者等の存しない信託における課税関係
（法9の4、9の5）</td><td colspan="3">をいいます。
　受益者連続型信託に関する権利（収益に関する権利が含まれていないものを除きます。）で利益を受ける期間の制限その他の権利の価値に作用する要因としての制約が付されているものについては、その制約が付されていないものとみなされます。</td></tr>
<tr><td colspan="3">(1)　受益者等の存しない信託について信託の効力が生ずる場合や、受益者等が存する信託についてその受益者等が存しないこととなった場合は、次表の者の間において遺贈があったものとみなされます。</td></tr>
</table>

相続税が課税される場合	みなし遺贈者	みなし受遺者
予定される受益者等が委託者の親族である受益者等が存在しない信託が、委託者の死亡によって効力が生じた場合	委託者	受託者
予定される受益者等が明らかでなく、終了したときに委託者の親族が残余財産の給付を受けることとされている信託が、委託者の死亡によって効力が生じた場合	委託者	受託者
受益者等（前受益者等）の次の受益者等となることが予定される者が、その信託の効力が生じた時の委託者又は前受益者等の親族であるときに、前受益者等の死亡によって受益者等が存しないこととなった場合	前受益者等	受託者
受益者等（前受益者等）の次の受益者等が明らかでなく、終了したときに委託者又は前受益者等の親族が残余財産の給付を受けることとされている信託が、前受益者等の死亡によって受益者等が存しないこととなった場合	前受益者等	受託者

(2)　なお、受益者等が存しない信託について、その信託の契約締結時等に存しない者がその信託の受益者等となる場合においてその信託の受益者等となる者がその信託の契約締結時における委託者の親族であるときは、その信託の受益者等となる者は、受益者等となる時にその信託に関する権利を個人から贈与により取得したものとみなされ、贈与税が課税されます。

■特別寄与者が特別寄与料の支払を受けた場合

<table>
<tr><td>特別寄与料
（法4、13、21の15、29、31、32、35）</td><td>• 特別寄与者が支払を受けるべき特別寄与料の額が確定した場合には、その特別寄与者が、その特別寄与料の額に相当する金額（特別寄与者が葬式費用を負担した場合は、その葬式費用の額を控除します。）を、被相続人から遺贈により取得したものとみなされます。
　なお、特別寄与者が支払う相続税額は原則として2割加算の対象となります。
• 上記により新たに相続税の申告義務が生じた者は、特別寄与料の額の確定を知った日から10月以内に相続税の申告書を提出しなければなりません。
• 相続人が支払うべき特別寄与料の額は、その相続人に係る相続税の課税価格から控除されます。
• 令和元年7月1日以後の特別寄与料について適用</td></tr>
</table>

■葬式費用

1. 控除対象者 （法13①） （相基通13-1）	**葬式費用を相続税の課税価格から控除できる者** ①相続、包括遺贈、被相続人から相続人への遺贈により財産を取得した居住無制限納税義務者及び非居住無制限納税義務者。 ②相続を放棄した者及び相続権を失った者には、債務控除の適用はありませんが、遺贈により財産を取得した場合（生命保険金などを受け取った場合を含む。）において、葬式費用を現実に負担したときは、債務控除をしても差し支えありません。		

2. 葬式費用の範囲 （相基通13-4、 13-5）	葬式費用となるもの	①葬式若しくは葬送に際し、又はこれらの前において、埋葬、火葬、納骨又は遺がい若しくは遺骨の回送その他に要した費用（仮葬式と本葬式とを行うものにあっては、その両者の費用）→（密葬費用、お通夜の費用、本葬費用） ※後日、納骨だけを行った場合の費用は葬式費用とはなりません。	
		②葬式に際し、施与した金品で被相続人の職業、財産その他の事情に照らして相当程度と認められるものに要した費用→（お布施など）	
		③①及び②に掲げるもののほか、葬式の前後に生じた出費で通常葬式に伴うものとして認められるもの	
		④死体の捜索又は死体若しくは遺骨の運搬に要した費用	
	葬式費用とならないもの	(1)香典返戻費用	
		(2)墓碑及び墓地の買入費並びに墓地の借入料	
		(3)法会に要する費用→（初七日、四十九日の費用）	
		(4)医学上又は裁判上の特別の処理に要した費用→（遺体解剖費用）	

3. 香典収入 （相基通21の3-9）	社会通念上相当と認められるものには、贈与税は課税されません。

4. 社葬費用 （法基通9-7-19）	①社葬を行うことが社会通念上相当 ②会社が負担した金額のうち社葬に通常要すると認められる金額		
		社葬費用となるもの	社葬の通知・広告費用、葬儀場・駐車場使用料、祭壇・祭具の使用料、供花などの費用、お布施、配車費用、弁当代、礼状・粗品代など
		社葬費用とならないもの	密葬費用、位牌・仏壇・墓石などの購入費用、院号料、香典返戻費用、初七日・四十九日の法会費用など明らかに遺族が負担すべきもの
	（注1） 社葬費用とならないものを会社が負担した場合には、役員給与などとして法人税・所得税が課税されます。 （注2） 社葬を行いその費用を会社が負担した場合であっても、会葬者からの香典等は会社の収入としないで遺族の収入となります。 （注3） 取引相場のない株式について1株当たりの純資産価額の計算をする場合、負債の部の「相続税評価額」及び「帳簿価額」に社葬費用を計上します。		

債 務 控 除

葬式費用

■債務控除

1. 債務控除の範囲
（法13、14）

相続人又は包括受遺者が被相続人の債務を承継して負担する場合には、その債務を相続又は遺贈により取得した財産の価額から控除して相続税の課税価格を計算します。（相続の放棄をした者及び相続権を失った者は、債務控除をすることができません。）

<table>
<tr><td rowspan="3">相続人・包括受遺者</td><td>居住無制限納税義務者</td><td rowspan="2">被相続人の債務で、相続開始の時現に存するもの（公租公課を含みます。）</td></tr>
<tr><td>非居住無制限納税義務者</td></tr>
<tr><td>制限納税義務者</td><td>㋑取得財産に係る公租公課（固定資産税等）
㋺その財産を目的とする留置権、特別の先取特権、質権又は抵当権で担保されている債務
㋩その財産の取得、維持又は管理のために生じた債務
㊁その財産に関する贈与の義務
㋭㋑～㊁のほか、被相続人が死亡の時日本国内に営業所又は事業所を有していた場合においては、その営業所又は事業所に係る営業上又は事業上の債務</td></tr>
<tr><td colspan="2">特別寄与者</td><td>特別寄与料の額のうちその者の負担に属する部分の金額</td></tr>
</table>

2. 控除できる債務

（相基通14-1）

⑴確実なもの

債務として控除されるものは確実と認められるものに限りますが、債務が確実であるかどうかについては、必ずしも書面の証拠があることを必要としません。債務の金額が確定しなくてもその債務の存在が確実と認められるものについては、相続開始時の現況で確実と認められる範囲の金額だけが控除されます。

（相基通13-3）

⑵負担が確定していないとき

相続人の間で債務の承継につき負担する債務が確定していないときは、法定相続分又は包括遺贈の割合に応じて、負担する金額を計算します。この計算により負担することとした場合の金額が相続又は遺贈により取得した財産の価額を超える場合において、その超える部分の金額を他の共同相続人又は包括受遺者の相続税の課税価格の計算上控除することができます。

⑶未払医療費

- 被相続人の死亡後に親族が支払った医療費
  相続税の申告→債務控除することができます。
  （所基通73-1）所得税の申告→被相続人の準確定申告において医療費控除とすることはできません。実際に支払った生計一親族の医療費控除とすることができます。

⑷公租公課

①被相続人の死亡の時に納税義務が確定しているもの
②被相続人の準確定申告に係る所得税・消費税
（限定承認により土地等を相続した場合には、被相続人が時価によりその土地等を譲渡したとみなされて所得税が課されます。）
③被相続人が相続若しくは遺贈により取得した財産に対する相続税又

	は贈与税
	④賦課期日の定めのある地方税（固定資産税は1月1日、自動車税は4月1日）で、相続開始時に賦課期日が到来しているもの
	⑤相続開始前の事実に基づき被相続人に課せられるべき地方税（被相続人が取得した不動産に対する不動産取得税、被相続人が行っていた事業に対する事業税等）
（相基通14-3）	(5)**保証債務**（原則として控除できません。） 主たる債務者が弁済不能の状態にあるため、保証債務者がその債務を履行しなければならず、かつ、主たる債務者に求償しても返済を受ける見込みがない場合に限り、主たる債務者が弁済不能の部分の金額が控除されます。
	(6)**連帯債務** 連帯債務者のうちで、債務控除を受けようとする者の負担すべき金額が明らかとなっている場合には、その負担金額が控除されます。また、連帯債務者のうちに、弁済不能の状態にある者があり、かつ求償しても弁済を受ける見込みがなく、その弁済不能者の負担部分を負担しなければならないと認められる場合は、その負担部分の金額は控除されます。
	(7)**特別寄与料** 特別寄与料の額が特別寄与者に係る課税価格に算入される場合においては、その特別寄与料を支払うべき相続人が相続等により取得した財産の価額からその相続人が負担すべき特別寄与料の金額を控除します。
3.**控除できない債務**	①墓所、霊廟及び祭具等の購入、維持又は管理のために生じた債務（相基通13-6） ②個人の公益事業用財産の取得、維持又は管理のために生じた債務（ただし、この財産が課税価格に算入された場合には、債務控除されます。） ③消滅時効の完成した債務 ④相続財産に関する費用（相続財産が確定的に相続人などにより現実に承継支配されるまでの管理費用、遺言執行費用、相続に関する紛争について要した弁護士費用等）（相基通13-2） ⑤相続人・包括受遺者の責めに帰すべき事由により納付し、又は徴収されることになった延滞税、利子税、過少申告加算税等に相当する税額
（相基通19-5）	(注1)　生前贈与加算の規定により相続税の課税価格に加算した財産の価額からは債務控除することはできません。（債務控除は相続又は遺贈により取得した財産価額からだけ控除しますので、控除しきれなかった債務を生前贈与加算の受贈財産の価額から控除することはできません。） (注2)　住宅ローンの残額が、団体信用保険の保険金で返済されたときは、住宅ローンの残額はないものとされます。
4.**遺産分割と債務控除**	遺産分割協議の結果又は遺言書の内容によっては、相続人等のうちの特定の者（例えば、長男）について、取得する財産の価額よりも承継する債務の金額が大きくなる（つまり、課税価格がマイナスとなる）ことがあります。この場合の控除しきれなかった債務の金額については、他の相続人等の課税価格から控除することはできません。

相続税（税額計算等）

■相続開始前7年以内（3年以内）の贈与財産と贈与税額控除

1. 令和5年12月31日以前の贈与財産
（改正前法19）

（相基通11の2-5）

相続又は遺贈により財産を取得した者が、その**相続の開始前3年以内**にその相続に係る被相続人から財産を贈与によって取得したことがある場合。

⇩

その贈与により取得した財産（贈与税の非課税財産を除きます。）の価額（贈与を受けた時の価額）を相続税の課税価格に加算し、贈与を受けた財産につき課された贈与税額は、その者の相続税額から控除します。（ただし、控除する贈与税額が相続税額より多い場合であっても、贈与税は還付されません。）また、相続開始年分の贈与により取得した財産の価額は、相続税の課税価格に加算しますが、贈与税額の課税価格には算入しません。

（相基通19-1）

（注1）相続税の**非課税財産のみを相続した場合**であっても、贈与財産の価額を相続税の課税価格に加算する必要があります。生命保険金などのみなし相続財産のみを取得した者についても同様です。

（注2）相続税の課税価格に加算する贈与財産の価額は、その贈与により取得した時の時価（相続税評価額）によります。
また、**贈与税の基礎控除額以下の贈与**のため、贈与税の申告をしなかった場合であっても、この規定により、贈与財産の価額を相続税の課税価格に加算する必要があります。

※なお、被相続人から生前に贈与された財産であっても、次の財産については加算する必要はありません。
①贈与税の配偶者控除の特例を受けている又は受けようとする財産のうち、その配偶者控除額に相当する金額
②直系尊属から贈与を受けた住宅取得等資金のうち、非課税の適用を受けた金額
③直系尊属から一括贈与を受けた教育資金のうち、非課税の適用を受けた金額
④直系尊属から一括贈与を受けた結婚・子育て資金のうち、非課税の適用を受けた金額

2. 令和6年1月1日以後の贈与財産 (改正後法19)	相法又は遺贈により財産を取得した者が**その相続の開始前7年以内に**その相続に係る被相続人から財産を贈与によって取得したことがある場合 その贈与財産(加算対象贈与財産)の価額(加算対象贈与財産のうちその相続の開始前3年以内に取得した財産以外の財産にあっては、その財産の価額の合計額から100万円を控除した残額)を相続税の課税価格に加算した上で相続税額を計算し、加算対象贈与財産について課された贈与税額は、その者の相続税額から控除します。 (その他は、上記1.と同様)
3. 経過措置	令和12年12月31日以前の贈与者の相続開始については、次の経過措置が講じられています。 | 贈与の時期		加算対象期間	100万円控除
---	---	---	---
令和5年12月31日まで		前3年間	—
令和6年1月1日から贈与者の相続開始日	令6.1.1～令8.12.31	前3年間	—
	令9.1.1～令12.12.31	令6.1.1～相続開始日	令6.1.1～令12.12.31までの贈与財産のうち相続開始前3年以内贈与財産以外の贈与財産から100万円控除
	令13.1.1～	前7年間	7年前から4年前までの贈与財産から100万円控除	
4. 贈与税額控除 (法19、令4)	相続税額から控除する贈与税額は、次の算式により計算します。 被相続人から贈与を受けた年分の贈与税額 × (相続税の課税価格に加算された贈与財産の価額) / (被相続人から贈与を受けた年分の贈与税の課税価格) (注) 贈与を受けた年が複数ある場合は、各年分につき上記算式により計算した金額の合計額を控除額とします。(算出相続税額を限度とします。)
5. 贈与税の配偶者控除との関係 (法19②)	(1)相続税の課税価格に加算する贈与財産の価額 ①相続開始前7年以内(3年以内)で相続開始の年の前年以前にされた贈与につき、贈与税の配偶者控除の規定の適用を受けた場合には、贈与税の配偶者控除により控除された金額に相当する部分(「**特定贈与財産**」)は相続税の課税価格に加算しません。 ※贈与税の配偶者控除はP.226参照 ②**相続開始年分の贈与**で、その配偶者が今までに贈与税の配偶者控除の規定の適用を受けたことがない場合で、かつ、相続税の申告書第14表(期限後申告書、修正申告書を含みます。)又は更正請求書に居住用財産又は金銭の価額を贈与税の課税価格に算入する旨など所

定事項を記載し、下記書類を添付したときは、贈与税の配偶者控除の規定を適用した場合に控除される金額に相当する部分（「特定贈与財産」）は、相続税の課税価格に加算しません。（贈与税の申告は必要です。）

（令4②、規1の5）	添付書類	戸籍の謄本又は抄本・戸籍の附票の写し（その被相続人からの贈与を受けた日から10日を経過した日以後に作成されたものに限る。）
		その被相続人から贈与を受けた居住用不動産に関する登記事項証明書（不動産番号の記載のある書類の添付によりこれに代えることができます）

(注) 上記所定事項の記載又は書類の添付がない場合には、特定贈与財産には該当せず、相続開始年分の贈与として相続税の課税価格に算入し、贈与税は非課税となります。

(2)贈与税額控除額

$$
\text{被相続人から贈与を受けた年分の贈与税額} \times \frac{\text{相続税の課税価格に加算された贈与財産の価額}\,(\text{配偶者控除額を控除した後の金額})}{\text{被相続人から贈与を受けた年分の贈与税の課税価格}\,(\text{配偶者控除額を控除した後の金額})}
$$

■遺産に係る基礎控除

1. 基礎控除 （法15）	相続税の総額を計算する場合においては、同一の被相続人から相続又は遺贈により財産を取得したすべての者に係る課税価格の合計額から、次の算式によって計算した金額を控除します。課税価格の合計額がこの控除額以下である場合には、相続税は課税されません。 $\boxed{3,000万円＋600万円×法定相続人の数＝遺産に係る基礎控除額}$ ※法定相続人のうちに相続を放棄した者があっても、その放棄がなかったものとして法定相続人の数を計算します。

2. 法定相続人と基礎控除額の早見表

法定相続人数	0人	1人	2人	3人	4人	5人
基礎控除額（万円）	3,000	3,600	4,200	4,800	5,400	6,000

3. 養子がある場合の法定相続人の数 （法15②）	養子がある場合には次のように法定相続人に含まれる養子の数を数えます。 $\boxed{\begin{array}{l}被相続人に実子がある場合又は\\被相続人に実子がなく養子の数が1人の場合 \cdots\cdots 1人\end{array}}$ $\boxed{被相続人に実子がなく、養子の数が2人以上ある場合 \cdots 2人}$
（相基通15-5）	(1)相続人（相続の放棄があった場合には、その放棄がなかったものとした場合の相続人。以下同じ）が被相続人の兄弟姉妹である場合において、その兄弟姉妹の中に「被相続人の親」と養子縁組したことにより相続人となった者が含まれていても、その養子は「被相続人」の養子ではないので、法定相続人の数に含める養子の数の制限の対象となりません。
（法63）	(2)養子の数を法定相続人に算入することが相続税の負担を不当に減少させる結果と認められる場合には、その養子（不当減少養子）は相続人の数に算入されません。
（法15③、令3の2）	(3)被相続人と養子縁組により養子となった者であっても、次に該当する養子は、相続税の課税上、実子とみなすこととし、法定相続人に含める養子の数の制限の対象から除外されます。 ①民法上の特別養子縁組による養子となった者。 ②被相続人の配偶者の実子で被相続人の養子となった者。 ③被相続人との婚姻前に被相続人の配偶者の特別養子縁組による養子となった者でその被相続人の養子となった者。 ④被相続人の実子若しくは養子又は直系尊属が相続開始以前に死亡し、又は相続権を失ったため相続人となったその者の直系卑属。
（相基通15-4）	(4)相続人のうちに代襲相続人であり、かつ、被相続人の養子となっている者がある場合の法定相続人の数については、その者は実子1人として計算します。 なお、この場合の相続分は、代襲相続人としての相続分と養子としての相続分との双方を有することになります。

■各人ごとの相続税額

1. 相続税の総額 （法16）	①課税遺産総額（＝課税価格の合計額－基礎控除）を、各相続人の実際の取得状況にかかわらず法定相続分（養子があるときは、前ページ **3.** によります。）に応じて取得したものとして計算します。 ②①の各相続人ごとの合計に税率を乗じて税額を算出し合計します。（この合計額を相続税の総額といいます。） ③計算例 　(i)課税価格の合計額＝3億4,800万円 　(ii)法定相続人⇨配偶者（乙）と子2人(A、B)⇨基礎控除3,000万円＋600万円×3人＝4,800万円 　(iii)課税遺産総額(i)－(ii)＝3億円 　(iv)法定相続人の法定相続分に応ずる各取得金額 　　乙…3億円×1／2＝1億5,000万円 　　A…3億円×1／2×1／2＝7,500万円 　　B…3億円×1／2×1／2＝7,500万円 　(v)相続税の総額の基となる税額 　　乙…1億5,000万円×40％－1,700万円＝4,300万円 　　A…7,500万円×30％－700万円＝1,550万円 　　B…7,500万円×30％－700万円＝1,550万円 　(vi)相続税の総額 　　4,300万円＋1,550万円＋1,550万円＝7,400万円 ※**相続税の速算表**

法定相続分に応ずる各人の取得金額		税率	控除額
	1,000万円以下	10％	——
1,000万円超	3,000万円以下	15％	50万円
3,000万円超	5,000万円以下	20％	200万円
5,000万円超	1億円以下	30％	700万円
1億円超	2億円以下	40％	1,700万円
2億円超	3億円以下	45％	2,700万円
3億円超	6億円以下	50％	4,200万円
6億円超		55％	7,200万円

（基礎控除：3,000万円＋600万円×法定相続人の数）

2. 相続税額の算出 （法17） （相基通17-1）	各人ごとの相続税額は、相続税の総額を基として各人の実際取得価格により按分して計算します。 　　相続税の総額 × $\dfrac{各人の課税価格}{課税価格の合計額}$（按分割合）＝各人の税額 　（注）按分割合に小数点以下2位未満の端数がある場合には、按分割合の合計値が1になるように端数を調整して、按分割合を計算します。

3. 相続税額の2割加算 （法18） （法21の15、 令5の2の2）	①相続・遺贈により財産を取得した者が、被相続人の**一親等の血族**（その代襲相続人である被相続人の直系卑属を含みます。）及び**配偶者**のいずれでもない場合には、その者の相続税額にその税額の20％相当額を加算します。 ②被相続人の直系卑属でその被相続人の養子となっている者は①の一親等血族には含まれません。（→いわゆる孫養子には2割加算があります。） ③相続開始時に①②の一親等血族に該当しない相続時精算課税適用者（孫養子ではない人が養子縁組を解消した場合など）については、次の税額は2割加算の対象となりません。 $$その適用者の\atop 1.の税額 × \frac{精算課税適用財産のうち一親等血族であった\;期間内の贈与財産（一親等時贈与財産という。）}{その適用者の（相続・遺贈財産＋精算課税適用財産）}$$ ④令和6年1月1日以後は、一親等時贈与財産の価額からその期間内の年分の相続時精算課税に係る基礎控除を差し引いた残額の合計額となります。 なお、その特定贈与者から一親等時贈与財産と一親等時贈与財産以外の財産の両方を取得した年分については、その年分における一親等時贈与財産の価額から下記算式による金額を控除した残額の合計額となります。 $$その年分の相続時精算\atop 課税に係る基礎控除額 × \frac{一親等時贈与財産の価額}{一親等時贈与財産\;の価額 + 一親等時贈与財産\;以外の財産の価額}$$
（相基通18-2）	特定贈与者よりも先に死亡している相続時精算課税適用者に係る一親等の血族であるかどうかの判定は、その相続時精算課税適用者が死亡した時の状況により判定します。
4. 税額控除 （相基通20の2 -4）	3.の加算後の各人の相続税額から、次の順序によって、税額控除を行います。 ①贈与税額控除（P.151参照） ②配偶者に対する相続税額の軽減 ③未成年者控除 ④障がい者控除 ⑤相次相続控除 ⑥外国税額控除

相 続 税

相続税額

■配偶者の税額軽減

1. 適用要件 (法19の2) (相基通19の2 -1、19の2-2、 19の2-3)	(1)婚姻の届出（民法739①）をした被相続人の配偶者であること。 ①配偶者が制限納税義務者であっても適用があります。 ②配偶者が相続を放棄した場合でも、配偶者が遺贈により財産を取得した場合には適用があります。 ③事実上婚姻関係と同様の事情（いわゆる内縁関係）にある者は含まれません。 (2)申告要件 相続税の申告書（期限後申告書、修正申告書を含みます。）又は更正請求書に適用を受ける旨、計算に関する明細（申告書第5表）を記載すること。	
(規1の6)	(3)添付書類 (2)の申告書又は更正請求書に次の書類を添付すること。 ⅰ遺言書の写し ⅱ遺産分割協議書（その相続に係るすべての共同相続人及び包括受遺者が自署し、自己の印を押しているものに限ります。）の写し（印鑑証明書添付） ⅲその他、財産の取得の状況を証する書類 （調停又は審判により分割されていれば、調停調書又は審判書の謄本） （生命保険金等が相続又は遺贈により取得したものとみなされるものである場合は、支払通知書等） ⅳ**遺産の全部又は一部が未分割である場合には、その旨並びに分割されていない事情及び分割の見込みの詳細を記載した書類（「申告期限後3年以内の分割見込書」）**	
2. 配偶者の税額 軽減額の計算	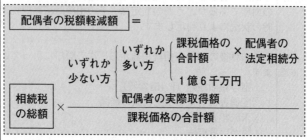	
(相基通19の2-4)	①「配偶者の法定相続分」は、相続の放棄があった場合でも、その放棄がなかったものとした場合の相続分をいいます。 ②「配偶者の実際取得価額」には申告期限までに分割されていない財産は含みません。 具体的には、次に掲げるものが含まれます。	

（ i ） 申告期限内に遺産分割（遺産の一部分割を含みます。）によって
取得した財産
（ ii ） 単独の相続や包括遺贈によって取得した財産（(i)以外の財産に限
ります。）
（ iii ） 特定遺贈によって取得した財産
（ iv ） 相続税法上、相続や遺贈によって取得したものとみなされる財産
（ v ） 相続開始前 7 年以内（ 3 年以内）の贈与財産で、相続税の課税価
格に加算されるもの

※相続税の申告期限までに分割されていない財産であっても、次の i
又は ii に掲げる場合に該当することとなったときは、改めて上記の
算式により配偶者の税額軽減の計算を行うことができますが、この
場合、遺産分割が行われた日の翌日から 4 か月以内に更正の請求書
を提出しなければなりません。
　 i 　相続税の申告期限後 3 年以内に財産が分割された場合
　 ii 　相続税の申告期限後 3 年を経過する日までに財産の分割ができ
ないやむを得ない事情があり、税務署長の承認を受けた場合で、
その事情がなくなった日の翌日から 4 か月以内に分割されたとき
（税務署長の承認を受けようとする場合には、相続税の申告期限
後 3 年を経過する日の翌日から 2 か月以内に、財産の分割ができ
ないやむを得ない事情の詳細を記載した承認申請書を提出する必
要があります。）

（相基通19の2-6）　未分割財産があり、かつ、配偶者負担の債務控除額がある場合には、
その債務控除額は配偶者の課税価格に含まれている未分割財産の価額
から優先的に控除し、控除しきれない残額を配偶者の実際取得額から
控除します。

（相基通19の2-5）　(注) 配偶者が財産の分割前に死亡している場合
被相続人の死亡後、財産が分割される前に配偶者が死亡した場合
において、第 1 次相続に係る配偶者以外の共同相続人等及び第 2
次相続に係る共同相続人等（死亡した配偶者の共同相続人等）に
よって、第 1 次相続に係る遺産分割が行なわれ、死亡した配偶者
の取得した財産として確定させたものは、第 1 次相続において配
偶者が取得したものとして配偶者の税額軽減の適用を受けること
ができます。
この場合において、配偶者に納付すべき相続税額があるときは、
第 2 次相続の相続人は相次相続控除の適用を受けることとなります。
また、第 1 次相続に係る配偶者の申告義務及び納税義務は第 2 次
相続に係る相続人に引き継がれ、債務控除の適用があります。

**3. 遺産の全部又
は一部が未分
割の場合**
（ 法19の2②、
　令4の2）

申告期限までに分割されていない財産は配偶者の税額軽減の計算の基礎
となる財産から除かれます。
未分割の場合の申告手続きについては、P.165を参照。

相続税

配偶者

4. 仮装隠ぺいが あった場合 （法19の2⑤） （相基通19の2 -7の2）	・相続税の納税義務者（配偶者だけでなくその被相続人から相続又は遺贈により財産を取得したすべての相続人又は受遺者を含みます。）が、被相続人の配偶者の課税価格の計算の基礎となるべき事実の全部又は一部を隠ぺいし、又は仮装し、これに基づき相続税の申告書を提出し又は提出していなかった場合において、その配偶者が相続税の調査があったこと等により期限後申告書又は修正申告書を提出するときの配偶者の税額軽減額の計算は次によります。

　　　　「隠ぺい」…証拠物件の隠匿、証拠書類の廃棄、財産除外など
　　　　「仮　装」…架空名義・他人名義の流用、領収書・請求書の偽造、変造・架空の注文書、契約書による財産の隠匿など

$$
\begin{pmatrix} 期限後申 \\ 告・修正申 \\ 告の）配偶 \\ 者の税額軽 \\ 減額 \end{pmatrix} = \begin{pmatrix} （期限後申告・ \\ 修正申告の） \\ 相続税の総額 \\ \hline 配偶者が行っ \\ た仮装隠ぺい \\ 相当額を課税 \\ 価格の合計額 \\ に含まないも \\ のとして計算 \\ したもの \end{pmatrix} \times \frac{\begin{cases} いずれか \\ 多い方 \end{cases} \begin{cases} 課税価格の合計額（すべての者の \\ 行った仮装隠ぺいに相当する金額 \times \dfrac{配偶者の}{法定相続分} \\ で配偶者が取得したものを除く） \\ 1億6千万円 \end{cases}}{（期限後申告・修正申告の）課税価格の合計額}
$$

いずれか少ない方　配偶者の実際取得価額（すべての者の行った仮装隠ぺいに相当する金額を除く）

（配偶者の行った仮装隠ぺい相当額を控除します。）

（計算例）配偶者が仮装隠ぺい30,000千円、子が20,000千円仮装隠ぺいしてそれぞれ取得

（千円）

		当初申告	修正申告
課税価格	配偶者	250,000	280,000
	子（2人）	250,000	270,000
	計	500,000	550,000
相続税の総額		131,100	152,350

①当初申告

税額軽減額
↓

$$131,100 \times \frac{少ない方\{250,000、多い方（160,000、500,000 \times \frac{1}{2}）\}}{500,000} = 65,550千円$$

②修正申告（仮装・隠ぺいのない場合）

$$152,350 \times \frac{少ない方\{280,000、多い方（160,000、550,000 \times \frac{1}{2}）\}}{550,000} = 76,175千円$$

③修正申告（すべて仮装・隠ぺいの場合）

　配偶者が行った仮装隠ぺい30,000千円を含まず相続税の総額を計算
　課税価格の合計額520,000千円→相続税の総額139,600千円

$$139,600 \times \frac{少ない方\{250,000、多い方（160,000、520,000 \times \frac{1}{2}）\}}{520,000} = 67,115千円$$

■未成年者控除

※当ページにおいて「18歳」は、令和4年3月31日以前の相続又は遺贈については「20歳」。

1. 適用対象者 （法19の3、令 4の3） （相基通19の3-2） （相基通19の3-1）	相続又は遺贈により財産を取得した者のうちに未成年者があるときは、その未成年者の納付すべき相続税額は、その未成年者の年齢に応じて、算出相続税額から一定額を控除します。 次のいずれにも該当することが要件です。 　①居住無制限納税義務者又は非居住無制限納税義務者であること。 　②被相続人の法定相続人であること（養子を含む）。 　③相続開始時において18歳未満の者であること（婚姻をしている者を含む）。 （注）1．その未成年者が制限納税義務者であっても、被相続人がアメリカに国籍又は住所を有している場合には、日米相続税条約第4条により未成年者控除が適用されます。 　　　2．未成年者控除は、その未成年者が相続を放棄した場合であっても、遺贈により財産を取得しているときはその適用が受けられます。 　　　3．未成年者控除は、その未成年者が、相続又は遺贈により財産を取得していない場合には、適用が受けられません。
2. 控除額 （相基通19の3-3）	未成年者控除額＝（18歳－相続開始時の年齢）×10万円 （注）年齢の1年未満は切り捨て。胎児が生まれた場合の控除額は180万円（令和4年3月31日以前の相続又は遺贈については、200万円）。
3. 控除不足額の 扶養義務者か らの控除 （相基通19の3-4）	①未成年者本人の相続税額から控除しきれなかった控除額は、その者の扶養義務者の相続税額から控除することができます。 （注）未成年者が財産を取得している場合には、その未成年者の未成年者控除前の相続税額が零であっても、控除不足額はその者の扶養義務者の相続税額から控除します。 ②扶養義務者が2人以上いる場合の控除不足額は、扶養義務者全員の協議によるか、又は、各扶養義務者の算出税額（配偶者の税額軽減後）で按分するかのいずれかの方法により配分します。
4. 過去に未成年 者控除を受け たことがある 場合 （相基通19の3-5）	未成年者が2度以上相続した場合には、それぞれの場合に未成年者控除の適用を受けることができますが、その控除額は、既に控除を受けた金額の合計額が最初の相続の際に計算した未成年者控除額に満たない場合のその差額、つまり、現在までの控除不足額の範囲内に限ります。 具体的には、①と②のいずれか少ない金額が控除できます。 ①（18歳－今回の相続開始時の年齢）×10万円 ②（18歳－最初の相続開始時の年齢）×10万円－（過去の控除額）
5. 申告手続	第6表にその控除額を計算して記載します。
6. 特別代理人	相続人が遺産分割時又は申告時において未成年者である場合には、家庭裁判所の審判によって特別代理人を選任し、特別代理人が遺産分割協議書・相続税の申告書に署名・押印します。

■障がい者控除

1. 適用対象者 （法19の4、令 4の4）	相続又は遺贈により財産を取得した者のうちに障がい者があるときは、その障がい者の納付すべき相続税額は、その障がい者の年齢に応じて、算出相続税額から一定額を控除します。 　次のいずれにも該当することが要件です。 　①居住無制限納税義務者であること 　②被相続人の法定相続人であること 　③85歳未満の者であり、かつ、相続開始時において障がい者であること （注）その障がい者が制限納税義務者であっても、被相続人がアメリカに国籍又は住所を有している場合には、日米相続税条約第4条により障がい者控除が適用されます。
2. 控除額	一般障がい者の控除額＝(85歳－相続開始時の年齢)×10万円 特別障がい者の控除額＝(85歳－相続開始時の年齢)×20万円 （注）年齢の1年未満は切り捨てます。
3. 一般障がい者、特別障がい者の範囲 （法19の4②、令4の4、相基通19の4-1、19-4-2、所令10①②）	一般障がい者、特別障がい者の範囲は、次の通りです。

一般障がい者	特別障がい者
①精神保健指定医等の判定により知的障がい者とされた者	①心神喪失の状況にある者又は左の①のうち、重度の知的障がい者とされた者
②精神保健及び精神障がい者福祉に関する法律第45条第2項の規定により交付を受けた精神障がい者保健福祉手帳に障がい等級が2級又は3級である者として記載されている者	②精神障がい者保健福祉手帳に精神保健及び精神障がい者福祉に関する法律施行令第6条第3項に規定する障がい等級が1級である者として記載されている者
③身体障がい者手帳に障がいの程度が3級から6級であると記載されている者	③身体障がい者手帳に、障がいの程度が1級又は2級であると記載された者
④戦傷病者手帳の交付を受けている者のうち障がいの程度が恩給法に定める第四項症から第六項症等と記載されている者	④戦傷病者手帳の交付を受けている者のうち、障がいの程度が恩給法に定める特別項症から第三項症までである者と記載されている者
	⑤原子爆弾被爆者に対する援護に関する法律第11条第1項の規定による厚生労働大臣の認定を受けている者
⑤常に就床を要し、複雑な介護を要する者のうち、その障がいの程度が、上記①又は③に準ずる者として市町村長等の認定を受けている者	⑥常に就床を要し、複雑な介護を要する者のうち、精神又は身体に重度の障がいがある者

	⑥精神又は身体に障がいのある年齢65歳以上の者で、その障がいの程度が上記①又は③に準ずる者として市町村長等の認定を受けている者	⑦精神又は身体に障がいのある年齢65歳以上の者で、障がいの程度が上記①又は③に準ずる者として市町村長等の認定を受けている者
（相基通19の4-3）	相続開始時において、身体障がい者手帳等の交付を受けていない場合であっても、次のすべての要件を満たせば、障がい者控除の適用を受けることができます。 　①相続税の期限内申告書を提出する時において、これらの手帳の交付を受けていること又は手帳の交付を申請中であること。 　②医師の診断等により、相続開始の現況において、明らかに①の手帳に記載される程度の障がいがあると認められること。	
4. 控除不足額の扶養義務者からの控除 （相基通1の2-1）	障がい者本人の相続税額から控除しきれなかった控除額は、その者の扶養義務者の相続税額から控除することができます。 （未成年者控除と同様です。） （参考）扶養義務者とは、次の者をいいます。 　①配偶者 　②直系血族及び兄弟姉妹 　③家庭裁判所の審判を受けて扶養義務者となった三親等内の親族 　④三親等内の親族で生計を一にする者	
5. 過去に障がい者控除を受けたことがある場合 （相基通19の4-4）	障がい者が2回以上相続した場合には、それぞれの場合に障がい者控除の適用を受けることができますが、その控除額は、既に控除を受けた金額の合計額が最初の相続の際に計算した障がい者控除額に満たない場合その差額、つまり、現在までの控除不足額の範囲内に限ります。 今回の相続で特別障がい者に該当する者が前の相続で一般障がい者として障がい者控除を受けている場合、今回の控除額は、以下の通りになります。 $$\left\{20万円\times\left(85歳-\frac{今回の}{年齢}\right)+10万円\times\left(\frac{今回の}{年齢}-\frac{前回の}{年齢}\right)\right\}-\frac{前回の}{控除額}$$	
6. 申告手続	第6表にその控除額を計算して記載します。	

■相次相続控除

1. 適用要件 （法20）	①相続人の 要件	今回の相続人が、被相続人から相続により財産を取得 していること 相続を放棄した者、相続権を失った者が遺贈により 財産を取得した場合には適用がありません。また、 相続人に対する遺贈には適用がありますが、相続人 でない者への遺贈には適用がありません。
	②被相続人の 要件	(i)今回の相続（2次相続）の開始前10年以内に開始し た相続（1次相続）により、今回の相続に係る被相 続人が財産（1次相続に係る被相続人からの贈与に より取得した相続時精算課税の適用を受けた財産を 含みます。）を取得していること。 （注）1次相続に係る被相続人の死亡後、財産の全 部又は一部が分割される前に2次相続が発生した場 合には、1次相続及び2次相続に係る共同相続人等 によって1次相続に係る遺産分割が行われることと なります。 この分割協議により2次相続に係る被相続人が財産 を取得することとなったときは、2次相続に係る相 続人はこの規定の適用を受けることになります。 (ii)1次相続について、2次相続に係る被相続人が相続 人として相続税が課税されていること。 （注）2次相続が開始した時において、1次相続に 係る相続税が延納等の理由により未納であれば、2 次相続に係る課税価格の計算上、その税額は債務控 除の対象になります。2次相続開始後に納税義務が 確定した1次相続に係る相続税についても同様です （令3）。

2. 相次相続控除 額の計算 （相基通20-3）	①通常の場合

$$A \times \frac{C}{B-A} \left[求めた割合が \frac{100}{100} を超えるときは \frac{100}{100} とする \right] \times \frac{D}{C} \times \frac{10-E}{10}$$

	算式中の符号の内容	申告書参照欄
A	2次相続に係る被相続人が1次相続により 取得した財産につき課せられた相続税額	被相続人の1次相続に 係る申告書第1表の納 付すべき税額
B	2次相続に係る被相続人が1次相続により 取得した財産の価額（債務控除後の金額）	被相続人の1次相続に 係る申告書第1表の純 資産価額
C	2次相続により相続人及び受遺者の全員が 取得した財産の価額（債務控除後の金額）	2次相続に係る申告書 第1表④の合計額
D	2次相続により相次相続控除の対象となる 相続人が取得した財産の価額（債務控除後 の金額）	各人の2次相続に係る 申告書第1表④の金額

| | E | 1次相続開始の時から2次相続開始の時までの期間に相当する年数（1年未満の端数切捨て） | |

②納税猶予の適用を受ける場合（措通70の6-38）

　2次相続に係る被相続人が農地等についての相続税の納税猶予の適用を受けていた場合又は2次相続により財産を取得した者のうちに農業相続人で納税猶予の適用を受ける者がある場合には、相次相続控除額の計算は次の算式によります。

$$A \times \frac{C}{B-A} \left[求めた割合が \frac{100}{100} を超えるときは \frac{100}{100} とする \right] \times \frac{D}{C'} \times \frac{10-E}{10}$$

		算式中の符号の内容	申告書参照欄
	A	2次相続に係る被相続人が1次相続により取得した財産につき課せられた相続税額（その被相続人が納税猶予の適用を受けていた場合には、納税猶予の規定により免除された税額を除く）	被相続人の1次相続に係る申告書第1表の納付すべき税額
	B	2次相続に係る被相続人が1次相続により取得した財産の価額（債務控除後の金額）	被相続人の1次相続に係る申告書第1表の純資産価額
	C	2次相続により相続人及び受遺者の全員が取得した財産の価額（債務控除後の金額）	2次相続に係る申告書第1表④の合計額
	C'	農業相続人が取得した特例農地等の価額を農業投資価格で計算した場合の2次相続により相続人及び受遺者の全員が取得した財産の価額（債務控除後の金額）	2次相続に係る申告書第3表④の合計額
	D	2次相続により相次相続控除の対象となる相続人が取得した財産の価額（債務控除後の金額。また、対象者が農業相続人である場合には、その者の取得した特例農地等の価額は農業投資価格で計算します。）	各人の2次相続に係る申告書第3表④の金額
	E	1次相続開始の時から2次相続開始の時までの期間に相当する年数（1年未満の端数切捨て）	
3. 第1次相続に係る税額に異動が生じた場合		2次相続に係る相続税の申告期限後に、1次相続に係る相続税額に異動が生じた場合には、その異動後の相続税額により2次相続に係る相次相続税控除額を計算します。	

— 164 —

■外国税額控除

1. 適用要件 （法20の2）	相続又は遺贈により法施行地外にある財産を取得した場合において、その財産について、その財産の所在国の法令により相続税に相当する税が課せられたときには、国際間の二重課税を防止するために、その財産を取得した者の相続税額から一定額を控除します。 次のいずれにも該当することが要件です。 ①相続又は遺贈（被相続人からの相続開始年分の贈与を含む。）により財産を取得したこと（その相続又は遺贈により取得した財産の価額には、相続開始前7年以内（3年以内）にされた贈与につき、相続税の課税価格に加算された財産の価額を含みます。） ②取得した財産は、法施行地外にあるものであること ③取得した財産について、その財産の所在地国において相続税に相当する税が課税されたこと
2. 控除額 （相基通20の2 －2）	次の①と②の金額のうち、いずれか少ない金額が控除されます。 ①課せられた外国税額 ②次の算式により計算した金額

$$\left(\begin{array}{c}\text{その者の相次相続}\\\text{控除後の相続税額}\end{array}\right) \times \frac{\begin{array}{c}\text{外国に所在する財産の価額}\\\text{（その財産に係る債務の金額控除後）}\end{array}}{\left(\begin{array}{c}\text{相続又は遺贈により取得した財産の価額のうち課税価格}\\\text{計算の基礎に算入された部分の金額（債務控除後の金額）}\end{array}\right)}$$

3. 邦貨換算 （相基通20の2 －1）	控除額の計算において、外国において課せられた外国税額は、その納付すべき日の電信売相場より邦貨に換算するものとされています。ただし、送金が著しく遅延して行われるときを除き、国内から送金する日の電信売相場によることができます。
4. 申告手続	第8表に控除額を計算して記載します。

外国税額控除額 農地等納税猶予税額 の 計 算 書

被相続人 _____

第8表（令和5年1月分以降用）

1 外国税額控除

（この表は、課税される財産のうちに外国にあるものがあり、その財産について外国において日本の相続税に相当する税が課税されている場合に記入します。）

外国で相続税に相当する税を課せられた人の氏名	外国の法令により課せられた税			③①の日現在における邦貨換算率	④邦貨換算税額（②×③）	⑤邦貨換算在外純財産の価額	⑥⑤の金額取得財産の価額割合	⑦相次相続控除後の税額×⑥	⑧控除額④と⑦のうちいずれか少ない方の金額
	国名及び税の名称	①納期限（年月日）	②税額						
杉田太郎	××国相続税	X·6·20	57,600ドル	110.⁰⁰円	6,336,000円	16,257,800円	0.2589	6,806,850円	6,336,000円
	‥								

（注）1　⑤欄は、在外財産の価額（被相続人から相続開始の年に暦年課税に係る贈与によって取得した財産及び相続時精算課税適用財産の価額を含みます。）からその財産についての債務の金額を控除した価額を記入します。

2　⑥欄の「取得財産の価額」は、第1表の④欄の金額と被相続人から相続開始の年に暦年課税に係る贈与によって取得した財産の価額の合計額によります。

3　各人の⑧欄の金額を第8の8表1のその人の「外国税額控除額④」欄に転記します。

— 165 —

■未分割の場合の申告手続き

1. 課税価格の計算 （法55、相基通55-1、13-3）	申告期限までに分割されていない財産がある場合には、その未分割の財産は、共同相続人（又は包括受遺者）のそれぞれが、民法第900条（法定相続分）から第902条（遺言による相続分の指定）まで及び第903条（特別受益者の相続分）の規定による相続分に応じて取得したものとし、債務の負担者が未確定のときは、民法第900条から第902条までの規定による相続分で配分して債務控除の適用を受けることとして各人の課税価格を計算します。 ※債務の負担者が未確定の場合に、債務控除額が取得財産額を超える場合は、その超える部分の金額を他の相続人又は包括受遺者の課税価格から控除して申告することができます。（負担者が確定している場合は、他の納税義務者の課税価格から控除することはできません。）
2. 遺産の一部が未分割である場合の申告方式 （東京地裁判平17.11.4）	• 相続税法第55条による各相続人の課税価格の計算は次の方式が考えられますが、裁判例においては穴埋め方式に計算することが相当とされています。 　①積上げ方式　（分割済み財産＋未分割財産×法定相続分）を課税価格として計算する方法 　②穴埋め方式　（全体財産×法定相続分－分割済み財産）を残りの価額相当分として課税価格を計算する方法 • 穴埋め方式の計算例 | 分割済み財産	全体分（A）・各人分（a）
生命保険金などのみなし財産	全体分（B）・各人分（b）
未分割財産	全体分（C） | ①　（A＋C）×法定相続分－a＝各人の未分割財産の具体的相続分の価額 ②　①÷相続人全員の①の合計額＝各人の具体的相続分の割合 ③　C×②＝各人の未分割財産の取得可能額（d） ④　各人の課税価格＝a＋b＋d なお、債務については共同相続人の合意により分割の対象とした場合を除き、一般に遺産分割の対象とならず、実際に負担する金額を債務控除すれば足りるので、相続税法第55条上考慮しません。
3. 未分割の場合に適用できない規定 （法19の2②、措法69の4④、69の5③、70の6④、70の7の2⑦、令18①一ロ）	(1) **申告期限までに遺産が未分割の場合、その未分割の財産については、以下の規定の適用はできません。** | ①	配偶者の税額軽減 申告期限までに分割されていない財産は配偶者の税額軽減の計算の基礎となる財産から除かれます。
②	小規模宅地等についての課税価格の計算の特例
③	特定計画山林についての課税価格の計算の特例
④	農地等についての相続税の納税猶予
⑤	非上場株式等に係る相続税の納税猶予
⑥	物納　など	

相続税

外国税額

未分割

（規1の6③二、
措規23の2⑦
五、六、⑧）

(2)　申告期限後3年以内に分割予定の場合

申告期限において分割されていない財産が申告期限後3年以内に分割予定であり、この遺産について分割後に(1)①～③の適用を受けようとするときは、申告書にその旨並びに分割されていない事情及び分割の見込みの詳細を記載した書類（「**申告期限後3年以内の分割見込書**」）を添付しなければなりません。

（令4の2、措令
40の2㉒㉓）

(3)　申告期限後3年以内に分割できないやむを得ない事情がある場合

申告期限後3年を経過する日の翌日から2か月以内に「**遺産が未分割であることについてやむを得ない事由がある旨の承認申請書**」を所轄税務署長に提出して承認を受けたときは、3年という制限期間を伸長することができます。この場合には、分割ができることとなった日の翌日から4か月以内に更正の請求を行い、特例の適用を受けることができます。

やむを得ない事由	分割できることとなった日
①申告期限の翌日から3年を経過する日において、その相続又は遺贈に関する訴えが提起されている場合（和解又は調停の申立てがされている場合において、申立ての時に訴えの提起がされたものとみなされるときを含みます。）	判決の確定又は訴えの取下げの日その他その訴訟の完結の日
②申告期限の翌日から3年を経過する日において、その相続又は遺贈に関する和解、調停又は審判の申立てがされている場合	和解若しくは調停の成立、審判の確定又はこれらの申立ての取下げの日その他これらの申立てに係る事件の終了の日
③申告期限の翌日から3年を経過する日において、その相続又は遺贈に関し、民法第908条第1項若しくは第4項の規定により遺産の分割が禁止され、又は民法第915条第1項ただし書の規定により相続の承認若しくは放棄の期間が伸長されている場合（調停又は審判の申立てがされている場合において、その分割の禁止をする旨の調停が成立し、又はその分割の禁止若しくはその期間の伸長をする旨の審判若しくはこれに代わる裁判が確定したときを含む。）	その分割の禁止がされている期間又は伸長されている期間が経過した日
④①～③のほか、相続又は遺贈に係る財産が、その申告期限の翌日から3年を経過する日までに分割されなかったこと及びその財産の分割が遅延したことについて、税務署長がやむを得ない事情があると認める場合	その事情の消滅の日

通信日付印の年月日	（確　認）		番　　号
年　月　日		・	

被相続人の氏名　_____

申告期限後3年以内の分割見込書

　相続税の申告書「第11表（相続税がかかる財産の明細書）」に記載されている財産のうち、まだ分割されていない財産については、申告書の提出期限後3年以内に分割する見込みです。

　なお、分割されていない理由及び分割の見込みの詳細は、次のとおりです。

　1　分割されていない理由

_____

_____

_____

_____

_____

　2　分割の見込みの詳細

_____

_____

_____

_____

_____

　3　適用を受けようとする特例等

　⑴　配偶者に対する相続税額の軽減（相続税法第19条の2第1項）
　⑵　小規模宅地等についての相続税の課税価格の計算の特例
　　　（租税特別措置法第69条の4第1項）
　⑶　特定計画山林についての相続税の課税価格の計算の特例
　　　（租税特別措置法第69条の5第1項）
　⑷　特定事業用資産についての相続税の課税価格の計算の特例
　　　（所得税法等の一部を改正する法律（平成21年法律第13号）による
　　　改正前の租税特別措置法第69条の5第1項）

（資4－21－A4統一）

—168—

遺産が未分割であることについてやむを得ない事由がある旨の承認申請書

```
税 務 署
受 付 印
```

_____年_____月_____日提出

〒
住　所
（居所）　_____

_____税務署長

申請者　氏　名　_____

（電話番号　　　　－　　　　－　　　　）

遺産の分割後、
- 配偶者に対する相続税額の軽減（相続税法第19条の2第1項）
- 小規模宅地等についての相続税の課税価格の計算の特例（租税特別措置法第69条の4第1項）
- 特定計画山林についての相続税の課税価格の計算の特例（租税特別措置法第69条の5第1項）
- 特定事業用資産についての相続税の課税価格の計算の特例（所得税法等の一部を改正する法律（平成21年法律第13号）による改正前の租税特別措置法第69条の5第1項）

の適用を受けたいので、

遺産が未分割であることについて、
- 相続税法施行令第4条の2第2項
- 租税特別措置法施行令第40条の2第23項又は第25項
- 租税特別措置法施行令第40条の2の2第8項又は第11項
- 租税特別措置法施行令等の一部を改正する政令（平成21年政令第108号）による改正前の租税特別措置法施行令第40条の2の2第19項又は第22項

に規定する

やむを得ない事由がある旨の承認申請をいたします。

1　被相続人の住所・氏名

住　所_____ 氏　名_____

2　被相続人の相続開始の日　　平成／令和　_____年_____月_____日

3　相続税の申告書を提出した日　平成／令和　_____年_____月_____日

4　遺産が未分割であることについてのやむを得ない理由

```
┌─────────────────────────────────┐
│                                 │
│                                 │
│                                 │
│                                 │
└─────────────────────────────────┘
```

（注）やむを得ない事由に応じてこの申請書に添付すべき書類
① 相続又は遺贈に関し訴えの提起がなされていることを証する書類
② 相続又は遺贈に関し和解、調停又は審判の申立てがされていることを証する書類
③ 相続又は遺贈に関し遺産分割の禁止、相続の承認若しくは放棄の期間が伸長されていることを証する書類
④ ①から③までの書類以外の書類で財産の分割がされなかった場合におけるその事情の明細を記載した書類

○　相続人等申請者の住所・氏名等

住　所　（　居　所　）	氏　名	続　柄

○　相続人等の代表者の指定　　代表者の氏名_____

関与税理士		電話番号	

※欄は記入しないでください。

※	通信日付印の年月日	（確認）	名簿番号
	年　月　日		

（資4－22－1－A4統一）　　（令3.3）

4. 分割後の手続き	(1) **申告手続き**
	相続税の申告期限後に遺産分割が確定し、その確定した分割内容に基づいて計算した課税価格や税額が当初の申告と異なるときの手続きは、相続人（又は包括受遺者）ごとに異なります。

（相基通30-1）

①分割が行われたことにより新たに申告義務が生じた場合	期限後申告（法30①）
②分割が行われたことにより当初申告より税額が多くなった場合	修正申告（法31①）
③分割が行われたことにより当初申告より税額が少なくなった場合	更正の請求※（法32①一）

（相基通32-2）　※未分割財産の分割に係る更正の請求の期限

分割協議の成立により、相続取得した財産の課税価格が民法の相続分で計算した課税価格より少なくなった	分割の日の翌日から4か月を経過する日まで（法32）
3年以内の遺産分割により、配偶者の税額軽減又は小規模宅地等の特例の適用があることとなった	分割の日の翌日から4か月を経過する日と、法定申告期限から5年を経過する日のいずれか遅い日まで（法32、通法23）

（法35③）

(2) **各人の納税額の合計が当初申告と同じである場合**

分割後の各相続人の相続税額の合計が当初申告と同額であっても、相続人のうちの1人が更正の請求を行ったときは、他の相続人の納税額が増えることになりますので、納税額が多くなったその相続人は、期限後申告又は修正申告を行う必要があります。

(3) **配偶者の税額軽減の適用を受ける場合**

当初申告において、未分割であるために配偶者の税額軽減の規定が受けられず、「申告期限後3年以内の分割見込書」を当初の申告書に添付していた場合（又は「遺産が未分割であることについてやむを得ない事由がある場合の承認申請書」を提出した場合）には、分割が行われた日（又は分割ができることとなった日）の翌日から4か月以内に、その分割に基づいて配偶者の税額軽減を適用して更正の請求を行います。（分割により税額が当初申告より多くなる相続人は修正申告を行います。）

（法32①八）

また、法定相続分通りの分割が行われ、各人の課税価格に異動のないときは、配偶者のみが更正の請求を行うこととなります。

(4) **小規模宅地等の課税価格の特例の適用を受ける場合**

(3)と同様、分割が行われた日の翌日から4か月以内に更正の請求を行います。課税価格の合計額が減少するとともに、相続税の総額も減少することになるため、特例の適用を受ける者だけでなく、特例の適用を受けない者についても、更正の請求（又は修正申告）を行います。

（措法69の4④、⑤）

なお、特例の対象となる宅地等が2以上ある場合において、申告期限後にそれらの宅地等の一部が分割され、その分割された宅地等について特例の適用を受けるときには、他の財産が未分割であっても、その一部分割の日の翌日から4か月以内に更正の請求を行う必要があります。

■相続税の期限後申告等

<table>
<tr>
<td rowspan="4">1.国税通則法に
よるもの</td>
<td rowspan="2">申告書未提出
(通法18、25)</td>
<td>期限後申告書</td>
<td colspan="3">(決定があるまで)</td>
</tr>
<tr>
<td>税務署長による決定</td>
<td colspan="3">(申告期限後5年 (偽り不正の場合7年))</td>
</tr>
<tr>
<td rowspan="2">税額不足
(通法19、24)</td>
<td>修正申告書</td>
<td colspan="3">(更正があるまで)</td>
</tr>
<tr>
<td>税務署長による更正</td>
<td colspan="3">(申告期限後5年 (偽り不正の場合7年))</td>
</tr>
<tr>
<td></td>
<td>税額過大
(通法23①)</td>
<td>更正の請求</td>
<td colspan="3">(申告期限後5年)</td>
</tr>
<tr>
<td></td>
<td>申告期限後5
年経過後の後
発的事由によ
る税額過大
(通法23②)</td>
<td>①計算基礎事実が判決により異なった
②財産が他の者に帰属するとする国税
　の更正決定
③①又は②に類するやむを得ない理由</td>
<td>更正の請求</td>
<td>①②③の日
の翌日から
2か月以内</td>
</tr>
<tr>
<td rowspan="3">2.相続税法によ
るもの</td>
<td rowspan="3">①未分割遺産の分割
②認知等による相続人の異動
③遺留分侵害額の請求に基づ
　く支払額の確定
④遺言書の発見など
⑤条件付物納財産についての
　土壌汚染の判明など
⑥財産の権利の帰属に関する
　訴えについての判決
⑦死後認知による相続人への
　弁済額の確定
⑧条件付遺贈の条件成就又
　は、期限付遺贈の期限到来
⑨死亡退職金の支給額の確定
⑩未分割遺産の分割による配
　偶者の税額軽減の適用
⑪特別縁故者への相続財産の
　分与・特別寄与者が支払を
　受けるべき特別寄与料の額
　の確定
⑫国外転出をする場合の譲渡
　所得等の納税猶予分の納付
　義務を継承した相続人の所
　得税納付</td>
<td colspan="2">新たに申告書を提出す
べきこととなった場合
(法30)</td>
<td>期限後申告</td>
</tr>
<tr>
<td colspan="2">税額不足
(法31①)</td>
<td>修正申告</td>
</tr>
<tr>
<td colspan="2">税額過大
(法32)</td>
<td>更正の請求
(①〜⑧⑩⑪
を知った日
の翌日から
4か月以内)</td>
</tr>
</table>

■延納

| 1. 要件
（法38） | (1)申告、更正又は決定による相続税の額が10万円を超えること。 |
| | 　10万円を超えるかどうかは、期限内申告、期限後申告、修正申告、更正又は決定によって納付すべき相続税額のそれぞれについて判定します。（相基通38-1） |

| （令12） | (2)納期限までに又は納付すべき日に金銭で納付することが困難であり、延納税額はその納付を困難とする金額の範囲内であること。
※金銭納付を困難とする金額（延納許可限度額） |

①納付すべき相続税額		
現金納付額	②納期限において有する現金、預貯金その他の換価が容易な財産の価額に相当する金額	
	③申請者及び生計を一にする配偶者その他の親族の3か月分の生活費	
	④申請者の事業の継続のために当面必要な運転資金の額（前年同時期の事業実績から推計した額又は1か月分の経費の額）	
	⑤納期限に金銭で納付することが可能な金額（これを「現金納付額」といいます。）（②－③－④）	
⑥延納許可限度額（①－⑤）		

(3)担保を提供すること。（延納税額が100万円以下で、かつ、延納期間が3年以下である場合は担保提供の必要はありません。）

担保の種類と提出すべき書類（法39、規20、通法50）

担保の種類に関係なく提出すべき書類		担保提供書 担保目録	
担保の種類	①国債及び地方債 ②社債その他の有価証券で税務署長が確実と認めるもの	登録国債	登録国債担保権登録済通知書
		登録地方債・社債	担保権登録済証等
		上記以外	供託書正本
	③土地		抵当権設定登記承諾書（印鑑証明書添付） 登記事項証明書（注） 固定資産税評価証明書
	④建物、立木、船舶、自動車などで保険に付したもの		抵当権設定登記承諾書（印鑑証明書添付） 登記事項証明書（注） 固定資産税評価証明書 保険証券（又は保険契約証書） 質権設定承認書
	⑤鉄道財団、工場財団、鉱業財団など		土地に同じ
	⑥税務署長が確実と認める保証人の保証	保証人が法人	納税保証書（印鑑証明書添付） 法人に係る登記事項証明書（注） 取締役会議事録・決算書等
		保証人が個人	納税保証書（印鑑証明書添付） 源泉徴収票・登記事項証明書（注）等

（注）不動産番号（法人に係る登記事項証明書の場合は、法人の商号や所在地等）の記載のある書類の添付によりこれに代えることができます。

※担保不適格財産

①法令上担保権の設定又は処分が禁止されているもの
②違法建築、土地の違法利用のため建物除去命令等がされているもの
③共同相続人間で所有権を争っている場合など、係争中のもの
④売却できる見込みのないもの
⑤共有財産の持分（共有者全員が持分全部を提供する場合を除く。）
⑥担保に係る国税の附帯税を含む全額を担保としていないもの
⑦担保の存続期間が延納期間より短いもの
⑧第三者又は法定代理人等の同意が必要な場合に、その同意が得られないもの

(i)必要担保の目安

$$\frac{延納}{税額} + \frac{第1回目の}{利子税の額} \times 3 = \frac{必要}{担保額} < \frac{担保の}{見積価額}$$

(ii)担保の見積価額

担保の見積価額は、時価を基準とします（国債及び保証人の保証を除きます）。

種類	見積価額
国債	原則として、券面金額
有価証券	地方債、社債及び株式その他の有価証券については、評価の8割以内において担保提供期間中に予想される価額変動を考慮した金額
土地	時価の8割以内において適当と認める金額
建物・立木及び各種財団	時価の7割以内において担保提供期間中に予想される価額の減耗等を考慮した金額
保証人の保証	延納税額が不履行（滞納）となった場合に、保証人から徴収（保証人の財産を滞納処分の例により換価することによる弁済を含む。）することができると見込まれる金額

（令15）
(4)相続税の納期限又は納付すべき日までに延納申請書及び担保提供関係書類を提出すること

期限までに担保提供関係書類を提出することができない場合は、届出により担保関係書類提出期限の延長（最長6か月※）が認められます。（一度の届出によって延長できる期間は3か月以内です。）

（法39㉒）
※災害その他やむを得ない事由が生じた場合には期限が一定期間延長されます。

2.審査期間

(1)許可・却下

延納申請書が提出された場合は、申請期限から3か月以内に許可又は却下されます。審査期間内に税務署長が許可又は却下をしない場合は延納の許可があったものとみなされます。

(2)補完通知書

　提出された書類に記載の不備があった場合等には、書類の訂正や追加提出を求める「補完通知書」が送付されます。

　提出期限は、受取った日の翌日から20日以内です。期限までに提出することができない場合は届出により提出期限の延長（3か月の範囲内で再延長は最長6か月まで）が認められます。

(3)担保変更等通知書

　担保調査の結果、担保として不適格と認められるとき又は必要価額に満たないときは、担保の変更又は追加を求める「担保変更等通知書」が送付されます。

　提出期限は、受け取った日の翌日から20日以内です。期限までに提出することができない場合は届出により提出期限の延長（3か月の範囲内で再延長は最長6か月まで）が認められます。

(4)みなす取下げ

　補完通知書（又は担保変更等通知書）を最終の補完期限までに提出できなかった場合には、その延納申請は却下されることになります。

3. 延納期間と利子税（法38①、52、措法70の8、70の8の2、70の9、70の10、70の11）

(1)延納期間の区分と利子税割合（原則）　　　　※延納特例割合は次ページ

区分			延納期間（最長）	利子税の原則割合
相続税	不動産等の割合が75%以上の場合	①動産等に係る延納相続税額	10年	年5.4%
		②不動産等に係る延納相続税額（③を除く）	20年	年3.6%
		③森林計画立木の割合が20%以上の場合の森林計画立木に係る延納相続税額	20年	年1.2%
	不動産等の割合が50%以上75%未満の場合	④動産等に係る延納相続税額	10年	年5.4%
		⑤不動産等に係る延納相続税額（⑥を除く）	15年	年3.6%
		⑥森林計画立木の割合が20%以上の場合の森林計画立木に係る延納相続税額	20年	年1.2%
	不動産等の割合が50%未満の場合	⑦一般の延納相続税額（⑧、⑨及び⑩を除く）	5年	年6.0%
		⑧立木の割合が30%を超える場合の立木に係る延納相続税額（⑩を除く）	5年	年4.8%
		⑨特別緑地保全地区等内の土地に係る延納相続税額	5年	年4.2%
		⑩森林計画立木の割合が20%以上の場合の森林計画立木に係る延納相続税額	5年	年1.2%
贈与税		延納贈与税額	5年	年6.6%

（注1）不動産等とは、不動産、不動産の上に存する権利、立木、事業用減価償却資産、特定同族会社の株式や出資をいいます。

（注2）各年の延納特例基準割合※が7.3％未満の場合の延納特例割合は、以下の算式によります。（措法93）

利子税の原則割合×延納特例基準割合※÷7.3％（計算結果を0.1％未満切捨）

※延納特例基準割合

〈平成25年12月31日まで：特例基準割合〉

　各分納期間の開始月の2か月前の月の末日の基準割引率（従来の「公定歩合」）に4％を加算した割合

〈平成26年1月1日から令和2年12月31日まで：特例基準割合〉

　短期貸付の平均利率（各年の前々年の10月から前年の9月までの各月における短期貸付の平均利率の合計を12で除して計算した割合として各年の前年の12月15日までに財務大臣が告示する割合）に1％を加算した割合

〈令和3年1月1日以後：利子税特例基準割合〉

　平均貸付割合（各年の前々年の9月から毎年の8月における国内銀行の貸出約定平均金利の平均として各年の前年11月30日までに財務大臣が告示する割合）に0.5％を加算した割合

平均貸付割合が0.4％の場合（令和5年分）

①延納特例基準割合⇨0.4％＋0.5％＝0.9％

②

利子税の原則割合	延納特例割合	
1.2%	→ 0.1%	(1.2×0.9÷7.3)
3.6%	→ 0.4%	(3.6×0.9÷7.3)
4.2%	→ 0.5%	(4.2×0.9÷7.3)
4.8%	→ 0.5%	(4.8×0.9÷7.3)
5.4%	→ 0.6%	(5.4×0.9÷7.3)
6.0%	→ 0.7%	(6.0×0.9÷7.3)
6.6%	→ 0.8%	(6.6×0.9÷7.3)

(2)延納期間と延納税額の計算方法（立木のない場合）

$\dfrac{\text{不動産等の価額(b)}}{\text{課税相続財産の価額(a)}}$	左の割合	延納相続税額	最長延納期間
	75%以上	① A×(b)/(a) ② 延納申請税額 ③ ①②のいずれか少ない額	20年以内
		延納申請税額－上記金額	10年以内
	50%以上 75%未満	① A×(b)/(a) ② 延納申請税額 ③ ①②のいずれか少ない額	15年以内
		延納申請税額－上記金額	10年以内
	50%未満		5年以内

$$A = \text{納付すべき相続税額} - \text{物納申請税額} - \text{農地等、特例山林及び非上場株式等などの納税猶予税額}$$

（注1）(b)／(a)は小数点3位未満切上げ

（注2）延納税額が150万円未満（最長20年の年賦延納ができる場合には200万円未満）であるときは、延納税額を10万円で除した年数（1年未満切上げ）以内になります。

―175―

(3)**延納年割額**

$$\frac{延納相続税額}{延納期間（年）}＝分納金額$$

(注) 分納金額に1,000円未満の端数があるときは、その端数金額は、すべて最初の分納期限に係る分納税額に合算します。（通法119③）

(4)**利子税の計算方法（100円未満切捨て）**

$$\left(\begin{array}{c}延納\\税額\end{array}-\begin{array}{c}前回までの分\\納税額の合計\end{array}\right)\times\left(\begin{array}{c}利子税\\の割合\end{array}\right)\times\frac{前回分納期限の翌日からその分納期限までの日数}{365}$$

4. 繰上納付 （令28の2）	分納期限に係る分納税額を超えて納付した延納税額は、次回以降の分納税額の合計額に次の順序で充当します。この場合、①から④のうち原則として分納期限の短いものから順次充当します。 　　①動産等に係る延納相続税額 　　②不動産等又は立木に係る延納相続税額 　　③緑地保全区域内の土地に係る延納相続税額 　　④森林計画立木に係る延納相続税額
5. 延納条件の変更・物納への変更 （法39㉚㉜、 48の2）	延納許可後に資力の状況に変化（相続財産を計画通りに譲渡できない等）があったこと等のために、許可された延納条件では延納することが困難な場合には、延納条件の変更を申請することができます。 　延納条件の変更を行っても延納を継続することが困難なときは、申告期限から10年以内に限り、物納に変更することができます。（**特定物納制度**→P.190参照。）
6. 延納の取消 （法40）	(1)　取消しとなる事由 　　①分納税額の滞納（利子税、延滞税のみの滞納を含む）。 　　②担保の変更、増担保の提供の求めに応じないとき。 　　③担保について強制換価手続が開始されたこと。 　　④延納の許可を受けた納税者が死亡し、その相続人が限定承認したとき。 　　⑤質権設定の手続を了した上で保険証券等の提出を条件として延納が許可された場合に、その手続がとられないこと等。
（法39㉜㉝）	(2)　延納の許可を受けた者がその後の資力の状況の変化等により、延納を認めることが不適当とみなされたときには、延納の取消し又は条件変更されることがあります。

相

続

税

延

納

相続税の延納手続

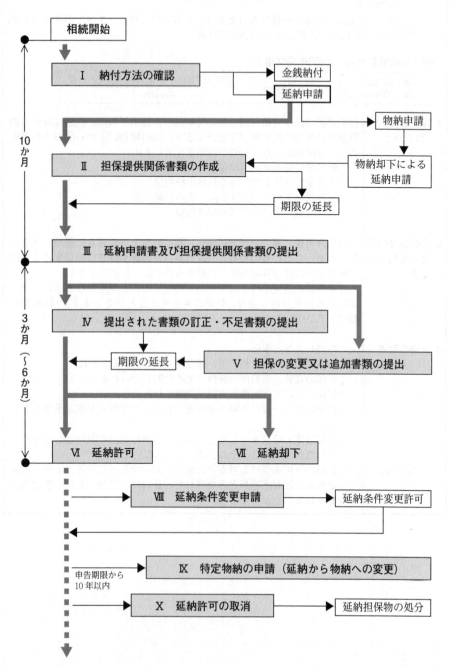

相続税延納申請書

西 税務署長殿　　（〒550-0005）

令和〇〇年 4月2日

住所　大阪市西区西本町1-3-10
フリガナ　スギタ　イチロウ
氏名　杉田 一郎

法人番号

職業　会社員　　電話　06-6536-5572

下記のとおり相続税の延納を申請します。

記

1 延納申請税額

	円
① 納付すべき相続税額	80,000,000
② ①のうち物納申請税額	40,200,000
③ ①のうち納税猶予をする税額	―
④ 差引（①-②-③）	39,800,000
⑤ ④のうち現金で納付する税額	11,650,000
⑥ 延納申請税額（④-⑤）	28,150,000

2 金銭で納付することを困難とする理由

別紙「金銭納付を困難とする理由書」のとおり。

3 不動産等の割合

区分	課税相続財産の価額（③の税額がある場合には農業投資価格等によります。）	割合
割合の判定 ⑦ 立木の価額		⑩ (⑦/⑨)（端数処理不要） 0.
不動産等（⑦を含む。）の価額 ⑧	217,285,621	⑪ (⑧/⑨)（端数処理不要） 0.8008
全体の課税相続財産の価額 ⑨	271,321,523	
割合の計算 ⑫ 立木の価額（千円未満の端数切捨て）	,000	⑮（小数点第三位未満切上げ）(⑫/⑭) 0.
不動産等（⑦を含む。）の価額 ⑬（千円未満の端数切捨て）	217,285 ,000	⑯（小数点第三位未満切上げ）(⑬/⑭) 0.801
全体の課税相続財産の価額 ⑭（千円未満の端数切捨て）	271,321 ,000	

4 延納申請税額の内訳　　5 延納申請年数　6 利子税の割合

不動産等の割合（⑪）が75％以上の場合	不動産等に係る延納相続税額	④×⑮と⑥とのいずれか少ない方の金額	⑰（100円未満端数切り上げ）28,150,000	（最高）20年以内　20　3.6
	動産等に係る延納相続税額（⑥-⑰）		⑱	（最高）10年以内　　5.4
不動産等の割合（⑪）が50％以上75％未満の場合	不動産等に係る延納相続税額	④×⑮と⑥とのいずれか少ない方の金額	⑲（100円未満端数切り上げ）00	（最高）15年以内　　3.6
	動産等に係る延納相続税額（⑥-⑲）		⑳	（最高）10年以内　　5.4
不動産等の割合（⑪）が50％未満の場合	立木に係る延納相続税額	④×⑮と⑥とのいずれか少ない方の金額	㉑（100円未満端数切り上げ）00	（最高）5年以内　　4.8
	その他の財産に係る延納相続税額（⑥-㉑）		㉒	（最高）5年以内　　6.0

7 不動産等の財産の明細　　別紙不動産等の財産の明細書のとおり

8 担保　　別紙目録のとおり

作成税理士　事務所所在地・電話番号・署名

税務署整理欄	郵送等年月日	担当者印
	令和　年　月　日	

9 分納税額、分納期限及び分納税額の計算の明細

期　間	分　納　期　限	㉔ 不動産等又は立木に係る税額 ((⑰÷「5」欄の年数)、(⑲÷「5」欄の年数) 又は (㉑÷「5」欄の年数))	㉕ 動産等又はその他の財産に係る税額 ((⑱÷「5」欄の年数)、(⑳÷「5」欄の年数) 又は (㉒÷「5」欄の年数))	分納税額計 (㉔＋㉕)
第 1 回	令和○○年 4月 2日	1,417,000 円	円	1,417,000 円
第 2 回	○○年 4月 2日	1,407 ,000	,000	1,407 ,000
第 3 回	○○年 4月 2日	1,407 ,000	,000	1,407 ,000
第 4 回	○○年 4月 2日	1,407 ,000	,000	1,407 ,000
第 5 回	○○年 4月 2日	1,407 ,000	,000	1,407 ,000
第 6 回	○○年 4月 2日	1,407 ,000	,000	1,407 ,000
第 7 回	○○年 4月 2日	1,407 ,000	,000	1,407 ,000
第 8 回	○○年 4月 2日	1,407 ,000	,000	1,407 ,000
第 9 回	○○年 4月 2日	1,407 ,000	,000	1,407 ,000
第10回	○○年 4月 2日	1,407 ,000	,000	1,407 ,000
第11回	○○年 4月 2日	1,407 ,000		1,407 ,000
第12回	○○年 4月 2日	1,407 ,000		1,407 ,000
第13回	○○年 4月 2日	1,407 ,000		1,407 ,000
第14回	○○年 4月 2日	1,407 ,000		1,407 ,000
第15回	○○年 4月 2日	1,407 ,000		1,407 ,000
第16回	○○年 4月 2日	1,407 ,000		1,407 ,000
第17回	○○年 4月 2日	1,407 ,000		1,407 ,000
第18回	○○年 4月 2日	1,407 ,000		1,407 ,000
第19回	○○年 4月 2日	1,407 ,000		1,407 ,000
第20回	○○年 4月 2日	1,407 ,000		1,407 ,000
計		(⑰、⑲又は㉑の金額) 28,150,000	(⑱、⑳又は㉒の金額)	(⑥の金額) 28,150,000

（1,000円未満の端数が生ずる場合には端数金額は第1回に含めます。）

10 その他参考事項

右の欄の該当の箇所を○で囲み住所氏名及び年月日を記入してください。	被相続人、遺贈者	(住所) 大阪市西区西本町1-3-10	
		(氏名) 杉田 太郎	
	相続開始　遺贈年月日		令和○○年 6月 2日
	申告(期限内)、期限後、修正、更正、決定年月日		令和○○年 4月 2日
	納　期　限		令和○○年 4月 2日
物納申請の却下に係る延納申請である場合は、当該却下に係る「相続税物納却下通知書」の日付及び番号			平成 令和　　　第　　　号　　　年　　月　　日
担保が保証人（法人）の保証である場合は、**保証人である法人の延納許可**申請日の直前に終了した事業年度に係る法人税申告書の提出先及び提出日			税務署　令和　　年　　月　　日

■物納

1. 要件 （法41）	(1)相続税を延納によっても金銭で納付することが困難な事由があること。 　①相続による取得財産だけでなく、納税者自身の資産の所有状況や収入及び生活費等の状況を総合的に勘案します。 　②金銭一時納付及び延納による納付可能額を控除した額についてのみ物納申請できます。 　③金銭で納付することが困難かどうかは、納税者それぞれについて判定し、同一の被相続人から相続・遺贈により財産を取得した他の共同相続人の財産を考慮する必要はありません。 (2)物納税額は金銭で納付することを困難とする金額の限度内であること。 　→2. (3)物納できる財産であること。→3. (4)申請により税務署長の許可を受けること。→7. (5)相続税の納期限又は納付すべき日までに物納申請書及び物納手続関係書類を提出すること。

2. 金銭納付を困難とする金額（物納の許可限度額）
（相基通38-2、41-1）

①		納付すべき相続税額
現金納付額	②	納期限において有する現金、預貯金その他の換価が容易な財産の価額に相当する金額
	③	申請者及び生計を一にする配偶者その他の親族の3か月分の生活費
	④	申請者の事業の継続のために当面（1か月分）必要な運転資金（経費等）の額
	⑤	納期限に金銭で納付することが可能な金額（これを「現金納付額」といいます。）（②－③－④）
延納によって納付することができる金額	⑥	年間の収入見込額
	⑦	申請者及び生計を一にする配偶者その他の親族の年間の生活費※
	⑧	申請者の事業の継続のために必要な運転資金（経費等）の額
	⑨	年間の納付資力（⑥－⑦－⑧）
	⑩	おおむね1年以内に見込まれる臨時的な収入
	⑪	おおむね1年以内の臨時的な支出
	⑫	上記の③及び④
	⑬	延納によって納付することができる金額（⑨×最長延納年数＋（⑩－⑪＋⑫））
⑭		物納許可限度額（①－⑤－⑬）

※生活費の検討に当たって加味すべき金額の例

○住宅ローン返済、管理費等の金額　○その他銀行借入金、親族からの借入金の返済金額　○固定資産税の負担金額（自用地部分）　○生命保険、損害保険等の支払金額
○子供の教育費　○入院等をしている場合の医療費　○扶養している親族への仕送り
○慶弔費・交際費　○車両維持費など

金銭納付を困難とする理由書

（相続税延納・物納申請用）

令和〇〇年 **4**月**2**日

西 税務署長　殿

住　所　**大阪市西区西本町1-3-10**

氏　名　**杉田　一郎**

令和〇〇年 **6**月 **2**日付相続（被相続人 **杉田　太郎**）に係る相続税の納付については、

納期限までに一時に納付することが困難であり　、その納付困難な金額は次の表の計算のとおり
延納によっても金銭で納付することが困難であり、
であることを申し出ます。

1	納付すべき相続税額（相続税申告書第1表㉔の金額）	A	80,000,000 円
2	納期限（又は納付すべき日）までに納付することができる金額	B	11,650,000 円
3	延納許可限度額 【A-B】	C	68,350,000 円
4	延納によって納付することができる金額	D	28,150,000 円
5	物納許可限度額 【C-D】	E	40,200,000 円

2 納期限（又は納付すべき日）までに納付することができる金額の計算	(1) 相続した現金・預貯金等	（イ＋ロ－ハ）	【 3,600,000 円】	
	イ　現金・預貯金（相続税申告書第15表の金額）	（ 7,800,000 円）		
	ロ　換価の容易な財産（相続税申告書第11表・第15表該当の金額）	（ 1,500,000 円）		
	ハ　支払費用等	（ 5,700,000 円）		
	内訳　相続債務（相続税申告書第15表の金額）	［ 900,000 円］		
	葬式費用（相続税申告書第15表の金額）	［ 2,000,000 円］		
	その他（支払内容：遺言執行費用）	［ 1,800,000 円］		
	（支払内容：仏事関連費用）	［ 1,000,000 円］		
	(2) 納税者固有の現金・預貯金等	（イ＋ロ＋ハ）	【 10,200,000 円】	
	イ　現金	（ 200,000 円）	←裏面①の金額	
	ロ　預貯金	（ 4,000,000 円）	←裏面②の金額	
	ハ　換価の容易な財産	（ 6,000,000 円）	←裏面③の金額	
	(3) 生活費及び事業経費	（イ＋ロ）	【 2,150,000 円】	
	イ　当面の生活費（3月分）　うち申請者が負担する額	（ 2,150,000 円）	←裏面⑪の金額×3/12	
	ロ　当面の事業経費	（　　　　　円）	←裏面⑭の金額×1/12	
	Bへ記載する	【(1)＋(2)－(3)】	B	【 11,650,000 円】

4 延納によって納付することができる金額の計算	(1) 経常収支による納税資金 （イ×延納年数（最長20年））＋ロ	【 30,150,000 円】		
	イ　裏面④－（裏面⑪＋裏面⑭）	（ 1,400,000 円）		
	ロ　上記2(3)の金額	（ 2,150,000 円）		
	(2) 臨時的収入	【　　　　　円】	←裏面⑮の金額	
	(3) 臨時的支出	【 2,000,000 円】	←裏面⑯の金額	
	Dへ記載する	【(1)＋(2)－(3)】	D	28,150,000 円

添付資料

☐　前年の確定申告書(写)・収支内訳書(写)

☑　前年の源泉徴収票(写)

☐　その他（　　　　　　　　　　　　　　　　　　　　　　　　　　　）

（裏面）

1　納税者固有の現金・預貯金その他換価の容易な財産

手持ちの現金の額			①	200,000 円
預貯金の額	XX銀行/XX支店（ 4,000,000円）	／ （　　　　円）	②	4,000,000 円
	／ （　　　　円）	／ （　　　　円）		
換価の容易な財産	上場株式（ 2,000,000円）	投資信託（ 2,400,000円）	③	6,000,000 円
	XX生命保険（ 1,600,000円）	（　　　　円）		

2　生活費の計算

給与所得者等：前年の給与の支給額		④	10,000,000 円
事業所得者等：前年の収入金額			
申請者　　　　　　　　　100,000 円　×　12		⑤	1,200,000 円
配偶者その他の親族　（　3　人）×45,000円　×　12		⑥	1,620,000 円
給与所得者：源泉所得税、地方税、社会保険料（前年の支払額）		⑦	2,500,000 円
事業所得者：前年の所得税、地方税、社会保険料の金額			
生活費の検討に当たって加味すべき金額　　加味した内容の説明・計算等　　　別紙明細　　別紙　適宜作成		⑧	5,000,000 円
生活費（1年分）の額　　（⑤＋⑥＋⑦＋⑧）		⑨	10,320,000 円

3　配偶者その他の親族の収入

氏名　杉田 花子	（続柄　妻　）	前年の収入（　2,000,000　円）	⑩	2,000,000 円
氏名	（続柄　　）	前年の収入（　　　　円）		
申請者が負担する生活費の額　　⑨×（④/（④＋⑩））			⑪	8,600,000 円

4　事業経費の計算

前年の事業経費（収支内訳書等より）の金額	⑫	円
経済情勢等を踏まえた変動等の調整金額　　調整した内容の説明・計算等	⑬	円
事業経費（1年分）の額　　（⑫＋⑬）	⑭	円

5　概ね1年以内に見込まれる臨時的な収入・支出の額

臨時的収入		年　月頃（　　　　円）	⑮	円
		年　月頃（　　　　円）		
臨時的支出	相続税申告報酬	○○ 年 5 月頃（ 1,700,000 円）	⑯	2,000,000 円
	法要費用	○○ 年 6 月頃（　300,000 円）		

3. 物納可能な財産及び順位	(1)相続または遺贈により取得した財産 (2)相続開始前7年以内（3年以内）に贈与により取得した財産で相続税の課税価格に加算されたもの （相続時精算課税の適用を受ける財産を物納に充てることはできません） (3)上記財産の代償財産、収用により代替取得した不動産、合併によって取得した株式等、課税価格計算の基礎になった財産により取得した財産

⇩のうち

	順位	物納に充てることのできる財産の種類
	第1順位	①不動産、船舶、国債証券、地方債証券、上場株式等（特別の法律により法人の発行する債券及び出資証券を含み、短期社債等を除きます。）
※物納劣後財産はP.185参照		②不動産及び上場株式等のうち物納劣後財産に該当するもの
	第2順位	③非上場株式等（特別の法律により法人の発行する債券及び出資証券を含み、短期社債等を除きます。）
		④非上場株式のうち物納劣後財産に該当するもの
	第3順位	⑤動産

(措法70の12)	※特定登録美術品の物納 　美術品の美術館における公開の促進に関する法律第2条第3号に規定する登録美術品は下記要件を満たせば物納順位1位として物納することができます。 (i)相続の開始時において既に同法第3条第1項に規定する登録をうけていること (ii)物納申請書に評価価格通知書その他一定の事項を記載した書類を添付すること

4. 管理処分不適格財産（物納に充てることができない財産の一覧表） （令18、規21）	不動産	イ　担保権の設定の登記がされていることその他これに準ずる事情がある不動産 　①　抵当権の目的となっている不動産 　②　譲渡により担保の目的となっている不動産 　③　差押えがされている不動産 　④　買戻しの特約が付されている不動産 　⑤　その他処分の制限がされている不動産
		ロ　権利の帰属について争いがある不動産 　①　所有権の存否又は帰属について争いがある不動産 　②　地上権、永小作権、賃借権その他の所有権以外の使用及び収益を目的とする権利の存否又は帰属について争いがある不動産
		ハ　境界が明らかでない土地 　①　境界標の設置がされていないことにより他の土地との境界を認識することができない土地（ただし、申請される財産の取引（売買）において、通常行われる境界の確認方法により境界が確認できるものを除く。）

② 土地使用収益権（地上権、賃借権等）が設定されている土地の範囲が明確ではない土地

ニ　隣接する不動産の所有者その他の者との争訟によらなければ通常の使用ができないと見込まれる不動産
① 隣地に存する建物等が境界線を越えるその土地（ひさし等で軽微な越境の場合で、隣接する不動産の所有者の同意があるものを除く）
② 物納財産である土地に存する建物等が隣地との境界線を越えるその土地（ひさし等で軽微な越境の場合で、隣接する不動産の所有者の同意があるものを除く）
③ 土地使用収益権の設定契約の内容が、設定者にとって著しく不利なその土地
④ 建物の使用・収益をする契約の内容が、設定者にとって著しく不利なその建物
⑤ 賃貸料の滞納がある不動産その他収納後の円滑な契約の履行に著しい支障を及ぼす事情が存すると見込まれる不動産
⑥ その敷地を通常の地代により国が借り受けられる見込みのない土地上の建物

ホ　他の土地に囲まれて公道に通じない土地で民法第210条（公道に至るための他の土地の通行権）の規定による通行権の内容が明確でないもの

ヘ　借地権の目的となっている土地で、その借地権を有する者が不明であることその他これに類する事情のあるもの

ト　他の不動産（他の不動産の上に存する権利を含む。）と社会通念上一体として利用されている不動産若しくは利用されるべき不動産又は二以上の者の共有に属する不動産
① 共有物である不動産（共有者全員が申請する場合を除く。）
② がけ地、面積が著しく狭い土地又は形状が著しく不整形である土地でこれらのみでは使用することが困難なもの
③ 私道の用に供されている土地（他の申請財産と一体として使用されるものを除く。）
④ 敷地とともに物納申請がされている建物以外の建物（借地権が設定されているものを除く。）
⑤ 他の不動産と一体となってその効用を有する不動産

チ　耐用年数（所得税法の規定に基づいて定められている耐用年数をいう。）を経過している建物（通常の使用ができるものを除く。）

リ　敷金の返還に係る債務その他の債務を国が負担することとなる不動産（申請者において清算することを確認できる場合を除く。）
① 敷金その他の財産の返還に係る義務を国が負うこととなる不動産
② 土地区画整理事業等が施行されている場合において、収納の時までに発生した土地区画整理法の規定による賦課金その他これに類する債務を国が負うこととなる不動産
③ 土地区画整理事業等の清算金の授受の義務を国が負うこととなる不動産

不動産	ヌ　管理又は処分を行うために要する費用の額が、その収納価額と比較して過大となると見込まれる不動産 　①　土壌汚染対策法に規定する特定有害物質その他これに類する有害物質により汚染されている不動産 　②　廃棄物の処理及び清掃に関する法律に規定する廃棄物その他の物で除去しなければ通常の使用ができないものが地下にある不動産 　③　農地法の規定による許可を受けずに転用されている土地 　④　土留等の設置、護岸の建物その他の現状を維持するための工事が必要となる不動産
	ル　公の秩序又は善良の風俗を害するおそれのある目的に使用されている不動産その他社会通念上適切でないと認められる目的に使用されている不動産 　①　風俗営業等の規制及び業務の適正化等に関する法律に規定する風俗営業又は性風俗関連特殊営業その他これらに類する業の用に供されている建物及びその敷地 　②　暴力団員による不当な行為の防止等に関する法律の規定する暴力団の事務所その他これに類する施設の用に供されている建物及びその敷地
	ヲ　引渡しに際して通常必要とされている行為がされていない不動産（イに掲げるものを除く） 　①　物納財産である土地の上の建物が既に滅失している場合において、その建物の滅失の登記がされていない土地 　②　物納財産である不動産に存する廃棄物の処理及び清掃に関する法律に規定する廃棄物その他の物が除去されていないもの 　③　生産緑地法に規定する生産緑地のうち「生産緑地の買取りの申出」又は「生産緑地の買取り希望の申出」の規定による買取りの申出がされていないもの
	ワ　地上権、永小作権、賃借権その他の使用及び収益を目的とする権利が設定されている不動産で、次に掲げる者がその権利を有しているもの 　①　暴力団員等 　②　暴力団員等によりその事業活動を支配されている者 　③　法人で暴力団員等を役員等とするもの
株式	1　譲渡に関して金融商品取引法その他の法令の規定により一定の手続が定められている株式で、その手続が取られていない株式 　①　物納財産である株式を一般競争入札により売却することとした場合において、その届出に係る書類及び目論見書の提出がされる見込みがないもの 　②　物納株式を一般競争入札により売却するとした場合において、その通知書及び目論見書の提出がされる見込みがないもの
	2　譲渡制限株式
	3　質権その他の担保権の目的となっている株式
	4　権利の帰属について争いのある株式

株式	5　二以上の者の共有に属する株式（共有者全員がその株式について物納の許可を申請する場合を除く。）
	6　暴力団員等により支配されている株式会社等の株式
不動産又は 株式以外の財産	物納財産の性質が不動産又は株式に定める財産に準ずるものとして税務署長が認めるもの

5.物納劣後財産
（他に物納に充てることができる適当な価額の財産がある場合には物納に充てることができない財産）
（令19）

(1)　地上権、永小作権若しくは耕作を目的とする賃借権、地役権又は入会権が設定されている土地

(2)　法令の規定に違反して建築された建物及びその敷地

(3)　次に掲げる事業が施行され、その施行に係る土地につき、それぞれ次に規定する法律の定めるところにより仮換地の指定（仮に使用又は収益をすることができる権利の目的となるべき土地又はその部分の指定を含む。）又は一時利用地の指定がされていない土地（その指定後において使用又は収益をすることができないその仮換地又は一時利用地に係る土地を含む。）

　イ　土地区画整理法による土地区画整理事業
　ロ　新都市基盤整備法による土地整理
　ハ　大都市地域における住宅及び住宅地の供給の促進に関する特別措置法による住宅街区整備事業
　ニ　土地改良法による土地改良事業

(4)　現に納税義務者の居住の用又は事業の用に供している建物及びその敷地（その納税義務者がその建物及びその敷地について物納の許可の申請をする場合を除く。）

(5)　配偶者居住権の目的となっている建物及びその敷地

(6)　劇場、工場、浴場その他の維持又は管理に特殊技能を要する建物及びこれらの敷地

(7)　建築基準法第43条第1項（敷地と道路の関係）に規定する道路に2m以上接していない土地

(8)　都市計画法第29条第1項又は第2項（開発行為の許可）の規定による都道府県知事の許可を受けなければならない同法第4条第12項に規定する開発行為をする場合において、その開発行為が同法第33条第1項第2号に掲げる基準に適合しないときにおけるその開発行為に係る土地

(9)　都市計画法第7条第2項（区域区分）に規定する市街化区域以外の区域にある土地（宅地として造成することができるものを除く。）

(10)　農業振興地域の整備に関する法律第8条第1項（市町村の定める農業振興地域整備計画）の農業振興地域整備計画において同条第2項第1号の農用地区域として定められた区域内の土地

(11)　森林法第25条又は第25条の2（指定）の規定により保安林として指定された区域内の土地

(12)　法令の規定により建物の建築をすることができない土地（建物の建築をすることができる面積が著しく狭くなる土地を含む。）

(13)　過去に生じた事件又は事故その他の事情により、正常な取引が行われないおそれのある不動産及びこれに隣接する不動産

(14)　事業を休止（一時的な休止を除く。）している法人に係る株式

6. 収納価額 （法43①）	**(1)物納財産の収納価額は、原則として課税価格の計算の基礎となったその財産の価額（相続税評価額）です。** ①小規模宅地等の課税価格計算の特例の適用を受けた土地は、特例適用後の価額が収納価額になります。
（相基通43-4）	②相続した土地を分割してその一部を物納申請した場合は、次の算式により計算した価額が収納価額になります。

$$K \times \frac{A}{A+B} = 分割不動産の収納価額$$

「K」＝課税価格計算の基礎となった分割前のその不動産の価額
「A」＝分割不動産について相続開始時の評価基本通達の定めにより評価した価額
「B」＝分割前の不動産のうち、分割不動産部分以外の不動産について相続開始時の評価基本通達の定めにより評価した価額

③課税価格の計算の基礎となった財産により取得した財産（収用により代替取得した不動産等）は、その取得した財産が収納時の状態のままで相続取得時にあったものとした収納価額によります。

(2)収納の時までに財産の状況に著しい変化が生じたときは、収納の時の現況により収納価額が定められます。

（相基通43-3）　①「著しい変化」とは、土地の地目の変更、荒地となった場合、所有権以外の物権又は借地権の設定等があった場合、配偶者居住権の設定等があった場合などをいいます。

②収納価額改訂の具体例

事由	収納価額
(i)土地建物が同一所有者である場合に底地のみを物納する	更地価額×（1－借地権割合）
(ii)貸家とその建付地を相続した場合に借家人の立退後に収納された場合	土地の自用地評価額＋自用とした場合の家屋の評価額
(iii)使用貸借していた土地、無償返還に関する届出がされている土地の収納価額	更地価額－借地権の価額
(iv)生産緑地地区の指定を受けていた農地の物納（生産緑地地区の指定解除がなされた場合に物納が認められます。）	生産緑地でないものとした場合の通常の価額
(v)株式の増資があった場合	$\dfrac{\left(\begin{array}{c}旧株式1株\\当たりの相\\続税評価額\end{array}\right) + \left(\begin{array}{c}新株式1株\\当たりの払\\込金金額\end{array}\right) \times \left(\begin{array}{c}旧株式1株\\当たりの新\\株割当数\end{array}\right)}{1+旧株式1株当たりの新株割当数} = \left(\begin{array}{c}改訂後の\\収納価額\\（1株）\end{array}\right)$

(注) 上場株式を物納した場合に取引価額が相続開始時に比べて著しく変動している場合であっても、経済状況の一般的変動に基づくものである場合には収納価額は改訂されません。（株価が著しく下落した場合は、その上場株式を物納するのが納税者にとって有利となります。）

7. 申請手続
(1) 物納手続の流れ

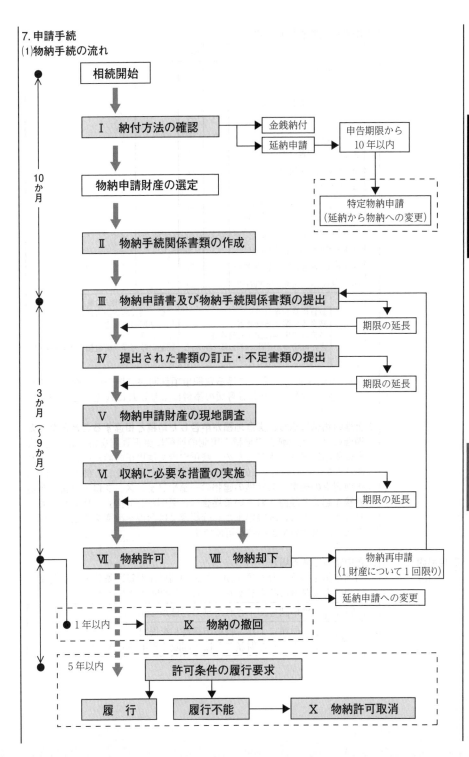

(2)物納手続関係書類（規22）

	土地	建物	有価証券	
物納申請書	◎	◎	◎	
物納財産目録	◎	◎	◎	
金銭納付を困難とする理由書	◎	◎	◎	
所在図	◎	◎		
公図（写）	◎	◎		
登記事項証明書（※）	◎	◎		
地積測量図、実測図	◎	◎		
境界線に関する確認書	◎			
物納申請土地（建物）の維持及び管理に要する費用の明細書	◎	◎		
土地上の工作物等の図面	◎			
建物・工作物等の配置図	◎			
建物図面・各階平面図及び間取図		◎		
物納財産収納手続書類提出等確約書	◎	◎		
その他	（貸地貸家の場合に必要な書類） 賃貸借契約書（写） 敷金等に関する確認書 賃借地の境界に関する確認書 物納申請前3か月間の賃料の領収書の写し 賃借料の領収書等の提出に関する確約書		（取引相場のない株式の場合に必要な書類） 定款、法人の登記事項証明書（※） 最近2期の決算書 株主名簿 物納財産売却手続書類提出等確約書	

（※）不動産番号（法人に係る登記事項証明書の場合は、商号や所在地等）の記載のある書類の添付によりこれに代えることができます。

(3)土地の物納に際し、実測地積が申告した地積と相違することとなった場合には、登記簿上の地積を実測の地積に更正登記を行うとともに、相続税額に異動が生じるため、修正申告又は更正の請求を行う必要があります。この場合、この土地の収納価額は、更正後の価額となります。

(4)現地調査の結果、隣接地の建物の一部やフェンス、ブロック塀等が境界線を越えて設置されている場合は、原則として撤去、移設が求められます。しかし、隣接地主から確認書又は念書を徴取することが可能であれば現状のまま物納が可能です。

8. 再申請
（法45）

(1)再申請ができる場合
物納申請を却下された理由が、物納申請財産が管理処分不適格財産又は物納劣後財産に該当するものであると判断されたとき。

期限	物納申請を却下された日の翌日から20日以内
手続	他の財産により「物納申請書」を提出 ※却下された財産ごとに1回限り再申請できます。

—189—

9. 取下げ・撤回	(1)取下げ		
	期限	物納申請につき許可又は却下がされるまで	
	手続	物納申請取下書を提出	
	延滞税	相続税の法定納期限から取下げに係る相続税を完納する日までの期間について年14.6％（納期限の翌日から2か月間は特例基準割合）の延滞税が課されます。 ただし、物納申請が適法な場合はその2分の1が免除されます。 （通法63④） ※平成26年1月1日から令和2年12月31日までの期間については特例基準割合＋7.3％（2か月間は特例基準割合＋1％） ※令和3年1月1日以後は、延滞税特例基準割合（平均貸付割合＋1％）＋7.3％（2か月間は延滞税特例基準割合＋1％） ※特例基準割合についてはP.174参照。	

（法42⑩）

(2)みなす取下げ		
事由	物納申請書の訂正又は物納手続関係書類の訂正・提出の通知（補完通知書）を受けた日の翌日から20日以内にその書類の訂正・提出をせず、かつ、補完期限延長届出書の提出をしないときは物納申請は取下げたものとみなされます。	
延滞税	(1)に同じ	

（法46）

(3)撤回		
要件	①物納許可後1年以内に物納撤回申請書を提出すること。 ②物納の撤回を求める不動産が物納撤回の申請時において賃借権その他の不動産を利用する権利の目的となっていること。 ③物納撤回に係る不動産の収納価額に相当する相続税を金銭一時納付又は延納により納付すること。 ④物納撤回に係る不動産が換価されていないこと。	
利子税	相続税の法定納期限から物納財産が収納された日までの期間について延納の場合と同様の利子税が課されます。	

```
物納申請        物納の許可又は却下
  |               |←—— 1年以内 ——→|
  | いつでも取下げ可能 | 賃借権等の目的となっている
                    |  場合に限り撤回可能
```

10. 延納への変更 （法44）	延納申請へ変更できる場合	延納申請書の提出期限
	賃借権等の目的となっている不動産につき売買契約が成立したとき	物納申請の却下がされる時まで
	延納により金銭で納付することを困難とする事由がないことを理由として物納申請の却下があったとき	物納申請が却下された翌日より20日以内
	その他一定の場合	物納申請の却下がされる時まで

相続税

物納

（注）物納申請後に延納への変更が認められた場合には、当初から延納を申請していた場合と同様の利子税が課せられます。

11. 超過物納

(1)原則
物納申請税額を超える価額の財産による物納（いわゆる「超過物納」）は、原則として認められません。

(2)超過物納が認められる場合
（相基通41-3）
①他に物納に充てるべき財産がなく、かつ、その財産を物納する以外に納付の方法がない。
②物納申請税額に見合うよう分割すると、分割後の財産が単独で利用することが困難となる等の事由がある。
③建物・船舶・動産など分割することが困難である。
④法令等により一定の面積以下に分割することが制限されている。

(3)超過物納が認められ還付を受けた金銭については譲渡所得等の課税対象になります。
この場合、相続財産に係る譲渡所得の課税の特例の適用があります。

12. 特定物納制度
（法48の2）

延納を選択した納税者が、その後の資力の変化等により、延納条件の変更を行ったとしても延納を継続することが困難となったときには、物納に変更することができます。

(1)要件
①物納税額は延納条件の変更を行っても延納を継続することが困難な金額の範囲内であること。
②物納できる財産であること。
③申告期限から10年以内に申請書及び物納手続関係書類を提出すること。

(2)物納可能な財産
一般の物納申請の場合に準じます。ただし、小規模宅地等の課税価格の特例、特定計画山林の課税価格の特例の適用を受けた財産は特定物納制度の対象外です。

(3)収納価額
①特定物納申請財産の収納価額は、特定物納申請書を提出した時の価額です。
②収納の時までに財産の状況に著しい変化が生じたときは、収納時の現況により収納価額が定められます。

(4)却下・取下げ
却下・取下げの場合は、延納中の状態に戻ります。（再申請はできません。）却下された日又はみなす取下げの日もしくは自ら取下げをした日までに納期限が到来した分納税額は、それぞれの日の翌日から1か月以内に利子税を含めて納付します。

(5)撤回
特定物納の許可後に物納の撤回をすることはできません。

13. 利子税
（法53①②）
（措法93）

(1)一般の物納の場合

物納申請から収納までの期間（審査期間を除く。）につき、利子税が課せられます。（利子税の割合は、「年7.3％」と「前々年の9月から前年の8月までの各月における銀行の新規の短期貸出約定平均金利の合計を12で除して得た割合として各年の前年の11月30日までに財務大臣が告示する割合＋0.5％」（※）のいずれか低い割合）

※平成26年1月1日から令和2年12月31日までは、P.174（特例基準割合）参照

(2)特定物納の場合

当初の延納条件による利子税が課せられます。

14. 物納制度と特定物納制度の比較

項目	物納制度	特定物納制度
申請期限	物納申請に係る相続税の納期限又は納付すべき日まで	相続税の申告期限から10年以内
申請税額の範囲	延納によっても納付することが困難な金額の範囲内	申請時に分納期限の到来していない延納税額のうち、延納によって納付を継続することが困難な金額の範囲内
物納に充てることができない財産	管理処分不適格財産	管理処分不適格財産及び課税価格計算の特例を受けている財産
収納価額（原則）	課税価格計算の基礎となった財産の価額	特定物納申請の時の価額
物納手続関係書類の提出期限	申請書と同時に提出。届出することにより提出期限の延長ができる。	申請書と同時に提出。提出期限の延長をすることはできない。
申請書又は関係書類の訂正等の期限（補完期限）	補完通知書を受けた日の翌日から起算して20日以内までに届出することにより、期限の延長ができる。	補完通知書を受けた日の翌日から起算して20日以内で、期限の延長はできない。
収納に必要な措置の期限（措置期限）	措置通知書に記載された期限までに届出することにより、期限の延長ができる。	措置通知書に記載された期限までに届出することにより、期限の延長ができる。
物納却下の場合	却下された理由によって、延納申請又は物納再申請ができる。	延納中の状態に戻る。却下された日又はみなす取下げの日若しくは自ら取下げをした日までに、納期限が到来した分納税額については、それぞれの日の翌日から1か月以内に利子税を含めて納付する。
みなす取下げの場合	取下げされた相続税及び利子税を直ちに納付する必要がある。	
取下げの場合	取下げはできるが、相続税及び延滞税を直ちに納付する必要がある。	
物納の撤回	一定の財産について物納の許可を受けた後1年以内に限りできる。	できない。
利子税の納付	物納申請から収納されたものとみなされる期間（審査期間を除く）について、利子税を納付する。	当初の延納条件による利子税を納付する。

相続税

物納

相続税物納申請書

西 税務署長殿
令和〇〇年 4月 2日

(〒 550-0005)
住所 大阪市西区西本町1-3-10
フリガナ スギタ イチロウ
氏名 杉田 一郎

法人番号

職業 会社員　　電話 06-6536-5572

下記のとおり相続税の物納を申請します。

記

1 物納申請税額

		円
① 相続税額		80,000,000
同上のうち ② 現金で納付する税額		11,650,000
③ 延納を求めようとする税額		28,150,000
④ 納税猶予を受ける税額		―
⑤ 物納を求めようとする税額 (①−(②+③+④))		40,200,000

2 延納によっても金銭で納付することを困難とする理由

（物納ができるのは、延納によっても金銭で納付することが困難な範囲に限ります。）

別紙「金銭納付を困難とする理由書」のとおり。

3 物納に充てようとする財産

別紙目録のとおり。

4 物納財産の順位によらない場合等の事由

別紙「物納劣後財産等を物納に充てる理由書」のとおり。

※ 該当がない場合は、二重線で抹消してください。

5 その他参考事項

右の欄の該当の箇所を〇で囲み住所氏名及び年月日を記入してください。	被相続人、遺贈者	(住所) 大阪市西区西本町1-3-10 (氏名) 杉田 太郎	
	相続開始・遺贈年月日	令和〇〇年 6月 2日	
	申告(期限内)、期限後、修正)、更正、決定年月日	令和〇〇年 4月 2日	
	納期限	令和〇〇年 4月 2日	
納税地の指定を受けた場合のその指定された納税地			
物納申請の却下に係る再申請である場合は、当該却下に係る「相続税物納却下通知書」の日付及び番号		令和　年　月　日	第　　号
物納申請財産が非上場株式である場合は、非上場株式に係る法人の物納許可申請の日前2年間に終了した事業年度の法人税申告書の提出先及び提出日		① 令和　年　月　日 ② 令和　年　月　日	税務署 税務署

（作成事務所署電話税所理番士名号在地）

税務署	郵送等年月日	担当者印
整理欄	令和　年　月　日	

■連帯納付義務

1. 相続税の連帯納付義務 相続人が2名以上いる場合 （法34①）	同一の被相続人（甲）から相続又は遺贈により財産を取得した全ての者は、その相続又は遺贈により取得した財産に係る相続税（甲の死亡に係る相続税）について、その相続又は遺贈により受けた利益の価額に相当する金額を限度として、互いに連帯納付責任があります。 ただし、次の場合には連帯納付義務を負いません。 ①申告期限から5年を経過する日までに、税務署長が連帯納付義務者に対して連帯納付に係る納付通知書を発していない場合 ②本来の納税義務者が延納の許可を受けた相続税額に係る相続税 ③本来の納税義務者が納税猶予（農地等、山林、非上場株式等など）の適用を受けた場合の納税が猶予された相続税額に係る相続税
2. 死亡者の相続税の連帯納付の義務 （法34②）	同一の被相続人（乙）から相続又は遺贈により財産を取得した全ての者は、その被相続人に係る相続税又は贈与税について、その相続又は遺贈により受けた利益の価額に相当する金額を限度として、互いに連帯納付責任があります。（甲の死亡に係る相続税を未納のまま甲の相続人乙が死亡した場合、乙の相続人は甲の死亡に係る相続税について連帯納付義務があるということです。）
3. 相続財産等が贈与等された場合 （法34③）	相続税又は贈与税の課税価格計算の基礎となった財産が、贈与、遺贈又は寄附行為によって移転された場合には、その贈与等により財産を取得した者は、その贈与等をした者が納付すべき相続税等のうち、取得した財産の価額に対応する部分の金額について、その受けた利益の価額に相当する金額を限度として、連帯納付責任があります。
4. 贈与税の連帯納付義務 （法34④）	財産を贈与した者は、その財産の受贈者のその年分の贈与税のうち、その財産に応ずる部分の金額について、その財産の価額に相当する金額を限度として、連帯納付責任があります。（1年間を通じてそれ以外に贈与がないとすれば、贈与者は受贈者が納付すべき贈与税の全額について連帯納付義務を負っています。）
（参考） 神戸地裁平27.8.18判決 ※贈与税の連帯納付義務が相続により承継するとされた事例	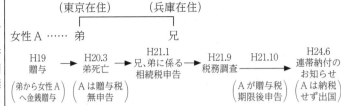 ①Aは弟からの贈与につき贈与税の納付せず出国 ②弟は、Aの贈与税につき連帯納付義務有り ③弟は既に死亡しているため相続人である兄が連帯納付義務を相続承継 ④兄は、上記（　）の事実をH24.6まで知らなかった ※兄が知った順は、①H20.3弟死亡、②H24.6連帯納付のお知らせ、③H21.10のAの申告、④H19の弟からAへの贈与

■農地等に係る納税猶予の特例

1. 概要 ［贈与税の納税猶予と相続税の納税猶予の関係］（措法70の4、70の5、70の6）

| 贈与税の納税猶予 | 相続税の納税猶予 | （贈与者＝被相続人、受贈者＝相続人） |

(注)相続時精算課税を適用する場合には贈与税の納税猶予不可

農地の贈与者 ……（農業を営む個人）………▶
- 贈与の日まで引き続き3年以上農業を営んでいた個人
- 贈与の年の前年以前に相続時精算課税を適用して農地を贈与していないこと
- 贈与の年に、その農地の贈与以外の贈与で農地・採草放牧地・準農地を贈与していないこと

農地等を贈与…

農地の受贈者 ……………▶
- 農地の全部
- 採草放牧地の3分の2以上
- 準農地の3分の2以上
（過去からの累積で3分の1未満の採草放牧地・準農地について精算課税適用の贈与がされていても可）

贈与期限内申告
納税猶予の手続
担保の提供 …………▶
- 年齢18歳以上
- 贈与者の推定相続人の1人
- 3年以上農業に従事
- 速やかに農業経営に従事すること
- 効率的かつ安定的な農業経営を行う者

贈与税納税猶予 …………▶
- ①通常の贈与税額
- ②特例適用農地等の贈与がないものとして計算した贈与税額
- ①－②＝納税猶予額

納税猶予額の免除 …………▶

↑ 死亡

贈与者 — 死亡 → **被相続人** ……▶
- 死亡の日まで農業を営んでいた個人
- 生前一括贈与をした個人 } → 2.(1)へ

……▶
- 農地等を相続又は遺贈により取得（未分割財産を除く）
- 農地等を相続又は遺贈により取得したものとみなす } → 2.(3)へ

農業相続人 ……▶
- 申告期限までに農業経営を開始
- 贈与税の納税猶予の適用を受けていた受贈者 } → 2.(2)へ

相続税額

| 納税猶予税額 | 期限内納付 | → 3. へ |

申告手続 …………▶
期限内申告書の提出
担保の提供等 } → 4. へ

期限の確定による納付 …………▶
納税猶予税額の全部について期限確定
納税猶予税額の一部について期限確定
期限確定による利子税の納付 } → 5. へ

納税猶予税額の免除 …………▶
- 農業相続人が死亡
- 三大都市圏の特定市以外の地域の市街化区域内の農地等で生産緑地の指定を受けていないものについて、申告期限から20年を経過
- 農業相続人が生前一括贈与 } → 6. へ

2．適用要件
(1)被相続人の範囲（措法70の6、70の6の2、70の6の3、70の6の4、70の6の5、措令40の7①、措通70の6-4、6-5、6-6）

死亡の日まで農業を営んでいた個人	次の場合も適用があります。 ①生産物をすべて自家消費に充てていた場合 ②いわゆる兼業農家 ③死亡の日までは農業を営んでいなかったが、既往において相当期間農業を営んでいた事実があり、かつ次の場合 　(i)老齢又は病弱のため、生前にその者と住居及び生計を一にする親族に農業経営を移譲していた。 　(ii)特例付加年金、経営移譲年金の支給を受けるため、生前にその者の親族に農業経営を移譲していた。
贈与税の納税猶予を適用した農地等の生前一括贈与をした個人	左の贈与者が死亡した場合は、その受贈者は贈与者から贈与を受けていた農地等を相続又は遺贈により取得したものとみなされます。
死亡の日まで相続税・贈与税の納税猶予の適用を受けていた者で、障がい・疾病などにより営農が困難であるため賃借権等の設定による貸付けをし、税務署長に届出をした個人（→ 7.参照）	
死亡の日まで特定貸付け・認定都市農地貸付け・農園用地貸付けを行っていた個人（→ 8. 9. 10. 11.参照）	

(2)農業相続人の範囲（措令40の7②、③）（措通70の6-7、6-7の2、6-8）

農地等を相続又は遺贈により取得した被相続人の相続人であること	①相続を放棄した者であっても次の者には適用があります。 　(i)農地等の贈与税の納税猶予の適用を受けていた者で、贈与者の死亡により農地等を相続又は遺贈により取得したものとみなされた者。 　(ii)相続開始の年に贈与税の納税猶予の適用要件を満たす農地等の生前一括贈与を受けた者で遺贈により財産を取得した者。 ②相続人が未成年者であっても、その未成年者と住居及び生計を一にする親族が農業経営を行うときは原則として適用があります。
申告期限までに農業経営を開始し、その後も引き続き農業経営を行うことにつき、農業委員会が証明（適格者証明）した者（申告期限までに特定貸付けを行った者、引き続き営農困難時貸付を行う者、認定都市農地等貸付者を含みます。）	①適格者証明書の交付 　農地等の所在する市町村の農業委員会へ証明願を提出（用紙は農業委員会備付） 　(i)記載事項 　　• 被相続人の住所、氏名、職業、相続開始年月日等 　　• 被相続人の所有農地等の面積（農業委員会に登載あり） 　　• 農地等の相続人の住所、氏名、職業、生年月日等 　　• その他必要事項 　(ii)添付書類 　　• 登記事項証明書（不動産番号の記載のある書類の添付により省略可） 　　• 固定資産税評価証明書 　　• 遺産分割協議書（印鑑証明書添付）、遺言書等 　　• 相続及び相続人の事実がわかる戸籍謄本（被相続人の出生より死亡まで） 　　• 農地の位置図 ②農業委員会で審査 　通常は月一回開催されるため、事前に開催日を確認のうえ、証明願を提出します。 ③適格者証明書の受領 ④相続税期限内申告書に添付 　適格者証明書の交付が農業委員会の日程等により申告期限に間に合わない場合は、証明願を申告期限までに申請されている旨の証明書を添付し、交付され次第適格者証明書を提出します。
配偶者が農業相続人である場合において、農業相続人以外の者であるものとして計算すれば納付すべき相続税が算出されること（措通70の6-37）	農業相続人である配偶者について、その配偶者が農業相続人以外の者であるものとして計算すれば配偶者の税額軽減の規定が適用されて、納付すべき相続税額が算出されない場合には、その配偶者については納税猶予の特例は適用されません。したがって配偶者が取得した農地については農業投資価格により計算することができないため、納税猶予税額の総額に影響します。

(3)特例対象農地（措法70の6①）（措通70の6-1、4-1）（措令40の7④）

農地等の意義		農地等の取得要件	農地等の範囲

特例の対象となる農地等（耕作権等を含む）

農地（耕作の用に供される土地）
- ○現に耕作されている土地
- ○現に耕作されていない土地のうち、その現状が耕作し得る状態にあり、通常であれば耕作されていると認められるもの（休耕地等を含む）
- ○植木の植栽されている土地
- ○農地法43①の規定により農作物の栽培を耕作に該当するものとみなして農地法が適用される土地

採草放牧地
- 農地以外の土地で主として耕作又は養畜の事業のための採草又は家畜の放牧の目的に供されるもの

準農地
- 農地及び採草放牧地以外の土地で、農業振興地域の整備に関する法律に規定する農業上の用途区分が農地又は採草放牧地となっているもの（農地及び採草放牧地とともに取得した場合に限る）（市町村長の証明必要）

農地等の取得要件：

① 被相続人 —相続・遺贈→ 農業相続人
相続開始 〜 遺産分割を了したもの（共有で相続した場合も可）〜 相続税の申告期限

② 被相続人 —贈与・生前一括→ 受贈者
生前一括贈与 ⇒ 特例適用の納税猶予の贈与税 〜 相続開始

③ 被相続人 —相続開始の年に一括贈与→ 農業相続人
相続開始の年／生前一括贈与 〜 相続開始

農地等の範囲：

農地・採草放牧地・準農地

特定市街化区域農地等（注1）

都市営農農地等（注2）

一定の遊休農地（注3）

右記以外のもの ／ 買取りの申出がされたものの他一定のもの※

特定市街化区域農地等以外

都市営農農地等以外

特例の対象とならないもの

- ○小作人等に小作させている農地
- ○市民農園等に貸付けしているもの
- ○いわゆる家庭菜園
- ○工場敷地等を一時的に耕作しているもの

取得要件：
- ○相続税の申告期限までに分割されなかった農地
- ○代償分割により他の相続人から取得した農地
- ○被相続人が農地及び採草放牧地の双方を有していた場合は、そのいずれか一方のみを取得してもこの特例を適用することはできません。

範囲：
- 適用あり
- 適用なし

※特定生産緑地のうち買取りの申出がされたものの他、
- •申出基準日までに特定生産緑地の指定がされなかったもの（＊）
- •指定期限日までに特定生産緑地の指定の期限の延長がされなかったもの（＊）
- •特定生産緑地の指定が解除されたもの
- （＊）現に納税猶予の特例の適用を受けている都市営農農地等については、特定生産緑地の指定又は指定の期限の延長がされなかったとしても、納税猶予の期限は確定せず、納税猶予は継続されます（贈与の納税猶予の特例についても同じです。）。

（注１）特定市街化区域農地等→市街化区域内農地又は採草放牧地で、平成３年１月１日
において次の区・市に所在するもの
（措通70の4-2）
※平成３年１月１日以後市町村合併等がありましたが、次
表はあくまでも平成３年当時の所在地を示しています。
例えば、次表の堺市は、現在では堺市（旧南河内郡美原
町を除く。）となります。

区分	都府県名	都市名
首都圏（106市）	茨城県（5市）	竜ヶ崎市、水海道市、取手市、岩井市、牛久市
	埼玉県（36市）	川口市、川越市、浦和市、大宮市、行田市、所沢市、飯能市、加須市、東松山市、岩槻市、春日部市、狭山市、羽生市、鴻巣市、上尾市、与野市、草加市、越谷市、蕨市、戸田市、志木市、和光市、桶川市、新座市、朝霞市、鳩ヶ谷市、入間市、久喜市、北本市、上福岡市、富士見市、八潮市、蓮田市、三郷市、坂戸市、幸手市
	東京都（27市）	特別区、武蔵野市、三鷹市、八王子市、立川市、青梅市、府中市、昭島市、調布市、町田市、小金井市、小平市、日野市、東村山市、国分寺市、国立市、福生市、多摩市、稲城市、狛江市、武蔵村山市、東大和市、清瀬市、東久留米市、保谷市、田無市、秋川市
	千葉県（19市）	千葉市、市川市、船橋市、木更津市、松戸市、野田市、成田市、佐倉市、習志野市、柏市、市原市、君津市、富津市、八千代市、浦安市、鎌ヶ谷市、流山市、我孫子市、四街道市
	神奈川県（19市）	（横浜市）、（川崎市）、横須賀市、平塚市、鎌倉市、藤沢市、小田原市、茅ヶ崎市、逗子市、相模原市、三浦市、秦野市、厚木市、大和市、海老名市、座間市、伊勢原市、南足柄市、綾瀬市
中部圏（28市）	愛知県（26市）	（名古屋市）、岡崎市、一宮市、瀬戸市、半田市、春日井市、津島市、碧南市、刈谷市、豊田市、安城市、西尾市、犬山市、常滑市、江南市、尾西市、小牧市、稲沢市、東海市、尾張旭市、知立市、高浜市、大府市、知多市、岩倉市、豊明市
	三重県（2市）	四日市市、桑名市
近畿圏（56市）	京都府（7市）	（京都市）、宇治市、亀岡市、向日市、長岡京市、城陽市、八幡市
	大阪府（32市）	（大阪市）、守口市、東大阪市、堺市、岸和田市、豊中市、池田市、吹田市、泉大津市、高槻市、貝塚市、枚方市、茨木市、八尾市、泉佐野市、富田林市、寝屋川市、河内長野市、松原市、大東市、和泉市、箕面市、柏原市、羽曳野市、門真市、摂津市、泉南市、藤井寺市、交野市、四條畷市、高石市、大阪狭山市
	兵庫県（8市）	（神戸市）、尼崎市、西宮市、芦屋市、伊丹市、宝塚市、川西市、三田市
	奈良県（9市）	奈良市、大和高田市、大和郡山市、天理市、橿原市、桜井市、五條市、御所市、生駒市

（※）　□□□は措置法第70条の４第２項第３号イに掲げる区域、（　）書は同号ロに掲げる
区域、その他は同号ハに掲げる区域に所在する市を示します。なお、┈┈書は同
号ハに掲げる区域のうち首都圏整備法（昭和31年法律第83号）の既成市街地又は近
畿圏整備法（昭和38年法律第129号）の既成都市区域に所在する市を示します。

（注２）都市営農農地→特定市街化区域農地等のうち、都市計画法第８条第１項第14号に
掲げる生産緑地地区内にある農地又は採草放牧地、田園住居地域
内にある農地、地区計画農地保全条例による制限を受ける区域内
にある農地（買取りの申出がされたものの他一定のものを除く）

（注３）一定の遊休農地→農地法第36条第１項の規定による勧告があった遊休農地

3．納税猶予税額の計算

第12表

①農業相続人が納税猶予を受けようとする特例農地等の明細を記入

↓

②農業相続人の農業投資価格により計算した場合の取得財産の価額を計算
（農業投資価格10アール当たり）

令和5年度分	田 千円	畑 千円
滋 賀 県	730	470
京 都 府	700	450
大 阪 府	820	570
兵 庫 県	770	500
奈 良 県	720	460
和歌山県	680	500

第3表

③農業相続人→農業投資価格により取得財産を記入
その他の人→通常の価格により取得財産を記入

↓

④特例農地等について農業投資価格によった場合の課税価格の合計額を計算

第2表

↓

⑤第3表で計算した課税価格の合計額を基に相続税の総額を計算

第3表

↓

⑥農業投資価格によった場合の各人の算出税額を計算

↓

⑦通常の価格による相続税の総額と農業投資価格による相続税の総額の差額を農業相続人に按分して納税猶予の基となる税額を計算

第8表

↓

⑧⑦の金額を基に農業相続人の納税猶予税額を計算

↓

第1表⑳納税猶予税額へ移記

4. 申告手続 （措法70の6①、㉛、70の6の2、措令40の7、措規23の8①③④、23の8の2）

(1)期限内申告書の提出

申告書に記載する事項	①納税猶予の適用を受けようとする旨（第3表）
	②相続又は遺贈により取得した農地等の明細（地目、所在地、地積等）（第12表）
	③納税猶予に係る相続税額の計算に関する明細（第8表）

(2)添付書類

<table>
<tr><th colspan="2">添付すべき書類</th><th>関係官庁</th><th>手続その他</th></tr>
<tr><td rowspan="3">共通して必要</td><td>担保提供に関する書類</td><td>法務局他</td><td>担保提供書、抵当権設定登記承諾書、担保目録、登記事項証明書（不動産番号の記載のある書類の添付により省略可）、所在図等</td></tr>
<tr><td>適格者証明書</td><td>農業委員会</td><td>適格者証明書の交付方法は2(2)を参照</td></tr>
<tr><td>特例農地等の取得状況を証する書類</td><td></td><td>遺言書の写し
遺産分割協議書の写し
（印鑑証明書添付）
その他取得の状況を証する書類</td></tr>
<tr><td rowspan="5">場合に応じて必要</td><td>農地等が都市営農地である場合
特例の対象となる農地等であることを証する市長又は区長の書類</td><td>市町村の都市計画課など</td><td>図面（500分の1程度）で農地等の所在を明らかにして窓口で申請</td></tr>
<tr><td>取得財産が準農地である場合
相続税の納税猶予の特例適用の準農地該当証明書</td><td>市町村</td><td>農地の所在、所有者等を明らかにして窓口で申請</td></tr>
<tr><td rowspan="2">特定貸付けを行った場合
特定貸付けに関する届出書</td><td></td><td>特定貸付けを行った日から2月以内に申告期限が到来し、この届出書が添付できない場合は、「農業相続人が特定貸付けを行った特定貸付農地等に関する明細書」を添付し、貸付けを行った日から2月以内に提出します。</td></tr>
<tr><td>特定貸付けであること等を証する書類等</td><td>農地中間管理機構、市町村、農地利用集積円滑化団体等</td><td>特定貸付けの種類に応じて各々申請</td></tr>
<tr><td>農作物栽培高度化施設の用に供されているものがある場合
農作物栽培高度化施設の用に供されているものであることを証する農業委員会の書類</td><td>農業委員会</td><td>届出書、営農計画書、同意書等</td></tr>
</table>

(3)担保の提供 （措法70の6㉜、措通70の6-17、70の4-17）

	担保の態様	担保財産の価額	継続届出書の提出
全部担保	納税猶予の特例の適用を受ける農地等の全部を担保に提供した場合	相続税の額に相当する担保の提供があったものとして取り扱う	特例農地等のうちに都市営農地等を含む場合は提出必要 都市営農地等を含まない場合は提出不要
一部担保	上記以外の場合	納税猶予額とその期間中の利子税額の合計額に相当する担保の提供が必要	納税猶予の適用を受けた者は、納税猶予に係る期限が確定（終了）するまでの間、相続税の申告書の提出期限の翌日から起算して3年を経過するごとの日までに、引き続き納税猶予の適用を受けたい旨を記載した書類（継続届出書）を税務署長に提出しなければなりません。

5. 猶予期限の確定 （措法70の6①、⑦、⑧、㉟、㊱、措令40の7⑧、⑨、⑩、⑪）

(1) 納税猶予を受けた相続税について、免除要件に該当する前に一定の事由が生じた場合には、その時に納税猶予に係る期限が確定し、猶予を受けている相続税の全部又は一部を納付しなければなりません。

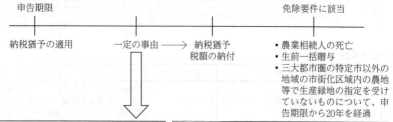

全部確定	
確定事由	納期限
①特例適用農地等の面積の20%を超える譲渡があった場合（注1）	その譲渡、転用等があった日から2か月を経過する日
②農業相続人が農業経営を廃止した場合	その廃止した日から2か月を経過する日
③特例農地等の一部を農業後継者に生前一括贈与した場合の贈与されなかった部分	その贈与があった日から2か月を経過する日
④継続届出書の提出がなかった場合	提出期限から2か月を経過する日
⑤増担保又は担保変更の命令に応じない場合	繰り上げられた納税猶予期限

一部確定	
確定事由	納期限
①特例適用農地等について、収用交換等による譲渡があった場合	その譲渡等があった日から2か月を経過する日
②特例適用農地等の面積の20%以下の譲渡があった場合	その譲渡、転用等があった日から2か月を経過する日
③納税猶予の適用を受けた準農地のうち、申告期限後10年を経過する日において、農業相続人の農業の用に供されていないもの	その10年を経過する日から2か月を経過する日
④都市営農地等について、生産緑地法10条又は15条①による買取の申出があったとき（注2）	その買取りの申出があった日から2か月を経過する日
⑤都市計画の決定、変更、失効により特定市街化区域農地等に該当することとなった場合（注3）	その該当することとなった日から2か月を経過する日

(注1) 農用地区域内の特例適用農地等を農業経営基盤強化促進法の規定に基づく譲渡、収用交換等による譲渡を除きます。
(注2) 都市計画の告示の日から30年を経過、主たる従事者の死亡、従事することを不可能にさせる故障を有するに至ったとき（生産緑地法10条）、疾病等により従事することが困難である特別の事情があるとき（生産緑地法15条①）の各場合に市町村長に対し生産緑地の買取りの申出を行うことができます。
(注3) 三大都市圏の特定市の市街化調整区域内の特例農地等が市街化区域内に線引きされ、都市営農地等にも該当しない場合など。

営農継続要件・貸付要件（生前一括贈与以外の場合）　　（措法70の6 ㊴）

地理的区分／都市計画区分	三大都市圏		地方圏
	特定市	特定市以外	
市街化区域　生産緑地地区^(注1)	営農（終身）、認定都市農地貸付・農園用地貸付		
市街化区域　田園住居地域	営農（終身）	営農（20年）^(注2)	
市街化区域　地区計画農地保全条例により制限を受ける区域			
市街化区域　上記以外			
市街化区域外	営農（終身）、特定貸付		

（注1）申出基準日又は指定期限日が到来し、特定生産緑地の指定・延長がされなかった生産緑地地区内の農地等は除かれます。
（注2）特例農地等のうちに都市営農農地等を有する場合には、全体の特例農地等が終身となります。

(2)猶予期限確定による納付

①納税猶予税額の納付

全部確定の場合	猶予税額の全部を納付
一部確定の場合	猶予税額のうちその該当することとなった特例農地等の価額に対応する部分の相続税額を納付

②利子税の納付

相続税の申告書の提出期限の翌日から納税猶予期限までの期間の日数に応じ下記の割合の利子税を納付しなければなりません。なお、平成26年4月1日から令和8年3月31日までの間に収用交換等による譲渡があった場合の利子税は0とされています。

①原則			3.6%（※）
②特例基準割合が7.3％未満の場合			左の 3.6%（※）× 特例基準割合／7.3% （0.1％未満切捨て） 〈令和5年〉 $3.6\% \times \dfrac{0.4\%+0.5\%}{7.3\%} = 0.4\%$
特例基準割合	平成25年12月31日まで	前年11月30日の基準割引率^(注1)＋4％	
	平成26年1月1日から令和2年12月31日まで	短期貸付の平均利率^(注2)＋1％	
	令和3年1月1日以後	平均貸付割合^(注3)＋0.5％	

（注1）従来の「公定歩合」
（注2）銀行の新規の短期貸出約定平均金利の年平均として財務大臣が告示する割合
（注3）各年の前々年の9月から毎年の8月における国内銀行の貸出約定平均金利の平均として各年の前年11月30日までに財務大臣が告示する割合
　　　　（令和4年11月30日に翌年は年0.4％と告示されています。）
※平成21年12月15日以前　6.6％
　都市営農農地等を有しない相続人の市街化区域内農地等に対応する部分は現在も6.6％のままです。

6. 納税猶予額の 免除 (措法70の6㊴)	(1)**免除要件**		
	特例農地等の範囲	納税猶予額の免除事由	免除される日
	1 相続当初の特例 農地等のうちに 都市営農農地等 が含まれていな い場合	①農業相続人の死亡	その死亡の日
		②農業相続人が特例農地等の全部又は一部 (採草放牧地又は準農地の3分の1未満を 残す場合)を農業後継者に生前一括贈与を した場合	その贈与の日
		③相続税の申告書の提出期限から20年間農業 経営を継続した場合(市街化区域外農地等、 三大都市圏の特定市以外の地域の生産緑地 に係る部分を除きます。)	その20年を経過 する日
	2 相続当初の特例 農地のうちに都 市営農農地等が 含まれている場 合	①農業相続人の死亡	その死亡の日
		②農業相続人が特例農地等の全部又は一部 (採草放牧地又は準農地の3分の1未満を 残す場合)を農業後継者に生前一括贈与を した場合	その贈与の日

(措令40の7㊱)

(2)**手続**

猶予された相続税が免除されることとなった農業相続人は、遅滞なく「免除届出書」を所轄税務署長に提出しなければなりません。

7. 営農困難時貸付けの特例
(措法70の6㉘)

納税猶予期間中に、農業相続人が身体障がい等やむを得ない事情により営農継続が困難となった場合において、一定の要件の下に農地等の貸付けを行ったときについても、その貸付はなかったものと、農業経営は廃止しなかったものとみなし、納税猶予が継続されます。

(1)**営農継続が困難な状態となった場合**

相続税の申告期限後において、

①　障がい等級1級の精神障がい者保健福祉手帳の交付を受けたこと
②　1級又は2級の身体障がい者手帳の交付を受けたこと
③　要介護5の認定を受けたこと
④　農業に従事することを不可能にさせる故障として農水大臣が財務大臣と協議して定めるものを有するに至ったことにつき、市町村長、区長の認定を受けていること

(措令40の7㊟)

(2)**貸付けの範囲**

8.の特定貸付けができない場合においてする次のいずれかの貸付けをいいます。

①　次の地域に該当しない農地の賃借権等の設定による貸付け
　• 農地中間管理事業の推進に関する法律による都道府県知事の認可を受けた農地中間管理機構が存する場合におけるその区域(農業振興地域の区域内に限ります。)
②　特定貸付けの申し込みをした日後1年経過日までに特定貸付けができなかった場合において、1年経過日以降にする特定貸付以外の賃借権の設定による貸付け

(措令40の7㊼、
40の6㊳)

(3)**手続**

営農困難時貸付けを行った日から2か月以内に、「営農困難時貸付けに関する届出書」とその添付書類を所轄税務署長に提出しなければなりません。

—203—

8. 市街化区域外農地等の特定貸付けの特例 （措法70の6の2）	**(1)概要** 納税猶予の適用を受けている農業相続人が、その適用を受けている農地又は採草放牧地（市街化区域外にあるもの）の全部又は一部について、一定の貸付け（**特定貸付け**）を行った場合には、その貸付けはなかったものとして、引き続き納税猶予が継続されます。 **(2)適用要件**（特定貸付けの範囲） ・農地中間管理事業の推進に関する法律に規定する農地中間管理事業のために行われる貸付け ※経過措置として、令和5年4月1日以降、旧農業経営基盤強化促進法の農用地利用集積計画により貸付けた場合も特定貸付けの対象となります。（最長令和7年3月31日まで（※地域計画が定められるまでの間）） ※貸付けの期限到来時には、2か月以内に、新たな特定貸付けを行い、その届出をした場合（又は、1年以内に新たな特定貸付を行う旨の承認申請書を提出して承認を受けたとき）に限り、納税猶予が継続されます。
（措令40の7の2①）	**(3)手続** 特例の適用を受けようとする旨、特定貸付けを行っている旨及びその他一定の事項を記載した届出書を、特定貸付けを行った日から2か月以内に所轄税務署長に提出しなければなりません。
（措法70の6の2②）	**(4)旧法猶予者の取扱い** 既に納税猶予の適用を受けている者も特定貸付けの特例を受けることができます。
（措法70の6の2③）	**(5)猶予期限の確定（納税猶予の打ち切り）** 貸付期限から2か月を経過する日において新たな特定貸付けを行っていない場合又は農業相続人の農業の用に供していない場合や、新たな特定貸付けを行った旨の届出書を提出しなかった場合等には、貸付期限に猶予期限が確定します。
9. 特定貸付けを行った農地等の相続税の課税の特例 （措法70の6の3）	(1)特定貸付けを行っていた者が死亡した場合には、その特定貸付を行っていた農地等については、死亡の日まで農業の用に供していたものとみなして、納税猶予の適用を受けることができます。 (2)相続人が相続又は遺贈により取得した農地又は採草放牧地について申告期限までに新たに特定貸付けを行った場合についても、納税猶予の適用を受けることができます。 (3)農地等についての贈与税の納税猶予の適用を受けていた場合において、贈与者が死亡し、その贈与者の死亡に係る相続税の申告期限までに、受贈者が特定貸付けを行った場合には、その農地又は採草放牧地について納税猶予の適用を受けることができます。 (注) 平成24年4月1日以後に農地等の特定貸付けを行った場合には、贈与税の納税猶予についても同様の特例があります。
10. 相続税の納税猶予を適用している場合の都市農地の貸付け又は農	相続税の納税猶予の適用を受けている者が、特例農地等の全部又は一部について、都市農地の貸借の円滑化に関する法律による賃借権等の設定に基づく**認定都市農地貸付け**、又は、特定農地貸付法又は都市農地の貸借の円滑化に関する法律による**農園用地貸付け**を行った場合には、その賃借権等はなかったものと、農業経営は廃止していないものとみなされ、

園用地の貸付けの特例	引き続き納税猶予が継続されます。 （措法70の6の4）
11. 認定都市農地貸付け又は農園用地貸付けを行った農地についての相続税の課税の特例	相続税の納税猶予の特例の適用を受け、認定都市農地貸付け又は農園用地貸付けを行っていた農業相続人が死亡した場合には、それらの貸付けを行っていた農地は、その農業相続人がその死亡の日まで農業の用に供していたものとみなされ、その農業相続人の相続人が新たに農業を営むなど一定の要件を満たせば、その農地について相続税の納税猶予の特例を適用することができます。 （措法70の6の5）

（参考） **特定生産緑地制度** 　制度の概要	• 生産緑地は、都市計画決定から30年が経過した申出基準日以後、所有者がいつでも買取りの申出ができることとなっています。しかし、平成29年に生産緑地法が改正され、申出基準日が近く到来する生産緑地について、市町村長が申出基準日より前に特定生産緑地として指定し、買取りの申出が可能となる期日を10年延期する制度が創設され、平成30年4月1日から施行されています。 • 生産緑地の所有者等の意向を基に、市町村長は告示から30年経過するまでに生産緑地を特定生産緑地として指定できることになりました。 • 指定された場合、買取りの申出ができる時期が、「生産緑地地区の都市計画の告示日から30年経過後」から、10年延期されます。 • 10年経過する前であれば、改めて所有者等の同意を得て、繰り返し10年の延長ができます。 • 特定生産緑地の税制については、従来の生産緑地に措置されてきた税制が継続されます。 • 特定生産緑地に指定しない場合は、買取りの申出をしない場合でも、従来の税制措置が受けられなくなります。（激変緩和措置あり） **• 特定生産緑地の指定は、告示から30年経過するまでに行うこととされており、30年経過後は特定生産緑地として指定できません。**

特定生産緑地のメリット			営農を続ける場合	相続の場合
	特定生産緑地	指定する	• 固定資産税等は引き続き農地評価、農地課税 • 10年毎に継続の可否を判断できる。	• 次の相続時に営農か買取り申出かを選択できる。 • 農地を残しやすくなる（一定の貸付けも可）
		指定しない	• 固定資産税等が段階的に宅地並み課税 • 30年経過後は、特定生産緑地を選択できません。	• 次の相続では納税猶予を受けることはできません。 （既に受けている納税猶予は継続します。）

■相続税における重加算税の取扱い

1.隠蔽又は仮装 （課資2-16） （課総6-14） （査察1-47）	重加算税の対象となる「隠蔽又は仮装」とは、次に掲げるような事実がある場合をいいます。 ①相続人（受遺者を含む。）又は相続人から遺産（債務及び葬式費用を含む。）の調査、申告等を任せられた者（以下、「相続人等」という。）が帳簿、決算書類、契約書、請求書、領収書その他の財産に関する書類（以下、「帳簿書類」という。）について、改ざん、偽造、変造、虚偽の表示、破棄又は隠匿をしていること。 ②相続人等が、課税財産を隠匿し、架空の債務をつくり、又は事実を捏造して課税財産の価額を圧縮していること。 ③相続人等が取引先その他の関係者と通謀してそれらの者の帳簿書類について改ざん、偽造、変造、虚偽の表示、破棄又は隠匿を行わせていること。 ④相続人等が自ら虚偽の答弁を行い又は取引先その他の関係者をして虚偽の答弁を行わせていること及びその他の事実関係を総合的に判断して、相続人等が課税財産の存在を知りながらそれを申告していないことなどが合理的に推認し得ること。 ⑤相続人等が、その取得した課税財産について、例えば、被相続人の名義以外の名義、架空名義、無記名等であったこと若しくは遠隔地にあったこと又は架空の債務がつくられてあったこと等を認識し、その状態を利用して、これを課税財産として申告していないこと又は債務として申告していること。
2.重加算税の計算	(1)加算税のポイント ①申告後に相続財産の異動があった場合には、新たに財産を取得しない相続人の相続税額も増加するので、過少申告加算税は相続人全員に賦課されます。 ②隠蔽又は仮装に係る財産をその行為者が取得しない場合でも、全体の相続財産が増加したことによるその行為者の相続税額増加額について、重加算税が課されます。 ③隠蔽又は仮装の行為者でない相続人は、たとえ隠蔽又は仮装に係る財産を取得した場合であっても重加算税を課されません。 ④隠蔽又は仮装に係る相続財産を配偶者が取得した場合には、その財産については配偶者の税額軽減の計算基礎に算入されません。 (2)計算の考え方 ①重加算税の計算の基礎となる税額は、更正又は修正申告等があった後の税額から隠蔽又は仮装されていない事実のみに基づいて計算した税額を控除して計算します。 ②過少申告加算税の計算の基礎となる税額は、更正又は修正申告等があった後の税額から、正当な理由があると認められる事実のみに基づいて計算した税額を控除して計算します。

(3)具体的計算方法

<table>
<tr><td rowspan="6">課税価格</td><td>計算対象となる相続人(A)</td><td>他の相続人の合計</td><td>合計</td></tr>
<tr><td>ⓐAが隠蔽した財産でAが取得したもの</td><td>ⓕAが隠蔽した財産でA以外の者が取得したもの</td><td></td></tr>
<tr><td>ⓑ過少申告の対象財産でAが取得したもの</td><td>ⓖ過少申告の対象財産でA以外の者が取得したもの</td><td></td></tr>
<tr><td>ⓒAが取得した財産のうち、正当理由があるため過少申告の対象とならないもの</td><td rowspan="2">ⓗその他</td><td></td></tr>
<tr><td>ⓓAの当初申告課税価格</td><td></td></tr>
<tr><td>ⓔⓐ＋ⓑ＋ⓒ＋ⓓ(修正後の課税価格)</td><td>ⓘⓕ＋ⓖ＋ⓗ</td><td>ⓙ</td></tr>
</table>

①…計算対象となる相続人(A)ごとに上記の表を作成

②…(ⓔ−ⓐ)＋(ⓘ−ⓕ)＝重加対象価額（その者の不正事実に基づく部分の価額）を控除した課税価格

③…②の合計額により、相続税の総額を計算

④…(ⓔ−ⓐ)＝その者の重加対象価額を控除した課税価格

⑤…③×(④／②)＝算出税額（2割加算・税額控除後）

⑥…(A)の修正後の税額−⑤と当初申告税額のいずれか多い方＝基礎税額（1万円未満切捨て）

⑦…基礎税額×35％(無申告又は期限後申告のときは40％)＝重加算税額（100円未満端数切捨て又はその全額が5,000円未満のときはその全額を切捨て）

⑧…{(ⓔ−ⓐ−ⓑ)＋(ⓘ−ⓕ−ⓖ)}＝過少対象価額(正当事実に基づかない部分の価額）を控除した課税価格

⑨…⑧の合計額により相続税の総額を計算

⑩…(ⓔ−ⓐ−ⓑ)＝その者の過少対象価額を控除した課税価格

⑪…⑨×(⑩／⑧)＝算出税額（2割加算・税額控除後）

⑫…(⑤−⑪)＝過少申告加算税の基礎税額（1万円未満切捨）

⑬…⑫の基礎税額のうち過少申告加算税が加重される部分

⑭…⑫×**10％**＋⑬×**5％**＝過少申告加算税（100円未満切捨）

> 修正申告又は更正により納付すべき税額が、期限内申告税額相当額又は50万円のいずれか多い金額を超えるときは、その超える部分については5％を乗じた金額を加算します。

(参考)加算税の概要

①	過少申告加算税	10％（期限内申告税額と50万円のいずれか多い金額を超える部分は15％）
②	無申告加算税	15％（50万円超の部分は20％（令和6年1月1日以後は300万円超の部分は30％））
③	重加算税	①に代えて35％、②に代えて40％

■国外財産調書・財産債務調書

国外財産調書の 提出義務 （国外送金等 調書法5①）	居住者（「非永住者」を除きます。）は、その年の12月31日において、そ の価額の合計額が5,000万円を超える国外財産を有する場合には、その国 外財産の種類、数量及び価額その他必要な事項を記載した国外財産調書 を、その年の翌年の3月15日まで（令和5年分以後は翌年の6月30日ま で）に、所轄税務署長に提出しなければなりません。 （注1）国外財産とは、「国外にある財産をいう」とされ、「国外にあるか」 　　　　どうかの判定は、財産の種類ごとに、その年の12月31日の現況 　　　　で行います。 （注2）国外財産調書を提出する際には、「国外財産調書合計表」を作成し、 　　　　添付する必要があります。 （注3）相続開始の日の属する年の年分に係る国外財産調書については、 　　　　その相続又は遺贈により取得した国外財産（以下「相続国外財産」 　　　　といいます。）を記載しないで提出することができます。この場 　　　　合において、国外財産調書の提出義務については、国外財産の 　　　　価額の合計額からその相続国外財産の価額の合計額を除外して 　　　　判定します。
過少申告加算税 等の特例措置 （国外送金等 調書法6）	**(1)国外財産調書の提出がある場合の過少申告加算税等の軽減措置** 　国外財産調書を提出期限内に提出した場合には、国外財産調書に記載 がある国外財産に係る所得税及び復興特別所得税（以下「所得税等」と いいます。）又はその国外財産に対する相続税の申告漏れが生じたとき であっても、その国外財産に関する申告漏れに係る部分の過少申告加算 税又は無申告加算税（以下「過少申告加算税等」といいます。）について、 5％軽減されます。 **(2)国外財産調書の提出がない場合等の過少申告加算税等の加重措置** 　国外財産調書の提出が提出期限内にない場合又は提出期限内に提出さ れた国外財産調書に記載すべき国外財産の記載がない場合（重要な事項 の記載が不十分と認められる場合を含みます。）に、その国外財産に関 する所得税等又はその国外財産に対する相続税の申告漏れ（死亡した方 に係るものを除きます。）が生じたときは、その国外財産に関する申告 漏れに係る部分の過少申告加算税等について、5％加重されます。 （注）相続国外財産については、相続国外財産を有する方の責めに帰す 　　　べき事由がなく提出等がない場合は加重の対象となりません。 **(3)国外財産調書に記載すべき国外財産に関する書類の提示又は提出がな 　い場合の過少申告加算税等の軽減措置及び加重措置の特例** 　国外財産に係る所得税等又は国外財産に対する相続税の調査に関し修 正申告等があり、過少申告加算税等の適用のある居住者がその修正申告 等の前までに、国外財産調書に記載すべき国外財産の取得、運用又は処 分に係る一定の書類（電磁的記録や写しを含みます。）の提示又は提出（以 下「提示等」といいます。）を求められた場合に、その日から60日を超 えない範囲内で、提示等の準備に通常要する日数を勘案して指定された 日までに提示等がなかったとき（提示等をする者の責めに帰すべき事由 がない場合を除きます。）は、次のような特例措置が設けられています。 　①上記(1)の過少申告加算税等の軽減措置は、適用しない。 　②上記(2)の過少申告加算税等の加重措置については、加算割合を5％ 　　から10％に変更する。 **(4)正当な理由のない国外財産調書の不提出等に対する罰則** 　国外財産調書に偽りの記載をして提出した場合又は国外財産調書を正

	当な理由がなく提出期限内に提出しなかった場合には、1年以下の懲役又は50万円以下の罰金に処されることがあります。
財産債務調書の提出義務 （国外送金等調書法6の2）	ただし、提出期限内に提出しなかった場合については、情状により、その刑を免除することができることとされています。 所得税等の確定申告書を提出しなければならない者で、次の①及び②を満たす場合のほか、令和5年分以後は③に該当する場合も、その財産の種類、数量及び価額並びに債務の金額その他必要な事項を記載した財産債務調書を、その年の翌年の3月15日まで（令和5年分以後は、翌年の6月30日まで）に、所得税の納税地の所轄税務署長に提出しなければなりません。 ①その年分の退職所得を除く各種所得金額の合計額が2,000万円を超える場合 ②その年の12月31日において、その価額の合計額が3億円以上の財産又はその価額の合計額が1億円以上の国外転出特例対象財産（注1）を有する場合 ③その年の12月31日において、総資産10億円以上（所得基準なし）の場合（令和5年分以後） （注1）「国外転出特例対象財産」とは、所得税法第60条の2第1項に規定する有価証券等、同条第2項に規定する未決済信用取引等及び同条第3項に規定する未決済デリバティブ取引に係る権利をいいます。 （注2）国外財産調書に記載した国外財産については、財産債務調書にその国外財産の価額以外の記載事項についての記載を要しないこととされていますので、財産債務調書には国外財産調書に記載した国外財産の価額の合計額及びそのうちの国外転出特例対象財産の価額の合計額を記載します。 なお、国外にある債務については、財産債務調書に記載します。 （注3）相続開始の日の属する年（以下「相続開始年」といいます。）の年分に係る財産債務調書については、その相続又は遺贈により取得した財産若しくは債務（以下「相続財産債務」といいます。）を記載しないで提出することができます。この場合において、財産債務調書の提出義務については、財産の価額の合計額から相続開始年に相続又は遺贈により取得した財産の価額の合計額を除外して判定します。
過少申告加算税等の特例措置	**(1)財産債務調書の提出がある場合の過少申告加算税等の軽減措置** 　財産債務調書を提出期限内に提出した場合には、財産債務調書に記載がある財産若しくは債務に係る所得税等又は財産に対する相続税の申告漏れが生じたときであっても、その財産若しくは債務に関する申告漏れに係る部分の過少申告加算税等について、5％軽減されます。 **(2)財産債務調書の提出がない場合等の過少申告加算税等の加重措置** 　財産債務調書の提出が提出期限内にない場合又は提出期限内に提出された財産債務調書に記載すべき財産若しくは債務の記載がない場合（重要な事項の記載が不十分と認められる場合を含みます。）に、その財産若しくは債務に係る所得税等の申告漏れ（死亡した者に係るものを除きます。）が生じたときは、その財産若しくは債務に関する申告漏れに係る部分の過少申告加算税等について、5％加重されます。

■相続財産の譲渡

1. 取得費加算の特例 （措法39、措令25の16、措規18の18）	**(1)概要**　相続又は遺贈により取得した資産を相続開始日の翌日から相続税の申告期限の翌日以後3年以内に譲渡した場合には、以下により計算した金額（譲渡した資産の譲渡益が上限）を、その譲渡資産の取得費（被相続人の実際の取得費又は譲渡収入金額の5％相当額の概算取得費）に加算することができます。 資産を譲渡した者の確定相続税額 $\times \dfrac{\text{相続税の課税価格の計算の基礎に算入された譲渡資産の価額（※）}}{\text{その資産を譲渡した者の相続税の課税価格（債務控除前）}}$ ※小規模宅地特例の適用土地については、評価額ではなく、特例適用後の課税価格 **(2)申告手続**　この特例を受けるためには所得税の確定申告書に、相続財産の取得費に加算される相続税の計算明細書、譲渡所得の内訳書等の添付が必要です。更正の請求はできません。
2. 相続により取得した非上場株式を発行会社に譲渡した場合の課税の特例 （措法9の7、37の10、措令5の2、25の16）	**(1)概要**　株式の発行会社に自己株式を譲渡し金銭等の交付を受けた場合、その交付を受けた金銭等の金額が、その会社の資本金等の額に対応する部分の金額を超える部分の金額は配当所得とみなされて総合課税により所得税が課税されます。 　しかし、相続又は遺贈により相続税を課税された者が、相続開始日の翌日から相続税の申告期限の翌日以後3年以内に、その相続税の課税価格の計算の基礎に算入された非上場株式をその発行会社に譲渡した場合においては、配当所得とはみなされず、発行会社から交付を受ける金銭の全額が株式の譲渡所得に係る収入金額とされます。 　また、この場合、取得費加算の特例も併せて適用が可能です。 **(2)適用手続**　その非上場株式を発行会社に譲渡するときまでに「相続財産に係る非上場株式をその発行会社に譲渡した場合のみなし配当課税の特例に関する届出書」を発行会社経由で税務署長への提出が必要です。
3. 居住用財産の譲渡所得の特別控除制度の特例（いわゆる「空き家特例」） （措法35③～⑥） ※被相続人居住用家屋とは、昭和56年5月31日以前に建築された家屋で、被相続人以外に居住していた者がいなかったものをいいます。	**•概要**　被相続人居住用家屋（特定事由により被相続人が居住していなかったものを含みます。）及びその敷地等の取得をした相続人が、平成28年4月1日から令和5年12月31日までの間に、その居住用家屋又は敷地等を譲渡をした場合には、居住用財産を譲渡した場合に該当するものとみなして、居住用財産の3,000万円特別控除を適用できます。ただし、その相続の時から3年を経過する年の12月31日までの間に譲渡したものに限ります。また、譲渡の対価の額が1億円を超える場合には、この特例の適用を受けることはできません。 ①被相続人居住用家屋の譲渡は次の要件を満たすものに限ります。 　㋑相続の時から譲渡の時まで事業の用、貸付の用又は居住の用に供されていたことがないこと。 　㋺譲渡時において地震安全性の規定・基準に適合するものであること。 ②被相続人居住用家屋取壊し等をした後における敷地等の譲渡は次の要件を満たすものに限ります。 　㋑相続から取壊しまで事業、貸付又は居住の用に供されていないこと。 　㋺相続から譲渡時まで事業、貸付又は居住の用に供されていないこと。 　㋩上記㋑の取壊し等から譲渡時まで建物又は構築物の敷地の用に供されていたことがないこと。

贈与税（暦年課税）

■納税義務者

1. 個人である納税義務者
（法1の4）

右図は令和3年4月1日以後の贈与についてのものです。

贈与者 ＼ 受贈者	国内に住所				
	あり		なし		
			日本国籍		
	一時居住者以外	一時居住者	あり		なし
			10年以内に住所あり	10年以内に住所なし	
国内に住所 あり — 外国人贈与者	①		①	②	④
国内に住所 なし 10年以内に住所 あり（日本国籍 あり / なし）/ なし — 非居住贈与者	③		③	②	④

- **一時居住者**とは、贈与の時において在留資格を有する者であって、その贈与前15年以内において国内に住所を有していた期間の合計が10年以下であるものをいいます。
- **外国人贈与者**とは、贈与の時において、在留資格を有し、かつ、国内に住所を有していたその贈与をした者をいいます。
- **非居住贈与者**とは、贈与の時において国内に住所を有していなかったその贈与をした者であって次のものをいいます。
  - (ア)その贈与前10年以内のいずれかの時において国内に住所を有していたことがあるもののうち、そのいずれの時においても日本国籍を有していなかったもの
  - (イ)その贈与前10年以内のいずれの時においても国内に住所を有していたことがないもの

課税財産 ＼ 受贈者の住所	国内	国外
	国内	**国外**
国内・国外財産	①居住無制限納税義務者	②非居住無制限納税義務者
国内財産だけ	③居住制限納税義務者	④非居住制限納税義務者

2. 個人とみなされる納税義務者
（法66）

区分		例	法人税課税	贈与税
人格のない社団等	代表者又は管理者の定めがある社団又は財団	PTA、同窓会等	益金算入	課税
公益法人等	法人税法第2条第6号に規定する公益法人等その他公益を目的とする事業を行う法人	学校法人宗教法人等	益金算入 / 相続税・贈与税の不当減少にならない	

■贈与による財産の取得時期 （相基通1の3・1の4共8〜11）

①口頭による贈与→贈与の履行の時 ②書面による贈与→贈与契約の効力が生じた時 　　　　　　（公正証書による不動産の 　　　　　　贈与の時期は、公正証書作 　　　　　　成の時ではありません。） ③停止条件付贈与→条件が成就した時	贈与の日が明確でない場合 所有権等の登記又は登録の目的となる 財産→登記又は登録をした日
④農地等の贈与→農地法による許可又は届出の 　　　　　　効力が生じた日	許可又は届出の効力が申請書等提出日 の属する年の翌年の1／1〜3／15ま でに生じた場合には申請書提出日に贈 与があったとして申告してもよい

■贈与税の課税財産

1. 贈与の意義 （民549）	贈与とは、当事者の一方が自己の財産を無償で相手方に与える意思表示をし、相手方がこれを受諾することによって成立する契約をいいます。
2. 扶養義務者か **らの贈与** （平25.12国税 庁 Q&A）	**(1)生活費又は教育費** 　扶養義務者相互間において生活費又は教育費に充てるために贈与を受けた財産のうち、「通常必要と認められるもの」については、贈与税の課税対象となりません。 　・扶養義務者→①配偶者、②直系血族及び兄弟姉妹、③家庭裁判所の審判を受けて扶養義務者となった三親等内の親族、④三親等内の親族で生計を一にする者 　・生活費→通常の日常生活を営むのに必要な費用（教育費を除きます。）をいいます。また、治療費や養育費その他これらに準ずるものを含みます。 　・教育費→子や孫の教育上通常必要と認められる学資、教材費、文具費等をいい、義務教育費に限られません。 　・通常必要と認められるもの→贈与を受けた者の需要と贈与をした者の資力その他一切の事情を勘案して社会通念上適当と認められる範囲の財産をいいます。 **(2)生活費又は教育費の一括贈与** 　贈与税の課税対象とならない生活費又は教育費は、必要な都度直接これらの用に充てるために贈与を受けた財産です。 　例えば、数年分の生活費等を一括して贈与を受けた場合において、生活費等に充てられずに預貯金となっている場合や、株式や家屋の購入費用に充てられて生活費等に充てられなかった部分については、贈与税の課税対象となります。 **(3)結婚費用** 　・婚姻に当たって、子が親から婚姻後の生活を営むために、家具や家電製品等の通常の日常生活を営むのに必要な家具什器等の贈与を受けた場合、又はその購入費用としての金銭の贈与を受けその全額を購入費用に充てた場合には、贈与税の課税対象となりません。（家具什器等の購入費用に充てられなかった部分については、贈与税の課税対象となります。） 　・結婚祝等の金品は、社交上の必要によるもので贈与をした者と贈与を受けた者との関係等に照らして社会通念上相当と認められるものについては、贈与税の課税対象となりません。

(4)出産費用

- (1)の生活費と同様に、出産に当たって子が親から検査・検診、分娩・入院に要する費用について贈与を受けた場合、治療費に準ずるものとして贈与税の課税対象となりません。
- 新生児のためのベビー用品等の購入費に充てるための金銭の贈与や出産祝の金品については、(3)と同様、贈与税の課税対象となりません。

(5)教育費

- (1)及び(3)の通り、子や孫の教育費及び入学祝等の金品については、贈与税の課税対象となりません。

3. 本来の贈与財産

贈与税の課税財産＝ 本来の贈与財産（法2の2）
＋ みなし贈与財産（法4～9）

(1)財産の名義変更があった場合の取扱い

（名義変更通達）

①財産の名義を変更したときに対価の授受がない場合
②取得した財産を他人名義とした場合

原則	名義人に対する贈与（相基通9-9）	例外（昭39.5.23直資68）		贈与がなかったものとする
		・財産の名義人が名義人となっている事実を知らない。 ・名義人が財産の使用収益・管理運用をしていない。	贈与税課税前に実際の所有者に名義変更	
		・過誤又は軽率に他人名義とした。		
		・他人名義としたことが法令等の制限によりやむを得なかった。 ・名義人との合意がある。		

(2)贈与契約の取消し等があった場合の取扱い

区分	当初の名義変更（甲→乙）	取消しによる名義変更（乙→甲）
法定取消権又は法定解除権に基づいた取消又は解除 （詐欺又は強迫（民96） 夫婦間契約（民754） 未成年者など）	贈与財産の名義を贈与者に変更するなどで確認可能 →当初の贈与はなかったものとする （直資68(8)）	贈与としない （直資68(12)）
当事者の合意による取消又は解除	贈与税課税（直資68(11)）	

（相基通9-8）
(3)婚姻の取消し又は離婚による財産の取得

離婚による財産分与は贈与として取り扱いません。
（過当な部分又は租税ほ脱目的のものは除きます。）

（昭34直資58）
(4)共かせぎ夫婦間の住宅資金

住宅資金等の借入者及び返済者が共かせぎ夫婦であり、かつ、事実上その返済が夫婦の収入によって共同でされているときは、それぞれの所得の按分によって負担されているものとして取り扱われます。

（相基通9-10）
(5)無利子の金銭貸与等

親子など特殊の関係がある者相互間で無償又は無利子で金銭の貸与等があった場合には、事実上贈与かどうかを確認し、経済的利益を受けた場合に該当するものとします。（その利益を受けた金額が少額である場合などを除きます。）

（昭40直審(資)4） **(6)青色事業専従者給与**

青色事業専従者の給与の額が、その給与として相当と認められる金額を超えるときは、その超える部分の金額は贈与により取得したものとします。

4. みなし贈与財産

種類	贈与とみなされる財産	贈与の時期	贈与者	受贈者
信託に関する権利 （法9の2～9の5）	信託財産に属する資産及び負債	信託の効力が生じた場合等	委託者	受益者
生命保険金 （法5）	被保険者又は保険金受取人以外の者が保険料を負担している場合の、死亡又は満期により取得した保険金等	保険事故が発生した時	保険料負担者	保険金受取人
定期金 （法6①）	定期金受取人以外の者が掛金又は保険料を負担している場合の、給付事由発生により取得した定期金の受給権	定期金給付事由が発生した時	掛金等負担者	定期金受取人
保証期間付定期金に関する権利 （法6③）	旧受取人・継続受取人以外の者が掛金又は保険料を負担している場合の、定期金受取人の死亡後に継続受取人が取得した保証期間付定期金の受給権	旧受取人の死亡時	掛金等負担者	継続受取人
低額譲受 （法7）	著しく低い価額の対価で財産を譲り受けた場合の利益相当額 （資力を喪失して債務を弁済することが困難であるため、扶養義務者からされたものであるときは、その債務弁済の困難な部分は贈与税が課税されません。）	財産の譲渡があった時	譲渡者	譲受人
債務免除等 （法8）	対価を支払わないで又は著しく低い価額の対価で債務の免除、引受、又は第三者のためにする債務の弁済による利益相当額 （債務者が資力を喪失して債務を弁済することが困難である場合の、扶養義務者からの債務引受け・債務免除には贈与税が課税されません。）	債務の免除等があった時	債務の免除等をした者	債務の免除等を受けた者

	同族会社に対する贈与等により会社の株価が上昇した場合の上昇額に相当する額（相基通9-2）	財産を提供等した時	財産を提供等した者	株主又は社員
	同族会社の新株引受権の付与が変則的に行われた場合の新株引受額と払込額との差額（相基通9-4）	引き受けがあった時	新株を引き受けなかった者	新株を引き受けた親族等
	同族会社の増資に伴う失権株に係る新株の発行が行われなかった場合の利益相当額（相基通9-7）	失権した時	失権株主	増資割合を超えて、新株を引き受けた失権株主の親族等
その他の経済的利益（法9）	無償又は無利子で土地、家屋、金銭等の貸与があった場合の、地代、家賃又は利子に相当する額（相基通9-10）（利益を受けた額が少額である場合等を除く）	貸与の時	貸与した者	貸与を受けた者
	離婚に伴う財産分与で著しく不当なもの（相基通9-8）(譲渡取得の基因となる資産を財産分与として給付した場合には、その資産の給付が財産分与義務の消滅という経済的利益を対価とする有償譲渡になりますので、分与した者に譲渡所得が課税されます。)	財産分与時	財産分与をした者	財産分与を受けた者
	共有持分を放棄した場合の持分相当額（相基通9-12）	持分放棄した時	持分放棄者	他の共有者
	負担付贈与があった場合の、贈与財産の価額から負担額を差し引いた価額（相基通9-11）	財産贈与時	贈与をした者	贈与を受けた者
	住宅借入金等の返済が借入者以外の者の負担によってされている場合の返済負担部分（昭34直資58）	暦年ごと	返済者	借入者

■使用貸借による土地の借受けがあった場合

「使用貸借は、当事者の一方がある物を引き渡すことを約し、相手方がその受け取った物について無償で使用及び収益をして契約が終了したときに返還をすることを約することによって、その効力を生ずる。」(民法第593条) とされています。個人間での土地の使用貸借があった場合、次のように取り扱われます。(昭48直資2-189)

区分	評価	態様	
土地の借受け	土地の使用貸借に係る使用権の価額＝0	乙/甲 使用貸借	乙→借地権なし 甲→自用地としての評価
借地権の転借	借地権の使用貸借に係る使用権の価額＝0	借地権 乙/甲/丙 使用貸借	乙→転借権なし 甲→借地権 丙→貸宅地
使用貸借の土地等の相続・贈与	甲乙間の使用貸借の後に建物を建築した場合には、自用地評価	賃貸 乙/甲→乙 使用貸借	(甲→乙)→自用地として評価
	甲が建物を賃貸した後に、建物だけを贈与し土地を使用貸借した場合 (ただし、建物賃借者は同一人が継続) には、貸家建付地評価	賃貸 乙/甲→乙 使用貸借	(甲→乙)→貸家建付地 土地の使用貸借が開始される以前に、建物を賃貸していた場合には、建物賃借人の敷地利用権は継続しているとして、貸家建付地評価
使用貸借の土地等の上の建物等の相続・贈与	建物だけが課税対象	乙→丙/甲 使用貸借	(乙→丙) 建物のみ 土地等の権利なし
借地権者以外の者が、借地権の目的となっている土地の底地を取得し、以後使用貸借	底地取得者が借地権者から借地権の贈与を受けたものとする	借地権 甲/甲/丙→乙 → 乙 → 使用貸借	(甲→乙) 借地権の贈与 甲の借地権が使用貸借になることによって消滅
	『借地権者の地位に変更がない旨の申出書』を税務署に提出したときは、借地権の贈与とはしない	借地権 甲/甲/丙→乙 → 賃貸借継続で地代免除	甲の借地権は存続

■非課税財産

	次に掲げる財産は、贈与税が課税されません。
（法21の3①）	①法人からの贈与により取得した財産 　個人が法人から受けた贈与財産は、所得税（一時所得）が課税されます。
（相基通21の 3-3、3-4、 3-5、3-6）	②扶養義務者相互間において、生活費又は教育費に、必要な都度直接これらに充てるために贈与した財産で通常必要と認められるもの。（P.211参照） 　したがって、生活費・教育費という名目であっても一括して贈与されて預金したり、株式、車、不動産等の購入に充てられたものは、贈与税が課税されます。
（令4の5） （昭和39.6.9直 審(資)24）	③宗教、慈善、学術その他公益を目的とする事業を行う者で一定の要件に該当するものが贈与により取得した財産で、その公益を目的とする事業の用に供されることが確実なもの。 　• 公益事業用財産の非課税に関する取扱いは、令4の5及び昭和39.6.9直審(資)24において定められています。 　• 贈与により取得した財産を取得後2年を経過しても、その事業の用に供していないときはその財産に対して贈与税が課税されます。
	④特定公益信託（所得税法第78条第3項）で学術に関する貢献・研究に対して交付される財務大臣指定のもの又は学資の支給を行うことを目的とする特定公益信託から交付される金品
	⑤精神又は身体に障がいのある者又はその者を扶養する者が、条例の規定により地方公共団体が実施する心身障がい者共済制度（所得税法施行令第20条第2項）に基づいて支給される給付金を受ける権利
	⑥公職選挙の候補者が選挙運動に関し、個人から贈与により取得した金銭等で公職選挙法の規定により報告されたもの
（相基通21の 3-9）	⑦個人から受ける香典、花輪代、年末年始の贈答、祝物又は見舞い等のための金品で、社交上の必要によるもので社会通念上相当と認められるもの
（法21の4） （令4の11）	⑧特定障がい者が、特定障がい者扶養信託契約に基づく信託受益権の贈与を受けた場合で、「障がい者非課税信託申告書」を提出したときにおける、信託受益権の価額のうち6,000万円（特定障がい者のうち特別障がい者以外の者は3,000万円）までの金額 　• 過去に「障がい者非課税信託申告書」を提出している場合には、非課税額となる金額は既にこの規定の適用を受けた金額を控除します。
（法21の2④）	⑨相続又は遺贈により財産を取得した者が、その相続開始の年に、被相続人から贈与により取得した財産 　• 被相続人から贈与を受けた場合であっても、相続又は遺贈により財産を取得していない場合は、贈与税が課税されます。

■直系尊属から教育資金の一括贈与を受けた場合の贈与税の非課税

1. 概要 （措法70の2の2） 〔費用の内容やその取扱いについては、文部科学省HP（https://www.mext.go.jp）の教育資金及び学校等の範囲に関するQ&Aを参照〕	平成25年4月1日から**令和8年3月31日**までの間に、**30歳未満の者**がその**直系尊属**から、教育資金に充てるため、金融機関等との**教育資金管理契約**に基づき、(a)信託受益権を取得した場合、(b)書面による贈与により取得した金銭を銀行等に預入をした場合、又は(c)書面による贈与により取得した金銭等で証券会社等で有価証券を購入した場合（追加贈与を含みます。）には、これらの信託受益権又は金銭等の価額のうち**1,500万円**までの金額に相当する部分の価額については、贈与税が非課税となります。 なお、受贈者が30歳に達するなどで、(a)～(c)の口座に係る契約が終了した場合に、非課税拠出額から教育資金支出額を控除した残額があるときは、その残額は契約終了日の属する年に贈与があったこととされます。

教育資金口座の開設等 （令和8年3月31日まで）	教育資金口座からの払出し		教育資金管理契約の終了
・父母・祖父母などから教育資金①を一括贈与 ・追加拠出も可能 ・子・孫などが教育資金口座を開設	教育資金の支払い②	教育資金以外の支払い③	・受贈者が30歳到達等 ・受贈者の死亡 ・口座等の残高がゼロ（契約終了手続は金融機関等で）
累計1,500万円まで非課税	対象	対象外	残額（非課税拠出額①－教育資金支出額②）について契約終了時に贈与があったこととされる。
手続 ・金融機関等で手続をする（税務署での手続不要） ・教育資金非課税申告書を提出	・金融機関等で手続をする（税務署での手続不要） ・領収書等の教育資金として支出したことを証する書類を金融機関等へ提出		・税務署で手続をする ・贈与税の申告書を提出

・契約期間中に贈与者が死亡した場合（贈与者の死亡に係る相続税の課税価格の合計額が5億円以下（令和5年4月1日以後拠出分に限ります。）で、かつ、その死亡日において①23歳未満、②学校等に在学中、③教育訓練給付金支給対象の教育訓練を受講中、の場合を除きます。）には、管理残額を贈与者から相続等により取得したこととされます。

〈教育資金の拠出時期と贈与者死亡の場合の管理残額の相続税課税〉

拠出時期	～ H31.3.31	H31.4.1～ R3.3.31	R3.4.1～ R5.3.31	R5.4.1～		
相続税課税	なし	死亡前3年以内の拠出分は課税	あり	あり		
23歳未満等	なし	なし	なし	相続税課税価格	5億円以下	なし
					5億円超	あり
孫等への2割加算	なし	なし	あり	あり		

2. 要件等 （措法70の2の2②一、措令40の4の3⑥⑦⑧、措規23の5の3②③）	**(1)受贈者** 教育資金管理契約を締結する日において満30歳未満である個人（平成31年4月1日以後の贈与については、贈与をする年の前年分の受贈者の合計所得金額が1,000万円以下の者に限ります。） ※国外に居住する者や外国籍の者も対象となります。 **(2)贈与者** 受贈者の直系尊属　※養親及び養親の直系尊属も含まれます。 **(3)教育資金の範囲** 　①学校等に直接支払われる金銭 　　(a) 入学金、授業料、入園料、保育料、施設設備費、検定料など 　　(b) 学用品の購入費、修学旅行費、学校給食費など学校等における教育に伴って必要な費用など

	※「学校等」とは、学校教育法に定められた幼稚園、小中学校、高等学校、大学（院）、専修学校、各種学校、一定の外国の教育施設、認定こども園又は保育所等をいいます。
	②学校等以外に対して直接支払われる金銭で社会通念上相当と認められるもの（1,500万円のうち500万円を非課税限度とします。） なお、令和元年7月1日以後に支払われるものについては、受贈者が23歳に達した日の翌日以後に支払われるもので、教育訓練給付金の支給対象となる教育訓練の受講費用および通学定期券代など学校等に関連する費用以外のものは教育資金の範囲から除外されます。 　イ　学習塾や水泳教室などに直接支払われるもの 　　(c)　教育（学習塾、そろばんなど）に関する役務の提供の対価や施設の利用料など
※その他、具体的な事例は文部科学省HP参照	(d)　スポーツ（水泳、野球など）又は文化芸術（ピアノ、絵画など）その他教養（習字、茶道など）の向上に係る指導への対価など 　ロ　イ以外（物品の販売店など）に支払われるもの 　　(e)　(b)に充てるための金銭であって、学校等が必要と認めたもの
（措法70の2の2⑨、措令40の4の3⑮）	(f)　通学定期代、留学のための渡航費などの交通費
	(4)教育資金口座からの払出し及び教育資金の支払 ① 教育資金を支払った後にその実際に支払った金額を教育資金口座から払い出す方法を選択した場合（立替精算方式） 　その支払に充てた領収書等に記載された支払年月日から1年以内に領収書等を金融機関等に提出し、口座から払出し ② ①以外の払出方法を選択した場合（仮払方式） 　払出しを先に行い、領収書等に記載された支払年月日の翌年3月15日までに領収書等を金融機関等に提出
（措法70の2の2⑯、⑰）	**(5)教育資金管理契約の終了**（次の事由に応じ、いずれか早い日に終了） ①受贈者が30歳に達した日（在学中等の場合で一定の届出をした場合を除きます。） ②30歳以上の受贈者が在学中等の日を金融機関等の営業所等に届け出なかった年の12月31日 ③30歳以上の受贈者が40歳に達した日 ④受贈者が死亡した日 ⑤口座等の残高がゼロになり、かつ、教育資金管理契約を終了させる合意があった日
（終了時の贈与税額の計算　暦年課税の場合）	$\left(\begin{array}{c} 非課税 \\ 拠出額 \end{array} - \begin{array}{c} 教育資金 \\ 支出額※1 \end{array} -110万円 \right) \times 税率＝贈与税額$
	(注)令和5年4月1日以後拠出分には、贈与税一般税率を適用（令和5年3月31日以前拠出分には、特例税率を適用）。 ※1　学校等以外に支払う金銭は500万円が限度 ※2　終了後、生前贈与加算対象期間内に贈与者が死亡したときは、生前贈与加算の対象 ※3　既に相続時精算課税を適用している場合は精算課税により計算（贈与者が生存している場合のみ） ※4　精算課税の要件を満たせば、相続時精算課税の適用も可
（措法70の2の2⑱）	※5　上記(5)④の場合には、受贈者に対する贈与税課税はありません（ただし、受贈者の相続財産として受贈者の死亡に係る相続税の対象となります）。

■直系尊属から結婚・子育て資金の一括贈与を受けた場合の贈与税の非課税

1.概要 （措法70の2の 3）	○　平成27年4月1日から令和7年3月31日までの間に、結婚・子育て資金管理契約を締結する日において**18歳（令和4年3月31日以前は20歳）以上50歳未満の者**が、結婚・子育て資金に充てるため、金融機関等との一定の契約に基づき、その**直系尊属から**(a)信託受益権を取得した場合、(b)書面による贈与により取得した金銭を銀行等に預入をした場合、又は(c)書面による贈与により取得した金銭等で証券会社等で有価証券を購入した場合（追加贈与を含みます。）には、これらの信託受益権又は金銭等の価額のうち**1,000万円までの金額**に相当する部分の価額については、金融機関等の営業所等を経由して結婚・子育て資金非課税申告書を提出することにより贈与税が非課税となります。

○　その後、受贈者が50歳に達することなどにより、結婚・子育て口座に係る契約が終了した場合には、非課税拠出額から結婚・子育て資金支出額を控除（管理残額がある場合には、管理残額も控除します。）した残額があるときは、その残額はその契約終了時に贈与があったこととされます。

結婚・子育て資金口座の開設等 （令和5年3月31日まで）		結婚・子育て資金口座からの払い出し及び結婚・子育て資金の支払		結婚・子育て資金口座に 係る契約の終了
・直系尊属から結婚・子育て資金①を一括贈与 ・受贈者が口座開設		・結婚・子育て資金口座から払い出し、支払等②	左記以外の払出し③	・受贈者が50歳到達 ・受贈者の死亡 ・口座等の残高がゼロ（口座に係る契約の終了の合意）
累計1,000万円まで非課税		対象	対象外	終了した日の残額 （非課税　結婚・子育て 拠出額－資金支出額 （①）　　　（②）） について贈与があったこととされる。
手続	・金融機関等で手続をする（税務署での手続不要）	・金融機関で手続をする（税務署での手続不要）		・税務署で手続をする
	・結婚・子育て資金非課税申告書を提出	・領収書等の結婚・子育て資金を支出したことを証する書類を金融機関等へ提出		・贈与税の申告書を提出

• 契約期間中に贈与者が死亡した場合、管理残額を贈与者から相続等により取得したこととされます。（管理残額とは、死亡日における非課税拠出額から結婚・子育て資金支出額（結婚に際して支払う金銭については、300万円を限度とします。）を控除した残額をいいます。）

•「非課税拠出額」とは、結婚・子育て資金非課税申告書又は追加結婚・子育て資金非課税申告書にこの制度の適用を受けるものとして記載された金額の合計額（1,000万円を限度とします。）をいいます。

•「結婚・子育て資金支出額」とは、金融機関等の営業所等において、結婚・子育て資金の支払の事実を証する書類（領収書等）により結婚・子育て資金の支払の事実が確認され、かつ、記録された金額の合計額をいいます。

• 孫など相続税額の2割加算の対象となる者に相続税が課される場合には、その管理残額のうち令和3年4月1日以後の拠出分に対応する相続税額は2割加算の対象となります。

• 受贈者が贈与者から相続により取得した財産が管理残額のみである場合には、生前贈与加算は適用されません。

受贈者の所得金額要件	○ 平成31年4月1日以後の贈与については、贈与をする年の前年分の受贈者の合計所得金額が1,000万円を超える場合には適用できません。
2. 結婚・子育て資金の範囲 ※内閣府HPに結婚・子育て資金の範囲に関するQ&Aなど掲載	(1) 結婚に際して支払う次のような金銭（300万円限度）をいいます。 ① 挙式費用、衣装代等の婚礼（結婚披露）費用（婚姻の日の1年前の日以後に支払われるもの）② 家賃、敷金等の新居費用、転居費用（一定の期間内に支払われるもの） (2) 妊娠、出産及び育児に要する次のような金銭をいいます。 ③ 不妊治療・妊婦健診に要する費用 ④ 分べん費等・産後ケアに要する費用 ⑤ 子の医療費、幼稚園・保育園等の保育料(ベビーシッター代を含む)など
3. 結婚・子育て資金口座の開設等	この非課税制度の適用を受けるためには、結婚・子育て資金口座の開設等を行った上で、結婚・子育て資金非課税申告書をその口座の開設等を行った金融機関等の営業所等に、提出しなければなりません。 　また、金銭を贈与された場合には贈与の日から2か月以内に預入することとされています。 　なお、非課税申告書は、原則として、受贈者が既に結婚・子育て資金非課税申告書を提出している場合には提出することができません。
4. 口座からの払出し・支払	結婚・子育て資金口座からの払出し及び支払を行った場合には、結婚・子育て資金口座の開設等の時に選択した結婚・子育て資金口座の払出方法に応じ、その支払に充てた金銭に係る領収書などその支払の事実を証する書類を、次の(1)又は(2)の提出期限までにその金融機関等の営業所等に提出する必要があります。 　(1) 結婚・子育て資金を支払った後にその実際に支払った金額を口座から払い出す方法を選択した場合（立替精算方式） 　　　領収書等に記載された支払年月日から1年を経過する日 　(2) (1)以外の方法を選択した場合（仮払方式） 　　　領収書等に記載された支払年月日の属する年の翌年3月15日
5. 口座に係る契約の終了	• 結婚・子育て資金口座に係る契約は、次の(1)～(3)の事由に該当したときに終了します。 　(1) 受贈者が50歳に達したこと、(2) 受贈者が死亡したこと、(3) 口座の残高が0（ゼロ）になり、かつ、その口座に係る契約を終了させる合意があったこと • (1)又は(3)の事由に該当したことにより、結婚・子育て資金口座に係る契約が終了した場合に、非課税拠出額から結婚・子育て資金支出額を控除した残額があるときは、その残額が受贈者の上記(1)又は(3)の事由に該当した日の属する年の贈与税の一般贈与財産※として課税価格に算入されます（(2)の事由に該当した場合には、贈与税の課税価格に算入されるものはありません。）。したがって、その年の贈与税の課税価格の合計額が基礎控除額を超えるなどの場合には、贈与税の申告期限までに贈与税の申告を行う必要があります。 ※贈与税は、令5.4.1以後拠出分には一般税率、令5.3.31以前拠出分には特例税率

■直系尊属から住宅取得等資金の贈与を受けた場合の贈与税の非課税

1.概要 (措法70の2)	(1)令和4年1月1日から**令和5年12月31日**までの間に、**特定受贈者**(P.222参照)がその直系尊属(養親及び養親の直系尊属も含まれます。)からの贈与により、自己の居住の用に供する住宅用の家屋の新築、取得又は増改築等(以下、「新築等」)の対価に充てるための金銭(**住宅取得等資金**)を取得し、翌年3月15日までに一定の新築等を行った場合において、同日までに居住の用に供したとき(又は同日後遅滞なく居住の用に供することが確実であると見込まれるとき)は、その住宅取得等資金のうち住宅資金非課税限度額までの金額について、贈与税の期限内申告書に非課税の適用を受けようとする旨を記載し、計算の明細書等の書類の添付がある場合に限り、贈与税を課さないこととされています。 ・この非課税制度は、暦年課税の基礎控除、相続時精算課税の特別控除又は特定の贈与者から住宅取得等資金の贈与を受けた場合の相続時精算課税の特例と併せて適用することができます。 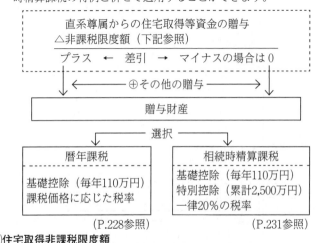 (2)**住宅取得非課税限度額** | 住宅の種類 | 省エネ等住宅 | 左記以外の住宅 | |---|---|---| | 非課税限度額 | 1,000万円 | 500万円 | ※**省エネ等住宅** 　省エネ等住宅とは、①エネルギーの使用の合理化に著しく資する住宅用家屋、②地震に対する安全性に係る基準に適合する住宅用家屋又は③高齢者等が自立した日常生活を営むのに特に必要な構造及び設備の基準に適合する住宅用の家屋をいいます。 　具体的には、省エネ等住宅に係る非課税限度額の適用を受ける場合には、省エネ等基準(①断熱等性能等級4以上若しくは一次エネルギー消費量等級4以上相当であること、②耐震等級(構造躯体の倒壊等防止)2以上若しくは免震建築物であること又は③高齢者等配慮対策等級(専用部分)3以上であることをいいます。)のいずれかに適合する住宅用の家屋であることにつき、次に掲げるいずれかの書類を贈与税の申告書に添付します。

(添付書類)		次のいずれかの書類
	新築住宅	• 住宅省エネルギー性能証明書 • 建設住宅性能評価書の写し • 住宅性能証明書 • 長期優良住宅認定通知書の写し及び住宅用家屋証明書（の写し）若しくは認定長期優良住宅建築証明書[※1] • 低炭素住宅認定通知書の写し及び住宅用家屋証明書（の写し）若しくは認定低炭素住宅建築証明書
	既存住宅	• 住宅省エネルギー性能証明書 • 既存住宅に係る建設住宅性能評価書の写し • 住宅性能証明書 • 長期優良住宅認定通知書の写し及び認定長期優良住宅建築証明書[※1] • 低炭素住宅認定通知書の写し及び認定低炭素住宅建築証明書
	増改築等 [※2]	• 既存住宅に係る建設住宅性能評価書の写し • 住宅性能証明書

(※1) 長期優良住宅維持保全計画の認定（建築行為なし認定）を受けた家屋を取得等する場合には、長期優良住宅認定通知書の写しのみで足ります。

(※2) 増改築等工事が、省エネ等住宅の基準に適合させるための修繕又は模様替に該当する場合には、そのことを証する増改築等工事証明書を提出すれば、右記の書類の提出は不要です。

2. 特定受贈者の要件
（措法70の2①、②一、措令40の4の2①）

• 非課税制度の適用を受けることができる特定受贈者は、以下の要件を全て満たす者をいいます。

①贈与時に贈与者の直系卑属であること
②贈与年の1月1日において、18歳以上であること
③贈与年の合計所得金額が2,000万円以下※であること ※床面積が40m²以上50m²未満の場合、1,000万円以下であること
④贈与年の翌年3月15日までに、住宅取得等資金の全額を充てて住宅用の家屋の新築・取得又は増改築等をすること
⑤贈与年の翌年3月15日までにその家屋に居住すること、又は、同日後遅滞なくその家屋に居住することが確実であると見込まれること（遅くとも同年12月31日までに居住する必要があります。）

3. 住宅用家屋の要件
（措法70の2②二、三、措令40の4の2②③④⑨）

非課税制度の対象となる家屋は、次の要件をいずれも満たすことが必要です。

(1)**住宅を新築し、又は取得する場合**
①その者が主として居住の用に供する家屋であること
②床面積が50m²以上[※1] 240m²以下であること
　（※1）合計所得金額が1,000万円以下の場合、40m²以上
③店舗等併用住宅の場合は、床面積の1／2以上が居住用であること
④取得等した家屋が既存住宅の場合、以下のいずれかを満たすものであること
　(イ) 1982年1月1日以後に建築されたもの

	㈑ 建築後使用されたことのあるもので、地震に対する安全性に係る基準に適合するものとして、
	・耐震基準適合証明書 （家屋の取得の日前2年以内にその証明のための家屋の調査が終了したものに限る）
	・建設住宅性能評価書の写し（家屋の取得の日前2年以内に評価されたもので、耐震等級（構造躯体の倒壊等防止）に係る評価が等級1、等級2又は等級3であるものに限る）
	・既存住宅売買瑕疵保険付保証明書（家屋の取得の日前2年以内に締結されたものに限る） のいずれかにより証明されたもの
（土地等の取得）	⑤**「住宅用の家屋の新築」には、**その新築と同時に取得するその敷地用土地等又は新築に先行してその敷地用土地等を取得する場合における**その土地等の取得を含みます。**したがって、これらの土地等の取得のための資金も適用対象になります。
（措法70の2② 四、措令40の 4の2⑤⑥）	**(2)増改築等をする場合** ①その者が主として居住の用に供する家屋であること ②増改築等後の床面積が50m²以上 [※2] 240m²以下であること （※2）合計所得金額が1,000万円以下の場合、40m²以上 ③店舗等併用住宅の場合は、床面積の1/2以上が居住用であること ④居住の用に供する家屋について行う増改築等が、一定の工事 [※3] に該当することにつき「増改築等工事証明書」により証明されたものであること（当該工事が下記一の工事の場合、確認済証又は検査済証の写しでも可） ⑤増改築等の工事に要した費用の額が100万円以上であること 　（※3）一定の工事とは、以下のa～hのいずれかの工事をいいます（下記ハの工事は、非課税限度額の1,000万円の対象）。 　　a　増築、改築、建築基準法上の大規模の修繕又は大規模の模様替 　　b　マンションの場合で、床又は階段・間仕切壁・主要構造部である壁のいずれかの過半について行う修繕又は模様替 　　c　居室・調理室・浴室・便所・洗面所・納戸・玄関・廊下のいずれかの床又は壁の全部について行う修繕又は模様替 　　d　一定の耐震基準に適合させるための修繕又は模様替 　　e　一定のバリアフリー改修工事 　　f　一定の省エネ改修工事 　　g　給水管・排水管又は雨水の浸入を防止する部分に係る修繕又は模様替（リフォーム工事瑕疵担保責任保険契約が締結されているものに限る） 　　h　省エネ等住宅（増改築等）の基準に適合させるための修繕又は模様替
4.添付書類 （措規23の5の 2）	この非課税制度は、贈与税の申告書の提出期間内に贈与税の申告書及び一定の添付書類を提出した場合に限り、その適用を受けることができます。 　確定申告の際には、以下の添付書類等が必要になります。 ①計算明細書　②受贈者の戸籍謄本等

③合計所得金額を明らかにする書類　④登記事項証明書※1

⑤請負契約書・売買契約書の写し

⑥増改築等工事証明書※2（「3.(2)増改築等をする場合の※3a」の工事の場合は、確認済証の写し又は検査済証の写しでも可）

⑦リフォーム工事瑕疵保険付保証明書※2（「3.(2)増改築等をする場合の※3g」の工事の場合のみ）

⑧耐震基準適合証明書※3、建設住宅性能評価書（耐震等級に係る評価が1、2又は3であるものに限る）の写し※3又は既存住宅売買瑕疵保険付保証明書※3

⑨質の高い住宅の基準に適合することを証する書類※4（省エネ等住宅の添付書類参照）

※1　新築住宅・既存住宅の場合のみ。不動産番号の記載のある書類の添付によりこれに代えることができます。
※2　増改築等の場合のみ
※3　登記簿上の建築日付が1981年12月31日以前である既存住宅の場合のみ
※4　1,000万円非課税限度額を申請する場合のみ

5. 各種証明書等		
	住宅省エネルギー性能証明書	住宅省エネルギー性能証明書※は、登録された建築士事務所に属する一級建築士、二級建築士若しくは木造建築士、指定確認検査機関、登録住宅性能評価機関又は住宅瑕疵担保責任保険法人のいずれかが発行するものです。 ※住宅ローン減税制度における環境性能等に応じた借入限度額の上乗せ措置の適用を受けるにあたり、家屋がZEH水準省エネ住宅・省エネ基準適合住宅であることを証する書類としても使用できます。
	建設住宅性能評価書	建設住宅性能評価書※は、登録住宅性能評価機関が交付するものです。 ※住宅ローン減税制度における環境性能等に応じた借入限度額の上乗せ措置の適用を受けるにあたり、家屋がZEH水準省エネ住宅・省エネ基準適合住宅の基準を満たしている場合にはそのことを証する書類としても使用できます。
	住宅性能証明書	住宅性能証明書は、指定確認検査機関、登録住宅性能評価機関又は住宅瑕疵担保責任保険法人のいずれかが発行するものです。
	耐震基準適合証明書	耐震基準適合証明書は、登録された建築士事務所に属する一級建築士、二級建築士若しくは木造建築士、指定確認検査機関、登録住宅性能評価機関又は住宅瑕疵担保責任保険法人のいずれかが発行するものです。
	増改築等工事証明書	増改築等工事証明書は、登録された建築士事務所に属する一級建築士、二級建築士若しくは木造建築士、指定確認検査機関、登録住宅性能評価機関又は住宅瑕疵担保責任保険法人のいずれかが発行するものです（ただし、「3.(2)増改築等をする場合※3h」の工事については、指定確認検査機関、登録住宅性能評価機関又は住宅瑕疵担保責任保険法人に限って証明できます）。

住宅用家屋証明書	住宅用家屋証明書は、各市区町村長が発行するものです。
既存住宅売買瑕疵保険付保証明書・リフォーム工事瑕疵担保責任保険付保証明書	既存住宅売買瑕疵保険付保証明書・リフォーム工事瑕疵担保責任保険付保証明書は、住宅瑕疵担保責任保険法人が発行するものです。
長期優良住宅認定通知書・低炭素住宅認定通知書	長期優良住宅認定通知書・低炭素住宅認定通知書は、各所管行政庁（都道府県、市町村等）が交付するものです。
認定長期優良住宅建築証明書・認定低炭素住宅建築証明書	認定長期優良住宅建築証明書・認定低炭素住宅建築証明書は、登録された建築士事務所に属する一級建築士、二級建築士若しくは木造建築士、指定確認検査機関又は登録住宅性能評価機関のいずれかが発行するものです。

6. その他
（措法70の2④、⑥）

(1)修正申告
　贈与を受けた年の翌年12月31日までに居住の用に供していないときは、同日より2か月以内に修正申告書（期限内申告書とみなします）を提出する必要があります。

（措法41、措通41-23）

(2)所得税の住宅借入金等特別控除（いわゆる住宅ローン控除）を適用する場合
　住宅取得等資金の贈与税の非課税制度と所得税の住宅借入金等特別控除は併用できますが、次の①の金額が②の金額を超えるときには、その超える部分に相当する住宅借入金等の年末残高については、所得税の住宅借入金等特別控除の適用はありません。
　①住宅借入金等の年末残高の合計額
　②住宅用家屋の新築・取得又は増改築等の対価又は費用の額（その敷地用の一定の土地等の取得の対価を含みます。）から、住宅取得等資金の贈与を受けた場合の贈与税の非課税部分の金額を差し引いた額

(3)住宅取得等資金の非課税制度適用後の残額には、暦年課税の基礎控除又は相続時精算課税の特別控除を適用することができます。

（措法70の2③、措令40の4の2⑫）

(4)住宅取得等資金の贈与税の非課税特例を受けた場合に、その贈与者が死亡したときの相続税の計算の際、贈与税非課税とされた部分の金額は、暦年課税贈与、相続時精算課税贈与のどちらを選択していても、相続税の課税価格に加算する必要はありません。

（措令40の4の2⑬）

(5)住宅資金贈与者が贈与した年中に死亡した場合で次に掲げる場合に該当するときは、特定受贈者は贈与税の申告書等を期限内に提出することにより、非課税の適用を受けることができます。
　イ　特定受贈者が住宅資金贈与者から相続又は遺贈により財産を取得した場合
　ロ　特定受贈者が、相続時精算課税適用者又はその選択届出書を提出する者

■贈与税の配偶者控除

1. 贈与税額の計算 (法21の6)	贈与の日において**婚姻期間が20年以上である配偶者**から、居住用不動産又は居住用不動産を取得するための金銭の贈与を受けた場合、贈与税の課税価格から**2,000万円**が**控除**されます。 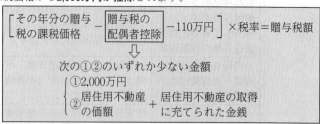	
2. 要件 (令4の6)	①婚姻期間が20年以上であること。 ・婚姻の届出の日から居住用不動産の贈与の日までの期間によって計算します。(1年未満の端数切捨て) ・同一配偶者間においては一生に一回しか適用できません。 ②贈与を受けた年の翌年3月15日までに居住用不動産を居住の用に供し(又は贈与を受けた金銭で居住用不動産を取得し、かつ居住の用に供し)、その後も引き続き居住の用に供する見込みであること。	
3. 居住用不動産の範囲 (相基通21の6-1)	①居住の用に供している家屋又はその敷地(敷地のみ、家屋のみ、家屋と敷地のいずれの場合でも可) ②店舗兼住宅の場合の居住用部分(居住用部分の面積がおおむね90%以上のときは、全部を居住用部分とできます。)	
(相基通21の6-2)	(居住用部分の面積の計算) 　　①家屋のうち居住の用に供している部分の面積 　　家屋のうち専ら居住の用に供している部分の床面積(A) ＋ 家屋のうち居住の用と居住用以外の用とに併用されている部分の床面積(B) × $\dfrac{A}{家屋の総床面積-B}$ 　　ⅱ土地等のうち居住の用に供している部分の面積 　　土地等のうち専ら居住の用に供している部分の面積 ＋ 土地等のうち居住の用と居住用以外の用とに併用されている部分の面積 × $\dfrac{家屋の面積のうち①により計算した面積}{家屋の総床面積}$	
(相基通21の6-3)	③店舗兼住宅等の持分の贈与の場合の居住用部分の価額は、その土地等又は家屋の価額に、次の④と回のいずれか少ない割合を乗じて計算します。 　④贈与を受けた持分の割合 　回居住の用に供している部分の割合	
(相基通21の6-5)	④贈与により取得した金銭で居住用不動産と居住用不動産以外の財産を取得した場合 その金銭はまず居住用不動産の取得に充てられたものとすることができます。	

—227—

4. 生前贈与加算 との関係 （法19） （令4）	(1)居住用不動産等の贈与を受けた日から7年以内^(注)（贈与を受けた年を除く）に、贈与をした配偶者が死亡し相続財産を取得した場合 贈与税の配偶者控除の適用を受けた受贈財産は、贈与税の配偶者控除額を控除して、生前贈与加算を適用します。 （注）改正のための経過措置

贈与者の相続開始	贈与から相続開始まで
令 6.1.1～令 8.12.31	3年以内
令 9.1.1～令 9.12.31	4年以内
令10.1.1～令10.12.31	5年以内
令11.1.1～令11.12.31	6年以内
令12.1.1～令12.12.31	7年以内
令13.1.1～	7年以内

(2)居住用不動産等の贈与を受けた年に、贈与をした配偶者が死亡し相続財産を取得した場合

納税者の選択

→ ・贈与税の配偶者控除を適用して贈与税の申告
・贈与税の配偶者控除額を控除して生前贈与加算の適用を受けて相続税の申告 ｝ 相続税の申告書にその旨記載などが必要

→ ・贈与税非課税（相続開始年分の贈与）
・受贈財産をすべて相続税の課税価格に算入して相続税の申告

5. 適用のための 手続き （規1の5）	①贈与税の申告書又は更正の請求書の提出（(i)適用を受ける旨及びその控除額の明細(ii)前年以前に同一の配偶者からの贈与につき配偶者控除の適用を受けていない旨を記載すること。） ②添付書類

(i)戸籍の謄本または抄本 戸籍の附票の写し	贈与を受けた日から10日を経過した日以後に作成されたもの
(ii)登記事項証明書　その他居住用不動産を取得したことを証する書類 ※不動産番号の記載のある書類の添付によりこれに代えることができます。	

■外国税額控除

（法21の8）	在外財産を贈与により取得した場合において、その財産について外国の法令により贈与税に相当する税が課税されたときは、その者が贈与により取得した財産全体に対する贈与税額から、その外国において課税された贈与税相当額を控除することができます。 1．控除額 　①外国で課税された贈与税相当額 　②全体に対する贈与税額×$\dfrac{在外財産の価額}{その年分の贈与税の課税価格}$ 　③①又は②のいずれか少ない額
（相基通21の 8-2）	2．外国税額控除は、歴年課税、相続時精算課税の別に、それぞれ適用します。

■贈与税の計算

$$\left(\begin{array}{c}\text{その年分の贈与財産の}\\\text{価額の合計額}\end{array} - \begin{array}{c}\text{配偶者控除額}\\\text{(最高2,000万円)}\end{array} - \begin{array}{c}\text{基礎控除額}\\\text{(110万円)}\end{array}\right) \times \begin{array}{c}\text{一般税率}\\\text{又は}\\\text{特例税率}\end{array} - \begin{array}{c}\text{外国税額}\\\text{控除額}\end{array} = \begin{array}{c}\text{納付}\\\text{税額}\end{array}$$

ア．18歳以上の者が直系尊属から贈与を受けた場合の税率（特例税率）

○「18歳以上」の判定は、贈与により財産を取得した年の1月1日現在で判定します。

○令和4年3月31日以前の贈与については、「18歳以上」は「20歳以上」です。

○年の中途で養子縁組をした場合には、養子縁組により直系卑属となった時前の贈与には特例税率の適用はありません。

○特例税率の適用を受けるには、贈与税の申告書にその旨を記載し、贈与により財産を取得した者の戸籍謄本又は抄本その他の書類（贈与税の配偶者控除額及び基礎控除額を差し引いた後の課税価格が300万円以下である場合には、この書類の提出の必要はありません。）でその者の氏名、生年月日並びにその者がその贈与した者の直系卑属に該当することを証する書類を添付する必要があります（措規23の5の5）。

イ．ア以外の贈与の税率（一般税率）

基礎控除後の課税価格		ア．特例税率		イ．一般税率	
		税率	控除額	税率	控除額
	200万円以下	10%	—	10%	—
200万円超	300万円以下	15%	10万円	15%	10万円
300万円超	400万円以下			20%	25万円
400万円超	600万円以下	20%	30万円	30%	65万円
600万円超	1,000万円以下	30%	90万円	40%	125万円
1,000万円超	1,500万円以下	40%	190万円	45%	175万円
1,500万円超	3,000万円以下	45%	265万円	50%	250万円
3,000万円超	4,500万円以下	50%	415万円	55%	400万円
4,500万円超		55%	640万円		

（※）特例贈与財産と一般贈与財産の両方を取得した場合の贈与税額の計算

$$A = (\text{合計贈与価額} - \text{基礎控除額}) \times \text{特例税率} \times \frac{\text{特例贈与財産価額}}{\text{合計贈与価額}}$$

$$B = (\text{合計贈与価額} - \text{基礎控除額}) \times \text{一般税率} \times \frac{\text{一般贈与財産価額}}{\text{合計贈与価額}}$$

その年分の贈与税額＝A＋B

※特例贈与財産→直系尊属から18歳以上の者への贈与財産（特例税率適用）

※一般贈与財産→特例贈与財産以外の贈与財産（一般税率適用）

（注）贈与税の配偶者控除の適用がある場合には、一般贈与財産価額から控除

■申告・納税・開示

1. 贈与税の申告
（法28、62、66）

受贈者	提出義務者	申告書の提出期限・納期限	提出先
個人	1年間（1月1日から12月31日まで）に総額で110万円を超える贈与財産を取得した者	（原則） 贈与を受けた年の翌年2月1日から3月15日まで	受贈者の住所地の所轄税務署長
		納税者が出国する場合で贈与を受けた年の翌年1月1日から3月15日までに出国するときは、出国日まで。（贈与を受けた年の途中で出国する場合は原則通りです。）	制限納税義務者及び特例納税義務者は、その者が申告した納税地又は国税庁長官が指定した納税地の所轄税務署長
・人格のない社団等 ・公益法人等	1年間（1月1日から12月31日まで）に同一の相手から110万円を超える贈与財産を取得したもの	贈与を受けた年の翌年2月1日から3月15日まで	受贈者の主たる営業所又は事務所の所在地の所轄税務署長
受贈者が死亡した場合（※）	本来の贈与税の申告義務者の相続人又は包括受遺者	その相続開始があったことを知った日の翌日から10か月以内	死亡した者の死亡した日における納税地

（※）①年の中途において死亡した者が、その年の1月1日から死亡した日までに贈与により取得した財産につき、納付すべき贈与税額があるとき
②贈与税の申告書を提出すべき者が申告書の提出期限前に、その申告書を提出しないで死亡した場合

2. 期限後申告・修正申告

		要件	申告期限	納期限
期限後申告	原則	期限内申告書を提出すべき者が期限までに提出しなかったこと	税務署長の決定（期間制限6年）があるまで	期限後申告書を提出した日
	特例	法32条第1項第1号から第6号まで（更正の請求の特例）に規定する事由が生じたことにより相続又は遺贈による財産の取得をしないこととなったため、新たに贈与税の申告書を提出すべき要件に該当することとなったこと		
修正申告	原則	期限内申告書又は期限後申告書を提出した場合で、申告した税額に不足額があるとき	税務署長の更正（期間制限6年）があるまで	修正申告書を提出した日
	特例	法32条第1項第1号から第6号まで（更正の請求の特例）に規定する事由が生じたことにより相続又は遺贈による財産の取得をしないこととなったため、新たに贈与税の申告書を提出すべき要件に該当することとなったこと		

（通法18）
（法30②）

（通法19）
（法31④）

3. 更正の請求

（通法23①、
法32②）

（法32①）

区分	要件	請求期限
通常の更正の請求	期限内申告書・期限後申告書又は修正申告書を提出した後で、課税価格や税額の計算の誤りにより、課税価格や税額が過大になったこと	申告期限から6年以内
更正の請求の特則	贈与税の申告書を提出した場合に贈与税の課税価格に算入した財産が相続開始の年に被相続人から受けた財産で、相続税の課税価格に算入されることを知ったこと	その事由があったことを知った日の翌日から4か月以内

4. 延納

（法38）

贈与税は金銭一時納付が原則ですが、一定の要件のもとに延納の制度が設けられています。

(1)要件

贈与税を延納するためには、次の4つの要件を満たし、かつ、税務署長の承認を受ける必要があります。

①申告、更正又は決定による納付すべき税額が10万円を超えること

②納期限まで又は納付すべき日に金銭で納付することを困難とする理由があること

③担保を提供すること（延納税額100万円以下かつ延納期間3年以下の場合は不要）

④納期限又は納付すべき日までに延納申請書を提出すること

(2)延納期間と利子税

延納期間は最長5年以内で、利子税は6.6％です。相続税の延納とは異なり、贈与税の延納については、期間と利子税がその課税財産の内容に関係なく一律に定められています。

令和3年1月1日以後に適用される延納利子税の割合は、財務大臣が告示する平均貸付割合に0.5％を加算（平成26年1月1日から令和2年12月31日までは、短期貸付平均利率＋1％）した割合（延納特例基準割合）が7.3％に満たない場合には、その分納期間の利子税の割合は次により計算します。

$$6.6\％ \times \frac{（平均貸付割合＋0.5\％）}{年7.3\％} （0.1\％未満切捨）$$

5. 申告内容の開示

（法49、令27）

相続・遺贈・相続時精算課税制度の適用を受けた贈与により財産を取得した者は、他の共同相続人等がある場合には、被相続人に係る相続税の申告等に必要となるときに限り、被相続人の死亡の時における住所地の所轄税務署長に対し、被相続人の相続開始日の属する年の3月16日以後に、下記①②③に係る贈与税の申告書に記載された贈与税の課税価格の合計額の開示の請求をすることができます。（税務署長は請求後2か月以内に開示します。）

①相続開始前3年以内の贈与

②相続開始前3年超～7年以内の贈与（100万円控除後の残額）

③相続時精算課税の適用を受けた贈与（110万円基礎控除後の金額）

相続時精算課税制度

1. 概要 （法21の9~21の 18、令5~5の 6、規10~12）	• 相続時精算課税制度は、原則として60歳以上の直系尊属から18歳以上（令和4年3月31日以前の贈与については、20歳以上）である者で、贈与をした者の直系卑属（子や孫）である推定相続人又は孫への贈与について、受贈者の選択により、その贈与者とその受贈者の贈与について、暦年単位による贈与税の課税方式（暦年課税）に代えて、適用を受けるものです。 • 令和6年1月1日以後に贈与により取得する財産については、暦年課税の基礎控除とは別に、受贈者1人につき、贈与税の課税価格から基礎控除110万円が控除されます（同一年に2人以上の特定贈与者から贈与を受けた場合、110万円を特定贈与者ごとの贈与税の課税価格であん分します。）。また、特定贈与者の死亡に係る相続税の課税価格に加算される贈与財産の価額は贈与を受けた年分ごとに基礎控除110万円を控除した残額とされます。 • 贈与時には基礎控除額（年110万円）及び特別控除額（累積で2,500万円）を超える部分について一律20%の税率による贈与税を納付し、贈与者の相続時には、その贈与財産の価額を課税価格に合計して相続税額を計算し、既に納付した贈与税相当額を控除する仕組みで、相続税・贈与税の一体化措置と言われています。 $$\left(\begin{array}{c}\text{特定贈与者}\\\text{ごとの}\\\text{贈与財産の}\\\text{価額}\end{array} - \begin{array}{c}\text{基礎控除}\\\text{（110万円）}\end{array} - \begin{array}{c}\text{特定贈与者ごとの特別控除額}\\\text{2,500万円（前年以前に控除した}\\\text{金額があるときは、その残額）}\end{array}\right) \times 20\%$$ • また、相続財産が基礎控除以下と予想されるなど、相続税が課されない場合には、基礎控除額及び特別控除額までは相続税も贈与税も課されずに、子や孫が生前に受け取ることができます。さらに、相続時の精算は贈与時の価額により行いますので、評価額が上昇することが見込まれる財産については早目の財産移転が有利となります。なお、いったん相続時精算課税制度を選択するとその贈与者とその受贈者の間の贈与について暦年贈与は出来なくなります。 • 相続時精算課税の基礎控除110万円を超える場合には精算課税贈与の申告が必要となります。 • 自宅等の敷地については相続税では小規模宅地等の特例がありますが、これを相続時精算課税による贈与をすると、相続時には相続財産ではないため、小規模宅地等の特例の適用はありません。
2. 適用対象者の要件 （法21の9、措法70の2の6）	

贈与者	贈与をした年の1月1日において**60歳以上**
受贈者	贈与者の推定相続人である直系卑属のうち、贈与を受けた年の1月1日において**18歳以上**（令和4年3月31日以前の贈与については、20歳以上）である**子又は孫**

(注) ①推定相続人の判定は、贈与時に行います。年の中途で養子縁組をした場合や父の死亡により祖父の（代襲）推定相続人となった場合には、推定相続人となった時以後の贈与について適用があります。（推定相続人となる前の贈与には適用がありません。）
②養子の数についての制限はありません。
③贈与財産の種類・価額・贈与回数は問いません。（みなし贈与財

産についても適用があります。)

(例)

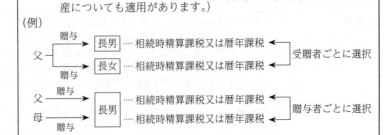

3.適用手続 (法21の9、令 5、規10、11)	**(1)適用を受ける場合** ①相続時精算課税制度の適用を受けようとする受贈者は、贈与を受けた財産に係る贈与税の申告期限内に、贈与者ごとの「**相続時精算課税選択届出書**」をその贈与税の申告書に添付して、贈与税の納税地の所轄税務署長に提出する必要があります。 相続時精算課税に係る基礎控除後の贈与税の課税価格がない場合には、贈与税の申告義務がないため、「相続時精算課税選択届出書」を単独で提出する必要があります。 (注)届出書を提出した受贈者を「相続時精算課税適用者」、その届出書に係る贈与者を「特定贈与者」といいます。 (注)受贈者ごと、贈与者ごとに、適用を選択します。例えば、父→長男、父→次男、母→長男、母→次男の場合には、それぞれの組合せごとに適用手続が必要です。 ②相続時精算課税選択届出書の添付書類 　・受贈者の戸籍の謄本又は抄本その他の書類で、次の内容を証する書類 　　イ　受贈者の氏名、生年月日 　　ロ　受贈者が贈与者の推定相続人である子又は孫であること 　※受贈者が「贈与税の納税猶予及び免除の特例(個人の事業用資産・非上場株式等)」の適用を受ける場合は、受贈者が贈与者からの贈与により特例受贈事業用資産又は特例対象受贈非上場株式等の取得をしたことを証する書類が必要です。
(相基通21の9 -2)	**③贈与のあった年の中途で贈与者が死亡した場合** ①の届出書は、次の(ア)(イ)のいずれか早い日までに、贈与者の相続税の納税地の所轄税務署長に提出しなければなりません(相続税の申告書の提出が必要でない場合でも提出します。) (ア)贈与を受けた年の翌年の3月15日 (イ)贈与者の相続開始があったことを知った日の翌日から10か月を経過する日(相続税の申告書にこの届出書を添付して提出します。)
(法21の18、 令5の6、規 11②)	**④受贈者が届出書を提出しないで死亡した場合の相続人の選択** (i) 死亡した受贈者の相続人・包括受遺者(その贈与をした者を除きます。)は、その相続の開始があったことを知った日の翌日から10か月以内に、その受贈者の納税地の所轄税務署長に、相続時精算課税選択届出書及び付表を、戸籍謄本など受贈者のすべての相続人を明らかにする書類を添付して提出(相続人が二人以上の場合は、一つの届出書に連署します。)することにより相続時精算課税制度を選択することができます。

―233―

(法21の17)	(ii) (i)の届出書を提出した相続人は、死亡した受贈者（適用者）の納税に係る権利義務を承継します。
	※ 特定贈与者の死亡以前に受贈者（相続時精算課税適用者）が死亡した場合は、受贈者の相続人・包括受遺者は、その特定贈与者の相続時に、その死亡した受贈者を受遺者とみなし、その受贈財産を特定贈与者の遺贈財産とみなして計算した相続税額から既に支払った贈与税額を控除した税額を納付する（又は還付を受ける）こととなります。
(通法5②③)	※ 死亡した受贈者の相続人が2人以上あるときは、各相続人が承継する相続税の額は民法の規定による相続分により按分します。ただし、死亡した受贈者からの相続によって得た積極財産の価額を限度とします。
	※ また、相続人のうちに特定贈与者がある場合には、その特定贈与者は、その納税に係る権利又は義務を承継しません。

(2)適用を受けた場合

①相続時精算課税適用者となった場合、その特定贈与者からの贈与については、制度適用年分以降すべて精算課税制度が適用されます。

②相続時精算課税適用者が養子縁組解消などにより推定相続人でなくなった場合でも、その後の特定贈与者からの贈与について精算課税制度が適用されます。

③相続時精算課税適用者が特定贈与者に係る相続を放棄した場合でも、その特定贈与者からの贈与財産については、相続により取得したものとみなされます。

(法21の9⑥)	**(3)いったん相続時精算課税適用者になると撤回できません。**

4. 相続時精算課税制度に係る贈与税 (法21の10、21の11の2、21の12、21の13)	精算課税適用者が、特定贈与者からの贈与により取得した財産に係るその年分の贈与税の額は、特定贈与者ごとに計算した課税価格から特定贈与者ごとの特別控除額を控除した金額にそれぞれ20%の税率を乗じて計算します。

(1)特別控除額

①	2,500万円 （前年以前に控除した金額がある場合には、その残額）	いずれか低い金額
	特定贈与者ごとの贈与税額の課税価格 （基礎控除110万円控除※後）	

※同一年に2人以上の特定贈与者から贈与を受けた場合、特定贈与者ごとの贈与税の課税価格であん分します。

②特別控除は、贈与税の期限内申告書に次の事項の記載がある場合に限り適用されます。

適用者に係る贈与税の課税価格及び贈与税額その他の計算明細
届出書を提出した税務署及び提出年分
既に特別控除の適用を受けている場合には、その受けた年分とその申告書を提出した税務署
その他参考となるべき事項

精算課税

(2)設例

(i)毎年2,000万円の贈与を受けた場合(特別控除は累計2,500万円まで)

1年目　2,000万円－110万円－1,890万円＝0

2年目　(2,000万円－110万円－610万円)×20％＝256万円

3年目　(2,000万円－110万円－0)×20％＝378万円

(ii)同一年中に特定贈与者2人以上から贈与を受けた場合（それぞれ計算）

父から　(3,000万円－55万円－2,500万円)×20％＝89万円

母から　(3,000万円－55万円－2,500万円)×20％＝89万円

(合計　178万円)

(iii)同一年中に特定贈与者と特定贈与者以外から贈与を受けた場合（それぞれ計算）

父から　(3,000万円－110万円－2,500万円)×20％＝78万円

兄から　(410万円－110万円)×15％－10万円＝35万円

(合計　113万円)

(法28の4) (3)特定贈与者が贈与のあった年の中途で死亡した場合には、贈与税の申告は不要です。

5. 相続時精算課税制度における相続税額の計算
(法21の14～21の16)

(※)令5.12.31以前の贈与については精算課税贈与の基礎控除110万円はありません。

（相続財産の価額＋特定贈与者からの贈与財産で精算課税制度の適用を受けるものの**贈与時の価額から贈与を受けた年分ごとに基礎控除額110万円を控除した残額**）を相続税の課税価格として相続税額を計算し、精算課税制度による贈与税額を控除又は還付します。

(注1) 相続又は遺贈により財産を取得せず、精算課税による受贈財産のみの場合でも相続税の納税義務があります。

(注2) 精算課税制度の適用を受ける財産からは債務控除をすることができます。また、相続開始前7年（3年）以内贈与加算の適用はありません。

暦年課税	精算課税
相続財産 ＋みなし相続財産 △非課税財産 △債務控除（マイナスのときはゼロ） ＋7年（3年）内贈与財産	相続財産 ＋みなし相続財産 △非課税財産 ＋精算課税受贈財産 △債務控除
課税価格	課税価格

(注3) 税額計算ほかの留意点

①2割加算

孫養子ではない人が養子縁組を解消した場合等、精算時課税適用者が相続開始の時に2割加算の対象となる者であっても、精算課税財産を贈与により取得した時に被相続人の一親等血族であったときは、その財産に対応する相続税額は2割加算しません。

（法21の15③）

②配偶者に対する税額軽減

精算課税財産は軽減額の計算における課税価格の合計額に含みます。

③未成年者控除・障がい者控除・相次相続控除

精算課税財産を含んで計算します。

④贈与税相当額の控除

相続税額から控除する精算課税制度に係る贈与税の額は、贈与税の外国税額控除前の贈与税額とし、延滞税、利子税、過少申告加算税、無申告加算税及び重加算税に相当する税額は除かれます。

⑤物納

精算課税財産は相続財産ではないため、相続税の物納財産にはなりません。

⑥還付

精算課税における贈与税額相当額を相続税額から控除してもなお控除しきれない金額がある場合において、その還付を受けるためには、相続税の申告書を特定贈与者に相続の開始があった日から5年を経過する日までに提出することが必要です。

なお、還付加算金は、特定贈与者の相続開始の翌日から10か月を経過する日と申告書提出日のいずれか遅い日の翌日から計算します。

⑦連帯納付義務

精算課税適用者の納税についても、他の相続人等は連帯納付義務を負います。

（注4）相続税の申告書

| 第11・11の2表の付表3
2 特定受贈同族会社株式等である選択特定事業用資産の明細 | → | 第11の2表
相続時精算課税
適用財産の明細書
相続時精算課税
分の贈与税額控除額の計算書 | → | 第15表 |
| 第11・11の2表の付表4
2 特定受贈森林経営計画対象山林である選択特定計画山林の明細 | | | | 第1表
↓
第1表の付表2還付される税額の受取場所 |

6. 相続税納税の権利義務の承継
（法21の17）

(1)相続時精算課税適用者（子）がその特定贈与者（親）よりも先に死亡した場合には、その適用者の相続人は、その適用者が有していた精算課税制度の適用を受けていたことに伴う納税の権利又は義務を承継します。（適用者の相続人のうちに特定贈与者がいる場合には、その特定贈与者は、権利又は義務を承継しません。）

→適用者の相続人は、その後、特定贈与者の相続時に、適用者から承継した贈与税・相続税の精算を行います。

(2)適用者の相続人が2人以上ある場合には、実際の遺産分割と関係なく法定相続分（相続人のうちに特定贈与者がいるときは、その特定贈与者がいないものとして計算します。）により、納税又は還付を受ける税額を按分します。

7. 住宅取得等資金に係る相続時精算課税
(措法70の3、70の2①)

(1)概要

令和5年12月31日までの間に、贈与により住宅の取得等の対価に充てるための金銭（住宅取得等資金）を取得し、翌年3月15日までに一定の新築等を行った場合において、同日までに居住の用に供したとき（又は同日後延滞なく居住の用に供することが確実であると見込まれるとき）は、その贈与者がその年の1月1日において**60歳未満であっても**、その住宅取得等資金について相続時精算課税制度を適用することができます。

※令和4年1月1日から令和5年12月31日までの間に直系尊属から居住用家屋の取得等に充てるために金銭の贈与を受けた場合には、一定の限度額まで贈与税が非課税とされます。この特例は、特別控除額とあわせて適用が可能です。（P.221参照）

(2)受贈者等の要件

①贈与を受けた時に贈与者の直系卑属である推定相続人であること又は贈与を受けた時に贈与者の孫であること。

②贈与を受けた年の1月1日において、18歳（令和4年3月31日以前の贈与については、20歳）以上であること。

③自己の配偶者、親族などから住宅用の家屋を取得や新築請負等をしたものではないこと。

④贈与を受けた年の翌年3月15日までに、住宅取得等資金の全額を充てて住宅用の家屋の新築等をすること。

⑤贈与を受けた年の翌年3月15日までにその家屋に居住すること又は同日後遅滞なくその家屋に居住することが確実であると見込まれること。

⑥贈与を受けた時に、居住無制限納税義務者又は非居住無制限納税義務者であること。

(3)住宅用の家屋の新築・取得又は増改築等の要件

（※）住宅用の家屋の新築等には、一定のその敷地用の土地等の取得を含みます。

①新築又は取得の場合

(i)新築又は取得した住宅用の家屋の登記簿上の床面積（区分所有建物の場合はその専有部分の床面積）が40m²以上で、かつ、その家屋の床面積の2分の1以上に相当する部分が受贈者の居住の用に供されるものであること。

(ii)住宅取得等資金の贈与を受けた場合の贈与税の非課税の家屋の新築又は取得の場合の要件（P.222参照）に該当すること。

②増改築等の場合

(i)増改築等後の住宅用の家屋の登記簿上の床面積（区分所有建物の場合はその専有部分の床面積）が40m²以上で、かつ、その家屋の床面積の2分の1以上に相当する部分が受贈者の居住の用に供されるものであること。

(ii)住宅取得等資金の贈与を受けた場合の贈与税の非課税の、増改築等の場合の要件（P.223参照）に該当すること。

(4)特例適用後の課税関係
(措法70の3②)
(措通70の3-4)

①住宅取得等資金について精算課税の適用を受けた場合、その年分以降の特定贈与者から適用者への贈与は、住宅取得等資金であるか否かを問わず、精算課税の適用を受けます。

（措法70の2③）　② P.221の直系尊属からの住宅取得等資金のうち贈与税が非課税となっ
た金額については、贈与者が死亡したときのその贈与者に係る相続税
の計算において、相続税の課税価格に加算されません。

（措法70の3⑦、
措規23の6⑥）

(5)申告手続と添付書類

この特例の適用を受けるためには、贈与税の申告書に特例の適用を受
ける旨を記載し、相続時精算課税選択届出書と一定の書類を添付する
必要があります。

（添付書類については、P.223、232を参照。）

(6)修正申告

居住の用に供することが確実であると見込まれるとして、住宅取得等
資金特別控除の特例を受けていた場合に、翌年12月31日までに居住の
用に供されていないときは、同日より2か月以内に修正申告書（期限
内申告書とみなします。）を提出する必要があります。

この場合、贈与者の年齢により、課税方式が異なります。

贈与者の年齢	60歳未満	暦年課税
	60歳以上	精算課税（特別控除2,500万円のみ）※

※相続時精算課税の届出書を提出していなかったものとみなされる
ため、再度届出を行う必要があります。

法人版　特例事業承継税制（平成30年〜令和9年）

　平成30年1月1日から令和9年12月31日までの贈与又は相続、遺贈により取得した特例対象非上場株式等について、一般の事業承継税制とは別に、適用要件などが緩和されている特例事業承継税制を適用することができます。本書では特例措置を中心に記載しています。

■特例措置と一般措置の比較

	一般措置	特例措置
事前の計画策定	不要	**令和6年3月31日までに特例承継計画の提出が必要**
適用期限	なし	**令和9年12月31日までの贈与・相続等**
対象株数	総株式数の最大3分の2まで	**全株式**
納税猶予割合	贈与税：100%　　相続税：80%	贈与税：100%　　相続税：**100%**
承継パターン	複数の株主から1人の後継者へ	複数の株主から**最大3人の後継者**へ
雇用確保要件	承継後5年間は平均8割の雇用維持が必要	理由書を提出することにより**緩和**
事業継続が困難な事由が生じた場合の免除	なし	あり
相続時精算課税の適用	18歳以上(※)の推定相続人又は孫	18歳以上(※)の者

（※）令和4年3月31日以前の贈与については、20歳以上

■特例事業承継税制における用語

※本書では、各々の制度における用語を便宜上、次表の略語を用います。

贈与税の特例納税猶予	相続税の特例納税猶予	贈与者死亡による切替特例	**略語**
特例認定贈与承継会社	特例認定承継会社	特例認定相続承継会社	**特例会社**
特例贈与者	特例被相続人	—	**先代経営者等**
特例経営承継受贈者	特例経営承継相続人等	特例経営相続承継受贈者	**後継者**
特例対象受贈非上場株式等	特例対象非上場株式等	特例対象相続非上場株式等	**特例対象株式等**
特例経営贈与承継期間	特例経営承継期間	特例経営相続承継期間	—

■適用対象となる中小企業者の範囲

（円滑化法2、円滑化規1）		主たる事業	資本金の額又は出資の総額（会社）		常時使用する従業員の数（会社・個人）
※適用対象は会社法上の会社に限られています。	1号	製造業、建設業、運輸業その他の業種	3億円以下	又は	300人以下
	2号	卸売業	1億円以下	又は	100人以下
	3号	サービス業	5,000万円以下	又は	100人以下
	4号	小売業	5,000万円以下	又は	50人以下
	5号 一	ゴム製品製造業（自動車又は航空機用タイヤ及びチューブ製造業並びに工業用ベルト製造業を除く。）	3億円以下	又は	900人以下
	二	ソフトウェア業又は情報処理サービス業	3億円以下	又は	300人以下
	三	旅館業	5,000万円以下	又は	200人以下

■特例承継計画の提出・確認

(円滑化規16①、17①)	①特例事業承継税制は、原則として平成30年4月1日から令和6年3月31日までに、会社が会社の後継者や承継時までの経営見通し等を記載した特例承継計画を策定し、税理士等の認定経営革新等支援機関の所見を記載の上、都道府県知事にその確認申請書を提出した場合に限って適用を受けることができます。
	②特例承継計画の提出時において、後継者は代表者でなくてもかまいません。
	③平成30年1月1日から令和6年3月31日までに先代経営者が死亡した場合には、円滑化法の認定申請時に特例承継計画を提出することもできます。また、同期間内に贈与があった場合にも、認定申請と同時に特例承継計画を提出することができます。なお、令和6年3月31日までに特例承継計画を提出していなかった場合には、特例制度ではなく一般事業承継税制の適用を検討することになります。
(措法70の7の7、70の7の8)	④特例事業承継税制は、令和9年12月31日までの贈与又は相続・遺贈に適用されますが、この期間内に贈与をして特例制度の適用を受けると、その後に先代経営者が死亡した場合に、相続税の特例納税猶予への切替の特例を受けることができます。

■非上場株式等についての贈与税の納税猶予及び免除の特例

(措法70の7の5①)

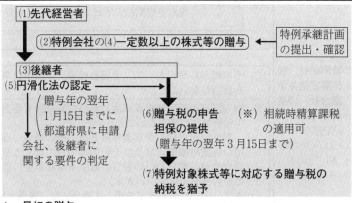

(1)先代経営者等(特例贈与者)の要件 (措令40の8の5①)	1．最初の贈与	
	①	贈与の時前において、特例会社の代表権を有していた個人であること。
	②	(先代経営者が贈与の直前において特例会社の代表権を有している場合は、その贈与の直前において、)又は(先代経営者が贈与の直前において特例会社の代表権を有していない場合は、代表権を有していた期間内のいずれかの時及びその贈与の直前の双方において、) 先代経営者及びその同族関係者の有する議決権の数の合計が、総株主等議決権数の50％超であること。
	③	先代経営者がその贈与の直前において(先代経営者が贈与の直前において特例会社の代表権を有していない場合には、代表権を有

—240—

特例会社の代表権を有していた者からの株式等の贈与・相続についての特例納税猶予制度適用以後は、他の株主から株式等の贈与を受けた場合にも、贈与税の特例納税猶予制度を適用できます。	していた期間内のいずれかの時及び贈与の直前の双方において）同族関係者（後継者を除きます。）内で筆頭株主であること。

④ 贈与の時において代表者でないこと。代表者を退任していれば役員であってもかまいません。

2．二回目以降の贈与（特例経営贈与承継期間（最初の贈与の申告期限の翌日から5年間）の末日までに申告期限が到来する贈与に限ります。）
　株式等の贈与の直前において、次の①②③のいずれかに該当する者がある場合の贈与者の要件は、特例会社の株式等を有していた個人で、その贈与の時に代表権を有していないものとされます。

①特例会社の株式等について、特例納税猶予制度（措法70の7の5、70の7の6、70の7の8）の適用を受けている者

②代表権を有していた者から、措法70の7の5（贈与税）の適用に係る株式等を取得している者

③代表権を有していた者から、措法70の7の6（相続税）の適用に係る株式等を取得している者

代表権を有していた先代経営者	代表権を有していない株主

最初の贈与 ── ⎡特例経営贈与承継期間（最初の贈与税の申告期限の翌日から5年間）⎤ → 二回目の贈与

後継者

(2)特例会社（特例認定贈与承継会社）の要件
（措法70の7の5②一、措令40の8の5⑤～⑫）

① その贈与の時において、上場会社等又は風俗営業会社のいずれにも該当しないこと。

② 贈与認定申請基準事業年度において資産保有型会社または資産運用型会社に該当しないこと。
　　贈与認定申請基準事業年度とは、その贈与の日の属する事業年度の直前の事業年度及びその贈与の日の属する事業年度から贈与認定申請基準日(＊)の翌日の属する事業年度の直前の事業年度までの各事業年度をいいます。
　　※ア、イ、ウのすべてを満たす場合には、特例会社に該当します。
　　　ア．親族外従業員が5人以上、イ．事務所、店舗、工場などの所有又は賃借、ウ．贈与の日まで引き続き3年以上商品の販売、資産の貸し付け、役務の提供など

③ 贈与認定申請基準事業年度において総収入金額（営業外収入及び特別利益を除きます。）が零を超えること。

④ その贈与の時において、その中小企業者の常時使用する従業員の数が1人以上であること。（その中小企業者の特別子会社が外国会社に該当する場合には5人以上必要です。）

＊贈与認定申請基準日
　1．贈与の日が1月1日から10月15日までの場合（下記3．を除きます。）には10月15日
　2．贈与の日が10月16日から12月31日までの場合には、その贈与の日
　3．贈与の日の属する年の5月15日前に中小企業者の後継者又は先代経営者等の相続が開始した場合には、その開始の日の翌日から5か月を経過する日

(3)後継者（特例経営承継受贈者）の要件 （措法70の7の5②六）	・特例承継計画に記載された後継者が次の①から⑤のいずれにも該当する者であること。
	① その贈与により特例会社の株式等を取得した代表者（代表権を制限されている者を除きます。以下同じ。）であって、贈与の時以後において、その代表者に係る同族関係者と合わせて特例会社の総株主等議決権数の100分の50を超える議決権の数を有し、かつ、その代表者が同族関係者内で筆頭株主であること。（特例後継者が2名又は3名の場合には、その者の議決権の数が特例会社の総株主等議決権数の10%以上、かつ、その者とその同族関係者のうちいずれの者が有する議決権の数を下回らないこと。）
	② その贈与の日において、18歳以上（令和4年3月31日以前の贈与については、20歳以上）であること。
	③ その贈与の日まで引き続き3年以上にわたりその特例会社の役員であること。 　つまり、**後継者は贈与の3年以上前から役員に就任**している必要があります。
	④ その贈与の時以後において、その代表者がその贈与により取得したその特例会社の株式等の全てを有していること。
	⑤ 一般措置としての贈与税又は相続税の納税猶予制度の適用を受けていないこと。
(4)贈与義務株式数 （措法70の7の5①一、二）	・後継者の次の区分に応じた一定数以上の株式等の取得が必要です。

後継者が1人の場合の取得株数

①	贈与の直前において、先代経営者等が有していた特例会社の株式等の数が、発行済株式総数の3分の2から後継者が贈与の直前に有していた株式等の数を控除した残数以上の場合	その控除した残数に相当する株式等の数以上の贈与
②	①以外の場合	先代経営者等が贈与の直前において有していた株式等のすべての贈与

（例）発行済株式総数が1,200株の場合

	贈与直前			贈与義務株式数
	先代経営者	後継者		
①	1,200株	0株	$1,200 > 1,200 \times \dfrac{2}{3} - 0 = 800$	800株
②	900株	200株	$900 > 1,200 \times \dfrac{2}{3} - 200 = 600$	600株
③	500株	200株	$500 < 1,200 \times \dfrac{2}{3} - 200 = 600$	500株

後継者が2人又は3人の場合は、次の全てを満たす株数

贈与後におけるその後継者の有するその会社の株式等の数	発行済株式総数の10分の1以上であること
	贈与後における先代経営者等の有するその会社の株式等を超えること

法人版　特例事業承継税制

（黄金株）	その特例会社が会社法第108条第1項第8号に掲げる事項についての定めがある種類の株式を発行している場合には、その贈与の時以後において、その株式をその後継者以外の者が有していないこと。
特例対象株式等	・先代経営者等から贈与により取得した特例会社の株式等のすべてが贈与税の特例納税猶予の対象となります。 ・一般措置（措法70の7①）のように発行済株式総数の3分の2までという適用上限はありません。
(5)都道府県知事 からの認定書 の交付 （円滑化規7⑩）	都道府県知事が認定の申請を受けた場合において、申請内容について要件を満たしていると認定したときは、申請者に「認定書」が交付されます。また、都道府県知事が認定をしない旨の決定をしたときは、申請者にその旨の通知があります。
(6)贈与税の申告 （措法70の7の 5①）	贈与税の申告期限（原則として、贈与を受けた年の翌年2月1日から3月15日まで）までに、円滑化規7⑩の認定書の写しなどの添付書類とともに、特例納税猶予の適用を受ける旨を記載した贈与税の申告書を、後継者の住所地の所轄税務署長に提出し、また、猶予贈与税額に見合う担保を提供します。

(7)納税猶予分の　贈与税額
（措法70の7の
　5②八）

　特例株式等の価額を後継者に係るその年分の贈与税の課税価格とみなして、法21の5及び21の7（措法70の2の4及び70の2の5を含みます。）の規定を適用して計算した金額（100円未満端数切捨て）

先代経営者が後継者の直系尊属の場合の例

①贈与財産を特例株式等5,000万円、現金1,000万円とします。	
②通常の計算による 　贈与税額	（5,000万円＋1,000万円－110万円）×55％－640万円＝2,599万円
③納税猶予額	（5,000万円－110万円）×55％－640万円＝2,049万円
④納付すべき贈与税額	2,599万円－2,049万円＝550万円

　上記設例で現金の贈与がない場合は、通常の計算による贈与税額と納税猶予額はともに2,049万円となり、納付すべき贈与税額はゼロとなります。

**（相続時精算
課税）**

　相続時精算課税の適用に係る贈与により取得する特例株式等についても、本特例の適用が可能です。

　なお、特例事業承継税制における相続時精算課税の適用対象者は、18歳以上（令和4年3月31日以前の贈与については、20歳以上）の者であれば推定相続人又は孫であるかは問われません。

**特例経営贈与
承継期間**
（措法70の7の
5②七）

　特例経営贈与承継期間とは、特例納税猶予の適用を受けるための最初の贈与税の申告書の提出期限の翌日から、①同日以後**5年を経過する日**と、②後継者又はその先代経営者等の死亡の日の前日のいずれか早い日までの期間をいいます。複数の後継者が特例適用を受ける場合には、後継者ごとに期間を判定します。

納税猶予期間中の取扱い	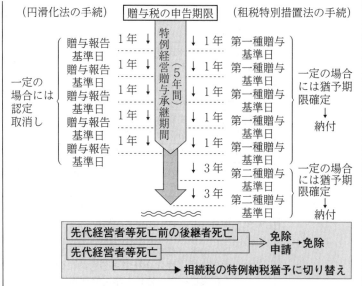	
年次報告書・継続届出書 (円滑化規12①、措法70の7の5⑥、措令40の8㉟㊱、措規23の9㉓〜㉕)	**都道府県知事への報告** 特例会社は、円滑化法の規定に基づき、**5年間は毎年1回**、贈与報告基準日(贈与税申告期限の翌日から起算して1年を経過するごとの日)から3か月以内に、都道府県知事に「**年次報告書**」を提出する必要があります。 なお、5年経過後は、都道府県知事への報告は不要となります。	**税務署長への報告** 後継者個人は、租税特別措置法の規定に基づき、**5年間は毎年1回**(報告基準日(第一種贈与基準日)から5か月以内)、**5年経過後は3年に1回**(報告基準日(第二種贈与基準日)から3か月以内)、税務署長に「**継続届出書**」を提出する必要があります。なお、5年間は、都道府県知事への年次報告書とそれに係る確認書などを届出書に添付します。
特例経営贈与承継期間内の猶予の確定 (措法70の7の5③)	特例経営贈与承継期間内に、後継者又は特例会社について、次の事由に該当することとなった場合には、それぞれの日から2か月を経過する日が納税猶予期限となり、猶予税額の全額と利子税を併せて納付しなければなりません。	
	① 後継者が特例会社の代表権を有しないこととなった場合	
	② 後継者及びその同族関係者の有する議決権の数の合計が特例会社の総株主等議決権数の100分の50以下となった場合	
	③ 後継者が、同族関係者内で筆頭株主でなくなった場合	
	④ 後継者が特例株式等の一部の譲渡又は贈与をした場合	
	⑤ 後継者が特例株式等の全部の譲渡又は贈与をした場合	
	⑥ 特例会社が会社分割をした場合又は組織変更をした場合	
	⑦ 特例会社が解散をした場合	
	⑧ 特例会社が資産保有型会社又は資産運用型会社に該当することとなった場合	
	⑨ 特例会社の事業年度における総収入金額(営業外収入及び特別利益が除外されます。)が零となった場合	

	⑩ 特例会社が、会社法の規定により資本金の額又は準備金の額を減少した場合
	⑪ 後継者が特例株式等についての贈与税の特例納税猶予の適用を受けることをやめる旨を記載した届出書を納税地の所轄税務署長に提出した場合
	⑫ 特例会社が合併により消滅した場合（適格合併等を除きます。）
	⑬ 特例会社が株式交換等により他の会社の株式交換完全子会社等となった場合（適格交換を除きます。）
	⑭ 特例会社の株式等が特例株式等に該当しないこととなった場合
	⑮ 特例会社又はその特例会社と特別の関係がある会社が風俗営業会社に該当することとなった場合
（措令40の8の5）	⑯ 後継者による特例会社の円滑な事業の運営に支障を及ぼすおそれがある場合として次に該当する場合 イ 特例会社が発行する拒否権付株式（いわゆる黄金株）を後継者以外の者が有することとなったとき ロ 特例会社（株式会社であるものに限ります。）が特例株式等の全部又は一部の種類を議決権制限株式に変更した場合 ハ 特例会社（持分会社であるものに限ります。）が定款の変更により後継者が有する議決権の制限をした場合 ニ 先代経営者等が特例会社の代表権を有することとなった場合
（雇用確保要件） （円滑化規20）	• 特例経営贈与承継期間の末日において、常時使用従業員数の平均が贈与の時の常時使用従業員数の80％未満となった場合には、その末日の翌日から4か月以内に都道府県知事に報告書を提出し、その理由について都道府県知事の確認を受けなければなりません。 • その理由が経営状況の悪化または正当なものと認められない場合は、認定経営革新等支援機関から指導及び助言を受けて、その内容を報告書に記載します。
特例経営贈与承継期間後の猶予の確定 （措法70の7の5③）	特例経営贈与承継期間の末日の翌日から猶予中贈与税額の全部について納税猶予の期限が確定する日までの間において、後継者又は特例会社について、次の事由に該当することとなった場合には、猶予中の贈与税額については納税猶予期限が確定します。なお、特例経営贈与承継期間に対応する利子税は免除されています。

猶予期限の確定事由	対象税額
① 後継者が特例株式等の全部の譲渡又は贈与をした場合	猶予中贈与税額
② 特例会社が解散をした場合	
③ 特例会社が資産保有型会社又は資産運用型会社に該当することとなった場合	
④ 特例会社の事業年度における総収入金額が零となった場合	
⑤ 特例会社が会社法の規定により資本金の額又は準備金の額を減少した場合	

—245—

⑥	後継者が特例株式等についての贈与税の特例納税猶予の適用を受けることをやめる旨を記載した届出書を納税地の所轄税務署長に提出した場合	猶予中贈与税額
⑦	後継者が特例株式等の一部の譲渡又は贈与をした場合	猶予中贈与税額のうち、一定の金額
⑧	特例会社が合併により消滅した場合	
⑨	特例会社が株式交換等により他の会社の株式交換完全子会社等となった場合	
⑩	特例会社が吸収分割承継会社等の株式等を配当財産とする剰余金の配当のある会社分割をした場合	経営環境の変化を示す要件を満たす場合には一定の納税猶予税額を免除
⑪	特例会社が株式等以外の財産の交付がある組織変更をした場合	

法人版 特例事業承継税制

猶予税額の免除

贈与税の特例納税猶予を受けている場合において、①先代経営者等の死亡の時以前に後継者が死亡した場合、②先代経営者等が死亡した場合、③特例会社について破産手続開始の決定があったこと等一定の場合には、猶予税額が免除されます。

「届出」による免除
（措法70の7の5⑪）

次のいずれかの免除事由が発生した場合には、猶予中贈与税額に相当する贈与税の全額が免除されます。

免除事由が発生した場合には、後継者又は後継者の相続人は、6か月以内に免除届出書を税務署長に提出しなければなりません。

① 先代経営者等の死亡の時以前に後継者が死亡した場合 • 猶予中の贈与税額は免除され、後継者の相続の開始に伴う相続税の課税関係へ移行します。後継者の相続人（次の後継者）が、相続税の特例納税猶予の適用要件を満たす場合には、相続税の納税が猶予されます。令和9年3月31日までの相続の場合は特例措置、令和9年4月1日以後の相続の場合は一般措置の納税猶予となります。
② 先代経営者等が死亡した場合 • 特例株式等を先代経営者等の死亡時まで保有していれば、猶予中の贈与税額は免除され、先代経営者等の死亡に伴う相続税については、その後継者がその先代経営者等から、相続又は遺贈により特例株式等を取得したものとみなされます（措法70の7の7）。この場合、相続税の課税価格に算入すべき特例株式等の価額は、その先代経営者等からの贈与時の価額によります。さらに、一定の要件を満たしている場合には、相続税の特例納税猶予の適用を受けることができます（措法70の7の8）。なお、後継者が特例措置の納税猶予制度の適用を受けていた場合は、令和9年4月1日以後の相続であっても相続税の特例納税猶予制度が適用できます。
③ 後継者（2代目）が、特例経営贈与承継期間（5年間）の末日の翌日以後に、次の後継者（3代目）に贈与税の納税猶予の適用に係る贈与をした場合 • ｛猶予中贈与税額×（次の後継者に贈与した納税猶予適用株式等の数÷贈与直前の特例株式等の数）｝が免除されます。 • 3代目経営者が納税猶予の適用を受けない場合には、2代目経営者の納税猶予税額は免除されません。

「申請」による免除 (措法70の7の5⑪)	後継者又は特例会社について次の事由に該当するときは、事由発生日から2か月以内に税務署長へ免除申請書を提出することにより一定の金額が免除されます。(免除額は、相続税の特例納税猶予の場合と同様です。(P.254、255参照)) ① 特例経営贈与承継期間の末日の翌日以後に、後継者が特例株式等の全部の譲渡等をした場合 ② 特例経営贈与承継期間の末日の翌日以後に、特例会社について破産手続開始の決定又は特別清算開始の命令があった場合 ③ 特例経営贈与承継期間の末日の翌日以後に、特例会社が合併により消滅した場合 ④ 特例経営贈与承継期間の末日の翌日以後に、特例会社が株式交換等により他の会社の株式交換完全子会社等となった場合
事業の継続が困難な事由が生じた場合の納税猶予額の免除 (措法70の7の5⑫、措令40の8の5㉒)	特例納税猶予の適用を受けた後、特例経営贈与承継期間(5年間)の経過後に、事業の継続が困難な一定の事由が生じた場合において、特例措置の適用に係る株式等の譲渡等をした場合には、その対価の額を基に贈与税額を再計算し、再計算した税額と直前配当等の金額との合計額が当初の納税猶予税額を下回る場合には、その差額は免除されます。(再計算した税額は納付します。)
(事業の継続が困難な事由)	①過去3事業年度のうち2事業年度以上が赤字であること ②過去3事業年度のうち2事業年度以上売上が減少していること ③直前年度の有利子負債が売上高の6か月分以上であること ④類似業種の上場企業の株価が前年の株価を下回ること ⑤後継者が心身の故障等により会社の業務に従事できなくなったこと(解散の場合には適用がありません。)
(免除が適用できる場合)	①特例株式等の全部または一部の譲渡または贈与をした場合 ②特例会社が合併により消滅した場合 ③特例会社が株式交換等で他の会社の株式交換完全子会社等となった場合 ④特例会社が解散をした場合
(基となる対価の額)	①贈与税額を再計算する場合に基となる対価の額は、特例株式等の譲渡等の時の相続税評価額の50%相当額が下限となります。 ②譲渡等から2年後において、譲渡等の時の雇用の半数以上が維持されている場合には、実際の対価の額を基に再計算し、その差額はその時点で免除されます。
都道府県知事認定の自主的取消し (円滑化規9⑭) (措法70の7の5⑬)	都道府県知事の認定を受けた中小企業者がその認定の取消しを受けようとするときは、「認定取消申請書」を都道府県知事に提出する必要があります。 また、「非上場株式等についての贈与税の納税猶予取りやめ届出書」を税務署長に提出する必要があります。
先代経営者等が死亡した場合 (措法70の7の7)	贈与税の特例納税猶予を受けていた場合に、先代経営者等が死亡したときには、その先代経営者等の死亡による相続又は遺贈に係る相続税については、その後継者がその先代経営者等から相続により、贈与税の特例納税猶予の規定の適用を受けていた特例株式等を取得したものとみな

相続によるみなし取得の特例	されます。また、後継者が先代経営者等の相続人以外の者である場合には、特例株式等を遺贈により取得したものとみなされます。 　ただし、先代経営者等の死亡の日前に猶予期限の確定や免除があった場合には、納税猶予されている贈与税はないので上記の適用もありません。
相続税の計算は贈与時の価額で行う	特例株式等について相続又は遺贈により取得をしたものとみなされた場合には、その先代経営者等の死亡による相続又は遺贈に係る相続税の課税価格の計算の基礎に算入すべき特例株式等の価額は、その先代経営者等から贈与により取得をした特例株式等のその贈与の時における価額を基礎として計算します。

法人版　特例事業承継税制

先代経営者等が死亡した場合の相続税の納税猶予及び免除の特例 （措法70の7の8）	先代経営者等の相続が開始した場合には、その相続税については、贈与税の特例納税猶予に引き続いて、相続税の特例納税猶予の適用を受けることができます。この特例納税猶予を受けるためには、相続開始後に都道府県知事の切替えの確認を受けることが必要です。
特例会社（特例認定相続承継会社） （措法70の7の8②、措令40の8の8）	特例会社の先代経営者等の相続が開始した場合に、その特例会社は次のいずれにも該当することが必要です。 ① 相続の開始の時において、その会社及び特定特別関係会社が風俗営業会社に該当しないこと。 ② 相続の開始の時において、資産保有型会社又は資産運用型会社に該当しないこと。 ③ 相続の開始の日の翌日の属する事業年度の直前の事業年度において、総収入金額（営業外収益及び特別利益は除外します。）が零を超えること。 ④ 相続の開始の時において、常時使用従業員数が1人以上であること。（その会社の特別子会社が外国会社に該当する場合には5人以上必要です。） ⑤ 相続の開始の時においていわゆる拒否権付種類株式を後継者以外の者が有していないこと。 ⑥ 後継者が、次に掲げる者であること。 ・特例会社の代表権を有していること ・相続の開始の時において、後継者とその同族関係者と合わせて特例会社の総株主等議決権数の100分の50を超える議決権の数を有し、かつ、その代表者が同族関係者内で筆頭株主であること。 　この確認を受けようとする中小企業者等は、先代経営者等の相続開始の日から8月を経過する日までに、申請書を都道府県知事に提出しなければなりません。
特例経営相続承継期間 （措法70の7の8②五）	先代経営者等が死亡した場合の相続税の特例納税猶予を選択する場合の特例経営相続承継期間は、その起点が当初の贈与税の申告書の提出期限の翌日ですので、最長でも当初の贈与税申告書の提出期限から5年経過日までの期間となります。

■非上場株式等についての相続税の納税猶予及び免除の特例
(本文中の用語・略語については、P.238を参照してください。)

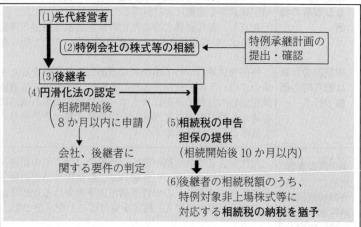

(措法70の7の6①)	先代経営者等から相続又は遺贈により特例会社の非上場株式等の取得(平成30年1月1日から令和9年12月31日までの間の最初のこの特例適用に係る取得及びその取得の日から特例経営承継期間の末日までに相続税の申告書の提出期限が到来する相続又は遺贈による取得に限ります。)をした後継者が、相続税の申告書(期限内申告に限ります。)の提出により納付すべき相続税額のうち、特例対象株式等に係る相続税額に相当する相続税については、その相続税の申告書の提出期限までに一定の担保を提供した場合に限り、その後継者の死亡の日まで、その納税が猶予されます。
(措法70の7の6⑤)	相続税の申告期限までに、共同相続人又は包括受遺者によって、まだ**分割されていない株式等は特例の適用がありません**。
先代経営者等の相続開始	相続開始後8か月以内に、「都道府県知事の認定」を受けるための申請を行う必要があります。(円滑化規7⑦)
都道府県知事の認定 (円滑化規6①十二、十四)	都道府県知事の認定要件は、その会社が次の(2)の場合であって、その会社の代表者が相続又は遺贈により取得したその会社の株式等(認定申請書を提出する時に、分割されていないものを除きます。)に係る相続税を納付することが見込まれることとされています。 　この場合、その会社の後継者である代表者は、その先代経営者等の相続開始の日の翌日から5か月を経過する日以後において代表者である者に限られています。(相続税の特例納税猶予を受けようとする後継者は、**相続開始後5か月以内に代表者に就任する**必要があります。)
(1)**先代経営者等** **(特例被相続** **人)の要件** (措法70の7の6①、措令40の8の6①)	**1. 最初の相続又は遺贈**
	①相続の開始前において、特例会社の代表権を有していた個人であること。
	②(先代経営者が相続開始の直前において特例会社の代表権を有していた場合は、その相続開始の直前において、)又は(先代経営者が相

続開始の直前において特例会社の代表権を有していなかった場合には、代表権を有していた期間内のいずれかの時及びその相続開始の直前の双方において、）先代経営者及びその同族関係者の有する議決権の数の合計が、総株主等議決権数の50％超であること。

③先代経営者が相続開始の直前において（先代経営者がその相続開始の直前において特例会社の代表権を有していなかった場合には、代表権を有していた期間内のいずれかの時及びその相続開始の直前の双方において、）同族関係者（後継者を除きます。）内で筆頭株主であること。

2．二回目以降の相続又は遺贈（特例経営承継期間（相続税の申告書の提出期限の翌日から5年以内）の末日までに申告期限が到来する相続等に限ります。）

相続開始の直前において、次の①②③のいずれかに該当する者がある場合の被相続人の要件は、その特例会社の株式等を有していた個人とされます。

①特例会社の株式等について、特例納税猶予制度（措法70の7の5、70の7の6、70の7の8）の適用を受けている者

②代表権を有していた者から、措法70の7の5（贈与税）の適用に係る株式等を取得している者

③代表権を有していた者から、措法70の7の6（相続税）の適用に係る株式等を取得している者

代表権を有していた
先代経営者（上記1.）

代表権を有していない
他の株主（上記2.）

最初の相続 ―［特例経営承継期間（相続税の申告書の提出期限の翌日から5年以内）］→ 二回目の相続

後継者

特例会社の代表権を有していた者からの株式等の贈与・相続についての特例納税猶予制度適用以後は、他の株主からの株式等の相続等についても、特例納税猶予制度を適用できます。

(2)特例会社（特例認定承継会社）の要件	① 相続の開始の時以後において、上場会社等又は風俗営業会社のいずれにも該当しないこと。
	② 相続認定申請基準事業年度において資産保有型会社または資産運用型会社に該当しないこと。 相続認定申請基準事業年度とは、相続の開始の日の属する事業年度の直前の事業年度及び相続の開始の日の属する事業年度から相続認定申請基準日（相続の開始の日から5月を経過する日をいいます。）の翌日の属する事業年度の直前の事業年度までの各事業年度をいいます。

	(例) 3月決算会社の場合　―――相続認定申請基準事業年度 (i) 5月10日相続開始  (ii)11月10日相続開始  ※ア、イ、ウのすべてを満たす場合には、特例会社に該当します。 　ア．親族外従業員が5人以上、イ．事務所、店舗、工場などの所有又は賃借、ウ．相続開始まで引き続き3年以上商品の販売、資産の貸付け、役務の提供など
	③ 相続認定申請基準事業年度において総収入金額（営業外収入及び特別利益を除きます。）が零（＝0）を超えること。
	④ 相続の開始の時において、その中小企業者の常時使用する従業員の数が1人以上であること。（その中小企業者の特別子会社のうち1以上の会社が外国会社に該当する場合には、5人以上必要です。）
(3)後継者（特例経営承継相続人等）の要件 （措法70の7の6②七）	特例承継計画に記載された後継者が次の①から⑤のいずれにも該当する者であること。
	① 相続又は遺贈により特例会社の株式等を取得した後継者であって、相続の開始の時以後において、その後継者に係る同族関係者と合わせて特例会社の総株主等議決権数の100分の50を超える議決権の数を有し、かつ、その後継者が同族関係者内で筆頭株主であること。（後継者が2名又は3名の場合には、その者の議決権の数が特例会社の総株主等議決権数の10％以上、かつ、その者とその同族関係者のうちいずれかの者が有する議決権の数を下回らないこと。）
	② **相続の開始の日から5か月を経過する日**において、その特例会社の**代表権**を有していること。
	③ 先代経営者等が70歳未満（令和3年3月31日以前の相続・遺贈については、60歳未満）で死亡した場合及び令和3年4月1日以後の相続・遺贈について後継者が都道府県知事の確認を受けた特例承継計画に記載されている者である場合を除き、**相続開始の直前において、その特例会社の役員**であったこと。
	④ 相続の開始の時以後から相続税の申告期限まで、その後継者が先代経営者等から相続又は遺贈により取得したその特例会社の株式等の全てを有していること。
	⑤ 一般措置としての贈与税又は相続税の納税猶予制度の適用を受けていないこと。
（黄金株）	その特例会社が会社法第108条第1項第8号に掲げる事項についての定めがある種類の株式（いわゆる拒否権付株式）を発行している場合には、その相続の開始の時以後において、その株式をその後継者以外の者が有していないこと。

(4) 特例対象株式等	先代経営者等から相続または遺贈により取得した特例会社の株式等のすべてが納税猶予の対象となります。
(5) 都道府県知事からの認定書の交付 (円滑化規7⑩)	都道府県知事が認定の申請を受けた場合において、申請内容について要件を満たしていると認定したときは、申請者に「認定書」が交付されます。また、都道府県知事が認定をしない旨の決定をしたときは、申請者にその旨の通知があります。
(6) 相続税の申告 (措法70の7の6①)	相続開始があったことを知った日の翌日から10か月以内に、円滑化規7⑩の認定書の写しなどの添付書類とともに相続税の申告書を、先代経営者等の住所地の所轄税務署長に提出します。また、一定の担保を提供することが必要です。
(7) 相続税の納税猶予額の計算 (措法70の7の6②八、措令40の8の6⑯～㉒)	特例対象株式等についての相続税の納税猶予額は、後継者の課税価格を特例措置の適用を受ける非上場株式等のみであると仮定して計算した相続税の総額のうち、その後継者の相続税相当額となります。(なお、後継者が負担した債務及び葬式費用がある場合には、特例対象株式等以外の部分から先にその金額を控除します。)
特例経営承継期間 (措法70の7の6②六)	特例経営承継期間とは、相続税の申告書の提出期限の翌日から、①提出期限の翌日以後5年を経過する日と②後継者の死亡の日の前日のいずれか早い日までの期間をいいます。
納税猶予期間中の取扱い	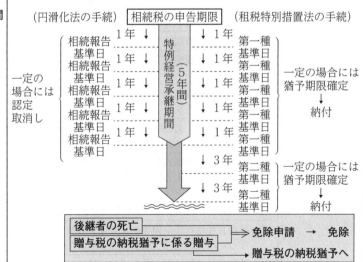

法人版 特例事業承継税制

年次報告書・ 継続届出書 （円滑化規12⑮、 措法70の7の6 ⑦）	**都道府県知事への報告** 　特例会社は、円滑化法の規定に基づき、**5年間は毎年1回**、相続報告基準日（相続税申告期限の翌日から起算して1年を経過するごとの日）から3か月以内に、都道府県知事に「**年次報告書**」を提出する必要があります。なお、5年経過後は、都道府県知事への報告は不要となります。	**税務署長への報告** 　後継者（個人）は、租税特別措置法の規定に基づき、**5年間は毎年1回**（報告基準日（第一種基準日）から5か月以内）、**5年経過後は3年に1回**（報告基準日（第二種基準日）から3か月以内）、税務署長に「**継続届出書**」を提出する必要があります。なお、5年間は、都道府県知事への年次報告書とそれに係る確認書などを届出書に添付します。

特例経営承継期間内の猶予の確定
（措法70の7の6③）

　特例経営承継期間内に、後継者又は特例会社について、次の事由に該当することとなった場合には、それぞれの日から2か月を経過する日が納税猶予期限となり、猶予税額の全額を利子税と併せて納付しなければなりません。

①	後継者が特例会社の代表権を有しないこととなった場合
②	後継者及びその同族関係者の有する議決権の数の合計が特例会社の総株主等議決権数の100分の50以下となった場合
③	後継者が、同族関係者内で筆頭株主でなくなった場合
④	後継者が特例株式等の一部の譲渡又は贈与をした場合
⑤	後継者が特例株式等の全部の譲渡又は贈与をした場合
⑥	特例会社が会社分割をした場合又は組織変更をした場合
⑦	特例会社が解散をした場合
⑧	特例会社が資産保有型会社又は資産運用型会社に該当することとなった場合
⑨	特例会社の事業年度における総収入金額（営業外収入及び特別利益が除外されます。）が零となった場合
⑩	特例会社が、会社法の規定により資本金の額又は準備金の額を減少した場合
⑪	後継者が特例株式等についての相続税の特例納税猶予の適用を受けることをやめる旨を記載した届出書を納税地の所轄税務署長に提出した場合
⑫	特例会社が合併により消滅した場合（適格合併等を除きます。）
⑬	特例会社が株式交換等により他の会社の株式交換完全子会社等となった場合（適格交換を除きます。）
⑭	特例会社の株式等が非上場株式等に該当しないこととなった場合
⑮	特例会社又はその特例会社と特別の関係がある会社が風俗営業会社に該当することとなった場合

（措令40の8の2㉛）

⑯	後継者による特例会社の円滑な事業の運営に支障を及ぼすおそれがある場合として次に該当する場合

	イ　特例会社が発行する拒否権付株式（いわゆる黄金株）を後継者以外の者が有することとなったとき ロ　特例会社（株式会社であるものに限ります。）が特例株式等の全部又は一部の種類を議決権制限株式に変更した場合 ハ　特例会社（持分会社であるものに限ります。）が定款の変更により後継者が有する議決権の制限をした場合
（雇用確保要件） （円滑化規20）	• 特例経営承継期間の末日において、常時使用従業員数の平均が相続開始の時の常時使用従業員数の80％未満となった場合には、その末日の翌日から4か月以内に都道府県知事に報告書を提出し、その理由について都道府県知事の確認を受けなければなりません。 • その理由が経営状況の悪化または正当なものと認められない場合には、認定経営革新等支援機関から指導及び助言を受けて、その内容を報告書に記載します。
特例経営承継期間後の猶予の確定 （措法70の7の6③、措令40の8の2㉞～㊳）	特例経営承継期間後に、後継者又は特例会社について、次の事由に該当することとなった場合にはその2か月後に、猶予中の相続税額について納税猶予期限が確定します（納税猶予が取り消されます。）。この場合、特例経営承継期間中の利子税は免除されます。

法人版 特例事業承継税制

猶予期限の確定事由	対象税額
① 後継者が特例株式等の全部の譲渡又は贈与をした場合	猶予中相続税額
② 特例会社が解散をした場合	
③ 特例会社が資産保有型会社又は資産運用型会社に該当することとなった場合	
④ 特例会社の事業年度における総収入金額が零となった場合	
⑤ 特例会社が、会社法の規定により資本金の額又は準備金の額を減少した場合	
⑥ 後継者が特例株式等についての相続税の特例納税猶予の適用を受けることをやめる旨を記載した届出書を納税地の所轄税務署長に提出した場合	
⑦ 後継者が特例株式等の一部の譲渡又は贈与をした場合	猶予中相続税額のうち、一定の金額 経営環境の変化を示す要件を満たす場合には、相続税額を再計算し、一定の納税猶予税額を免除
⑧ 特例会社が合併により消滅した場合	
⑨ 特例会社が株式交換等により他の会社の株式交換完全子会社等となった場合	
⑩ 特例会社が吸収分割承継会社等の株式等を配当財産とする剰余金の配当のある会社分割をした場合	
⑪ 特例会社が株式等以外の財産の交付がある組織変更をした場合	

猶予税額の免除	相続税の特例納税猶予を受けている場合において、①後継者が死亡した場合、②特例経営承継期間の末日の翌日以後に、その後継者が特例株式等について贈与税の特例納税猶予の適用に係る贈与をした場合、③特例会社について破産手続開始の決定があったこと等一定の場合には、猶予税額が免除されます。

「届出」による免除
（措法70の7の6⑫）

次のいずれかの免除事由が発生した場合には、全部又は一部の相続税額が免除されます。

免除事由が発生した場合には、後継者の相続人は6か月以内に「免除届出書」を税務署長に提出しなければなりません。

免除事由	免除される相続税額
① 後継者が死亡した場合	猶予中相続税額に相当する相続税額（全額免除）、（後継者が死亡すると、後継者に関する新たな相続が開始することになります。）
② 特例経営承継期間経過後に後継者が特例株式等を次の後継者に贈与税の特例納税猶予の適用に係る贈与をした場合	$A \times \dfrac{B}{C} =$ 免除税額 A：贈与直前における猶予中相続税額 B：贈与した特例株式等の数又は金額 C：贈与直前におけるその特例株式等の数又は金額 (注) B、Cは贈与税の特例納税猶予の適用を受けるものに限ります。

「申請」による免除
（措法70の7の6⑫）

後継者又は特例会社について、特例経営承継期間経過後に、次の「申請による免除事由」が発生した場合において、後継者が相続税の免除を受けようとするときは、その事由の発生日から2か月以内に、免除申請書を税務署長に提出しなければなりません。

〔申請による免除事由〕

①	後継者が同族関係者以外の1人の者に、特例株式等の全部の譲渡等をした場合
②	特例会社について破産手続開始の決定又は特別清算開始の命令があった場合
③	特例会社が合併により消滅した場合
④	特例会社が株式交換等により他の会社の株式交換完全子会社等となった場合

〔免除申請相続税額〕

1. 全部譲渡

①	譲渡等の直前における猶予中相続税額		
② 譲渡等をした特例株式等の時価と対価のいずれか高い金額	③ 譲渡日以前5年以内において、後継者及びその同一生計者がその特例会社から受けた剰余金の配当等の額と、給与の額のうち損金不算入部分の合計額		①－②－③ 免除額

—255—

2. 破産・特別清算	① 特例会社の解散の直前における猶予中相続税額		
	② 解散前5年以内において、後継者及びその同一生計者がその特例会社から受けた剰余金の配当等の額と、給与の額のうち損金不算入部分の合計額		①－② 免除額

3. 合併による消滅	① 合併の効力が生ずる直前の猶予中相続税額		
	② 特例株式等の時価と合併対価のいずれか高い金額	③ 合併前5年以内において、後継者及びその同一生計者がその特例会社から受けた剰余金の配当等の額と、給与の額のうち損金不算入部分の合計額	①－②－③ 免除額

4. 株式交換等	① 株式交換等の効力が生ずる直前の猶予中相続税額		
	② 特例株式等の時価と交換等対価のいずれか高い金額	③ 株式交換前5年以内において、後継者及びその同一生計者がその特例会社から受けた剰余金の配当等の額と、給与の額のうち損金不算入部分の合計額	①－②－③ 免除額

事業の継続が困難な事由が生じた場合の納税猶予税額の免除	特例納税猶予の適用を受けた後、特例経営承継期間（5年間）の経過後に、事業の継続が困難な一定の事由が生じた場合において、特例措置の適用に係る株式等の譲渡等をした場合には、その対価の額を基に相続税額を再計算し、再計算した税額と直前配当等（過去5年間の配当及び過大給与）の金額との合計額が当初の納税猶予税額を下回る場合には、その差額は免除されます。（再計算した税額は納付します。）（措法70の7の6⑬～⑳、措令40の8の6㉙～㊵）
（事業の継続が困難な事由）	① 過去3事業年度のうち2事業年度以上が赤字であること ② 過去3事業年度のうち2事業年度以上売上が減少していること ③ 直前年度の有利子負債が売上高の6か月分以上であること ④ 類似業種の上場企業の株価が前年の株価を下回ること ⑤ 後継者が心身の故障等により会社の業務に従事できなくなったこと（解散の場合には適用がありません。）
（免除が適用できる場合）	① 特例株式等の全部または一部の譲渡または贈与をした場合 ② 特例会社が合併により消滅した場合 ③ 特例会社が株式交換等で他の会社の株式交換完全子会社等となった場合 ④ 特例会社が解散をした場合
（基となる対価の額） （措法70の7の6⑭～⑯）	① 相続税額を再計算する場合に基となる対価の額は、特例株式等の譲渡等の時の相続税評価額の50％相当額が下限となります。 ② 譲渡等から2年後において、譲渡等の時の雇用の半数以上が維持されている場合には、実際の対価の額を基に再計算し、その差額はその時点で免除されます。
都道府県知事認定の自主的取消し （円滑化規9⑭、措法70の7の6③）	都道府県知事の認定を受けた中小企業者がその認定の取消しを受けようとするときは、「認定取消申請書」を都道府県知事に提出する必要があります。 また、「非上場株式等についての相続税の納税猶予取りやめ届出書」を税務署長に提出する必要があります。

法人版 特例事業承継税制

— 256 —

■担保の提供

（措法70の7の5④、70の7の6④）	相続税の特例納税猶予、贈与税の特例納税猶予、先代経営者等が死亡した場合の相続税の特例納税猶予のいずれも、納税猶予の適用を受けるためには、申告書の提出期限までにその納税猶予税額に相当する担保を提供することが要件となっています。
担保提供の手続	特例納税猶予の適用を受ける場合に特例非上場株式等を担保として提供する場合には、次の方法により担保の提供を行います。
1. 株式会社 （特例有限会社を含みます。）	**(1)株券発行会社** ①担保提供しようとする税務署の所在地を管轄する供託所（法務局等をいいます。）において供託申請をし、その受理後に、日本銀行本店、支店、代理店にその株式等を納入します。 ②①の供託の受理及び納入の記載をした供託証を、担保提供書に添えて、税務署長に提出します（通法施行令第16条第1項）。 **(2)株券不発行会社** 　株券が発行されていない場合には、次の書類を提出します。 • 特例非上場株式等である株式に質権設定することに承諾した書類・後継者の印鑑証明書 • 質権者の名称及び住所、質権の目的である株式を記載した株主名簿（代表者の署名押印のあるもの）・特例会社の印鑑証明書
2. 持分会社 （合名会社・合資会社・合同会社）	上記のほか次の書類を税務署長に提出する必要があります。 ①後継者 　特例非上場株式等である出資の持分に質権設定することに承諾する書類・後継者の印鑑証明書 ②特例会社 　次のいずれかの書類 (i)質権設定に承諾する旨の記載がある公正証書 (ii)質権設定に承諾する旨の記載がある私署証書で確定日付のあるもの・認定承継会社の印鑑証明書 (iii)質権設定に承諾した旨の内容証明郵便・特例会社の印鑑証明書
納税猶予対象株式のすべてを担保として提供した場合 （措法70の7の6④、70の7の5④） （措法70の7の6⑪、70の7の5⑩）	(1)　その担保物件たる株式のすべてをもって租税債務の弁済に充てる場合 ①　担保権設定時 　申告書の提出期限までに納税猶予対象株式のすべてを担保として提供した場合には、その株式の価額の合計額が納税猶予税額に満たない場合であっても、その納税猶予税額相当額の担保が提供されたものとみなされます（みなす充足）。担保権設定時点において対象株式の価額が下落して被担保債権の額に満たなくなっていた場合にあっても、相当額の担保提供があったものとして取扱われます。 ②　納税猶予期間中 　納税猶予対象株式のすべてを担保として提供した場合には、通法51①（税務署長等は、担保として提供された財産の価額の減少により国税の納付を担保することができないと認めるときは、増担保の提供等を命ずることができる。）の規定は適用されません。納税猶予期間中において対象株式の価額が下落し被担保債権の額に満たなくなった場合

	にあっても、追加担保等を求められることはありません。
	③ 担保権実行時 担保として提供された財産の処分の代金を国税等に充ててなお不足があると認めるとき（担保として納税猶予対象株式が提供された場合には、その株式を換価に付してもなお買受人がいないとき）は、税務署長等はその担保提供者の他の財産への執行等をするものとされています。
	(2) 担保権が実行されることなく租税債務を弁済する場合 原則的な相続税の納付手続き（①金銭一括納付、②延納、③物納）となります。なお、その物納財産の評価額は、その物納に係る収納時点の評価額となります。
納税猶予対象株式以外の財産を担保として提供していた場合	(1) 担保物件をもって租税債務の弁済に充てる場合 担保権が実行され、換価後に租税債務に充当されます。 換価額が租税債務に満たなかった場合には、追加負担が生じます。（通法52④）また、担保権の実行までの間に担保価値の減少が認められた場合には、追加担保が要求されることもあり得ます。（通法51①）その追加担保の要求に応じない場合には、納税猶予の取消事由に該当することになります。
	(2) 担保権が実行されることなく租税債務を弁済する場合 原則的な相続税の納付手続き（①金銭一括納付、②延納、③物納）となります。なお、その物納財産の評価額は、その物納に係る収納時点の評価額となります。収納時点において株式の価額が下落していた場合には、追加負担が生じることもあり得ます。
利子税の取扱いについて	(1) 申告書の提出期限までに、納税猶予対象株式のすべてを担保として提供していた場合 納税猶予に係る本税及び納税猶予期間中の利子税の合計額に相当する担保の提供があったものとして取扱われます。
	(2) (1)以外の場合 納税猶予に係る本税に加え、納税猶予期間中の利子税として平均余命年数に基づき一定の方法により算定した額の合計額に相当する担保の提供を要します。

■資産保有型会社・資産運用型会社

資産保有型会社・資産運用型会社とは	「資産保有型会社」又は「資産運用型会社」に該当する場合には、都道府県知事の認定を受けることができず、贈与税又は相続税の特例納税猶予の適用を受けることもできません。さらに、いったん認定・納税猶予を受けても、その後に資産保有型会社又は資産運用型会社に該当することとなったときは、その認定が取り消されることになります。 　なお、資産保有型会社や資産運用型会社に該当する場合であっても、事業実態がある場合には、都道府県知事の認定を受けることができます（円滑化規6②）。
資産保有型会社 （円滑化規1⑰）	資産保有型会社とは、有価証券、自ら使用していない不動産等、現金・預貯金等の「特定資産」の保有割合が帳簿価額の総額の70％以上である会社をいい、保有割合は以下の通り計算します。

$$\frac{\text{(ロ)その日におけるその会社の特定資産の帳簿価額の合計額} + \text{(ハ)その日以前5年以内において、後継者及び特別の関係がある者が、その会社から受けた剰余金の配当等その他その会社から受けた金額の合計額}}{\text{(イ)その日におけるその会社の資産の帳簿価額の総額} + \text{(ハ)（同上）}} \geqq 70\%$$

（注1）算式の(イ)(ロ)は貸借対照表上の価額（帳簿価額）によります。円滑化法上、時価や税務上の価額に引き直す必要はありません。

（注2）上記算式中(ハ)の金額は、次の①②の合計額をいいます。

①	剰余金の配当等（会社の株式等に係る剰余金の配当又は利益の配当をいいます。特例納税猶予に係る贈与又は相続の前に受けたものを除きます。）の額
②	会社から支給された給与（債務の免除による利益その他の経済的な利益を含み、特例納税猶予に係る贈与又は相続の前に支給されたものを除きます。）の額のうち、法人税法第34条又は第36条の規定によりその会社の各事業年度の所得の金額の計算上損金の額に算入されないこととなる金額

資産運用型会社 （円滑化規1⑱）	資産運用型会社とは、特定資産からの運用収入が総収入金額の75％以上の会社をいいます。

$$\frac{\text{特定資産の運用収入の合計額}}{\text{総収入金額}} \geqq 75\%$$

特定資産 （円滑化規1⑬）	特定資産とは、次に掲げるものをいいます。
	1．現金、預貯金、その他これらに類する資産（保険積立金、預け金等）
	2．金融商品取引法2①に規定する有価証券及び同条②の規定により有価証券とみなされる権利（「有価証券」）であって、その会社の特別子会社（会社並びにその代表者及びその代表者に係る同族関係者が他の会社の総株主等議決権数の100分の50を超える議決権の数を有する場合におけるその他の会社をいいます。）の株式又は持分以外のもの ただし、上記の特別子会社には、次の子会社は含まれません。 ① 資産保有型子会社 　　資産の帳簿価額の総額に対する特別特定資産の帳簿価額の合計額の割合が100分の70以上である会社 　　特別特定資産とは、(i)から(iii)までのものをいいます。 　　(i)有価証券（その特別子会社の特別子会社の株式又は持分を除きます。） 　　(ii)次の3から5までに掲げる資産 　　(iii)現金・預貯金、貸付金及び未収金（後継者及びその後継者と特別の関係がある者に対するものに限ります。） ② 資産運用型子会社 　　直前事業年度における総収入金額に占める特別特定資産の運用収入の合計額の割合が100分の75以上である会社 　　(注) 特別子会社を判定する場合、その特別子会社の特別子会社の株式は特定資産に含めません。
	3．その会社が現に自ら使用していない不動産（不動産の一部分につき現に自ら使用していない場合はその一部分に限ります。） 会社が自らの事務所や工場、従業員社宅として自己使用しているものは特定資産に該当しませんが、第三者に賃貸している不動産、役員用社宅、有休不動産は、特定資産に該当します。たとえ100％子会社に対するものであっても、賃貸不動産は特定資産に該当します。なお、不動産とは、土地及び土地の上に存する権利又は建物及びその建物と一体利用される附属設備若しくは建物と同一視しうる構築物をいいます。
	4．ゴルフ場その他の施設の利用に関する権利（その会社の事業の用に供することを目的として有するものを除きます。） ゴルフ会員権のほかスポーツクラブ会員権、リゾート会員権が該当し、ゴルフ会員権等の販売業者が販売目的で所有しているものは除外されます。
	5．絵画、彫刻、工芸品その他の有形の文化的所産である動産、貴金属及び宝石（その会社の事業の用に供することを目的として有するものを除きます。）絵画、彫刻、工芸品、陶磁器、骨董品などの動産、金、銀などの貴金属、ダイヤモンドなどの宝石が該当し、これらの資産の販売業者（画廊、骨董品店、宝石店等）が販売目的で所有しているものは除外されます。
	6．貸付金及び未収金等（後継者及びその後継者と特別の関係がある者に対するものに限ります。）

資産保有型会社・資産運用型会社とならない場合（事業実態基準） （円滑化規6②）	中小企業が形式的には資産保有型会社・資産運用型会社に該当する場合であっても下記のいずれにも該当するときは、実質的な事業実態があると認められるので、資産保有型会社・資産運用型会社には該当しないものとみなされます。	
	①物的要件	中小企業者が、常時使用する従業員が勤務している事務所、店舗、工場その他これらに類するものを所有し又は賃借していること
	②人的要件	中小企業者の常時使用する従業員の数が **5 人**以上であること。（使用人兼務役員や家族従業員も含みます。また、後継者及び生計一親族を除きます。）
	③事業活動要件	贈与の日又は相続の開始の日まで引き続き 3 年以上にわたり次に掲げるいずれかの業務をしていること イ　商品販売等（商品の販売、資産の貸付け又は役務の提供で、継続して対価を得て行われるものをいい、その商品の開発若しくは生産又は役務の開発を含みます。）なお、後継者とその同族関係者に対するものを除きます。 ロ　商品販売等を行うために必要となる資産の所有又は賃借 ハ　上記の業務に類するもの

資産保有型会社・資産運用型会社の確認期間	**1．資産保有型会社** 　必要資金の借入を行ったことなどにより、特定資産の割合が100分の70以上となった場合には、その事由が生じた日から同日以後 6 か月を経過する日までの期間は、確認を行う期間から除かれます。 **2．資産運用型会社** 　必要資金の調達のための特定資産の譲渡などにより、ある事業年度の総収入金額に占める特定資産の運用収入の割合が100分の75以上となった場合には、その事業年度の開始の日から、その事業年度終了の日の翌日以後 6 か月を経過する日の属する事業年度終了の日までの期間は、確認を行う期間から除かれます。

個人版　事業承継税制（平成31年～令和10年）

（個人の事業用資産の贈与税・相続税の納税猶予・免除）

1. 個人版事業承継税制の概要 （措法70の6の8、70の6の10）	青色申告（正規の簿記の原則によるものに限ります。）に係る事業（不動産貸付業等を除きます。）を行っていた事業者の後継者（平成31年4月1日から**令和6年3月31日までに**「**個人事業承継計画**」を都道府県知事に提出し、確認を受けた者に限ります。）として経営承継円滑化法の認定を受けた者が、平成31年1月1日から**令和10年12月31日まで**（※）の**贈与又は相続等**により、**特定事業用資産**を取得した場合は、 ①　その青色申告に係る事業の継続等、一定の要件のもと、その特定事業用資産に係る贈与税・相続税の全額の納付が猶予されます。 ②　後継者の死亡等、一定の事由により、納税が猶予されている贈与税・相続税の納税が免除されます。 （※）先代事業者の生計一親族からの特定事業用資産の贈与・相続等については、令和10年12月31日までの期間内で、先代事業者からの贈与・相続等の日から1年を経過する日までにされたものに限ります。
2. 特定事業用資産 （措法70の6の8②一、70の6の10②一、措令40の7の8⑥⑦、40の7の10⑥～⑧）	個人版事業承継税制の対象となる特定事業用資産とは、先代事業者（贈与者・被相続人）の事業（注1）の用に供されていた次の資産で、贈与又は相続等の日の属する年の前年分の**事業所得に係る青色申告書の貸借対照表に計上されていたもの**をいいます。

①	**宅地等**（納税猶予対象は**400m²まで**）（棚卸資産を除きます。）
②	**建物**（納税猶予対象は床面積**800m²まで**）
③	②以外の減価償却資産で次のもの (i)　固定資産税の課税対象とされているもの (ii)　自動車税・軽自動車税において営業用として課税対象とされる自動車 (iii)　乗用自動車（取得価額500万円以下の部分に対応する部分に限ります。） (iv)　その他上記に準ずるもの（貨物運送用など一定の自動車、乳牛・果樹等の生物、特許権等の無形固定資産）

（注1）**不動産貸付業、駐車場業及び自転車駐車場業を除きます。**

（注2）先代事業者が、配偶者の所有する土地の上に建物を建て、事業を行っている場合における土地など、先代事業者と生計を一にする親族が所有する上記①から③までの資産も、特定事業用資産に該当します。

（注3）後継者が複数人の場合には、上記①及び②の面積は各後継者が取得した面積の合計で判定します。

（注4）先代事業者等からの相続等により取得した宅地等につき小規模宅地等の特例（P.63参照）の適用を受ける者がいる場合には、次の制限があります。

〔小規模宅地等の特例との適用関係〕

・相続・遺贈により財産を取得した者のうちに特定事業用宅地等に係る小規模宅地等の特例の適用を受ける場合には、個人版事業承継税制の適用を受けることができません。

・小規模宅地等の特例（特定事業用宅地等）と個人版事業承継税制

	個人版事業承継税制	小規模宅地等の特例
事前の計画策定	令和6年3月31日までに個人事業承継計画の提出	不要
適用期限	令和10年12月31日までの贈与・相続等	なし
贈与	適用あり	適用なし
対象資産	・宅地等　・建物 ・一定の減価償却資産	宅地等のみ
減額割合	100％納税猶予	80％課税価格減額
事業の継続	終身	申告期限まで

・小規模宅地等の特例の適用と個人版事業承継税制の制限

小規模宅地等の区分	個人版事業承継税制の適用
特定事業用宅地等	適用不可
特定同族会社事業用宅地等	（400m²－特定同族会社事業用宅地等の面積）が事業承継税制適用限度面積
貸付事業用宅地等	400m²－2×（A×200/330＋B×200/400＋C）が事業承継税制適用限度面積 A→特定居住用宅地等の面積 B→特定同族会社事業用宅地等の面積 C→貸付事業用宅地等の面積
特定居住用宅地等	適用制限なし

3. 贈与税の納税猶予及び免除

(1) 納税が猶予される贈与税の計算

（措法70の6の8②三、措令40の7の8⑧）

① 1年間（1/1〜12/31）に贈与を受けた全ての財産(A)について贈与税を計算→本来の贈与税額
② (A)のうち、特定事業用資産(B)だけについて贈与税の計算→猶予税額
③ ①－②＝納付税額

※(B)の算定に当たり、特定事業用資産とともに引き受けた債務がある場合は、特定事業用資産の額からその債務（事業に関するもの以外の債務であることが明らかなものを除きます。）の金額を控除します。

※相続時精算課税を適用する場合には、特定事業用資産の額の合計額から、受贈者1人につき基礎控除110万円（令和6年1月1日以後）及び相続時精算課税を選択した贈与者ごとに、特別控除額2,500万円（前年以前にこの特別控除を適用した金額がある場合は、その金額を控除した残額）を控除した残額に税率20％を掛けた金額を算出し、その合計額が②の贈与税額（猶予税額）となります。

（措法70の2の7）

※個人版事業承継税制の適用を受ける場合には、18歳以上（令和4年3月31日以前の贈与については、20歳以上）の推定相続人（直系卑属）・孫のほか、これら以外の18歳以上（同前）の者も、相続時精算課税の適用を受けることができます。

（措令40の7の8⑪一二、⑫）	※贈与者が2人以上である場合の納税猶予分の贈与税額の計算 • 暦年課税の場合 　その年中において贈与により取得をした全ての特定事業用資産の価額の合計額をその年分の贈与税の課税価格とみなして計算します。 　この場合において、贈与者の異なるものごとの納税猶予分の贈与税額は次の算式により計算した金額となります。 $$納税猶予分の贈与税額 \times \frac{贈与者の異なるものごとの特定事業用資産の価額}{贈与税の課税価格とみなされた額（特定事業用資産の価額の合計額）}$$ • 相続時精算課税の場合 　その年中において贈与により取得をした全ての特定事業用資産の価額を特定贈与者ごとに合計した額を、それぞれその年分の贈与税の課税価格とみなして計算します。
(2)資産管理事業等 （措法70の6の8②四、措令40の7の8⑭）	特定事業用資産に係る事業が、資産保有型事業又は資産運用型事業に該当する場合には、個人版事業承継税制の適用を受けられません。 **①　資産保有型事業** 　贈与の日の属する年の前年1月1日から納税猶予に係る期限が確定する日までのいずれかの日において次の算式を満たす場合 $$\frac{B+C}{A+C} \geqq \frac{70}{100}$$ 　　A→その事業に係る貸借対照表に計上されている総資産の帳簿価額の総額 　　B→Aのうち特定資産の帳簿価額の合計額
（措令40の7の8⑯、措規23の8の8⑧）	※特定資産とは、有価証券、未使用不動産、ゴルフ会員権、絵画等、貴金属、宝石、現金預貯金、後継者又は後継者の同族関係者に対する貸付金・未収金などをいいます。 　　C→前5年以内において後継者と特別の関係がある者が、その後継者から支払いを受けた対価又は給与の額のうち所得税法56条又は57条により必要経費不算入とされた金額の合計額
（措法70の6の8②五、措令40の7の8⑰）	**②　資産運用型事業** 　贈与の日の属する年の前年1月1日から納税猶予に係る期限が確定する日の属する年の前年12月31日までの期間内のいずれかの年において次の算式を満たす場合 $$\frac{B}{A} \geqq \frac{75}{100}$$ 　　A→その年におけるその事業の事業所得に係る総収入金額 　　B→Aのうちその事業に係る特定資産の運用収入の合計額

(3) 贈与税の納税猶予の適用要件・申告手続等

先代事業者(贈与者) (措令40の7の8①一、二)

○贈与者が先代事業者の場合
- 廃業届出書を提出又は贈与税の申告までに提出する見込み
- 贈与の年、その前年及び前々年の確定申告書が青色申告であったこと

○贈与者が先代事業者以外の場合
- 先代事業者の贈与の直前において、先代事業者と生計を一にする親族であること
- 先代事業者からの贈与後1年を経過する日までに特定事業用資産の贈与をしていること(※)

(※)
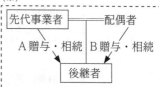
- まずAの贈与・相続が行われること
- 次に先代事業者が事業供用していた生計一親族所有の資産につき、Bの贈与・相続(Aから1年以内)

↓
- 令和10年12月31日までの贈与
- 特定事業用資産の全ての贈与
↓

後継者(受贈者) (措法70の6の8②二、措規23の8の8③~⑥)

○贈与の日において18歳以上(令和4年3月31日以前は20歳以上)
○贈与の日まで引き続き3年以上にわたり特定事業用資産に係る事業に従事
○贈与の時からその贈与税の申告期限まで引き続き特定事業用資産の全てを有し、かつ、自己の事業の用に供していること
○贈与税の申告期限において開業届出書(贈与の日から1か月以内に税務署に提出)を提出し、青色申告の承認を受けていること
○特定事業用資産に係る事業が資産管理事業等でないこと

← 令和6年3月31日までに、個人事業承継計画(円滑化規16条3号)を提出し、都道府県知事の確認を受けていること

(注) 相続時精算課税の適用可
(措法70の2の7)

円滑化法の認定
(贈与年の翌年1月15日までに都道府県知事に申請)
→ 担保の提供
贈与税の申告
(贈与年の翌年2月1日から3月15日まで)
↓
特定事業用資産の課税価格に対応する贈与税の納税を猶予

(4)贈与税の納税猶予期間中	申告後も事業を継続し、特例受贈事業用資産を保有すること等により、納税の猶予が継続

贈与税の全額と利子税納付	贈与税の一部と利子税納付
①事業廃止 ②資産管理事業等に該当 ③事業所得の総収入金額がゼロ ④青色申告の承認取消し　など （措法70の6の8③）	特例受贈事業用資産が事業の用に供されなくなった場合、その部分に対応する贈与税 （措法70の6の8④） ただし、次の場合は納税猶予継続 ①陳腐化等による廃棄 ②譲渡し、その後1年以内に新たな事業用資産を取得 ③納税猶予制度適用の最初の申告期限から5年経過後の会社設立に伴う現物出資による移転 （措令40の7の8⑱）

引き続き適用を受けるには継続届出書を3年ごとに税務署へ提出
（提出がない場合は、全額納付）

（措法70の6の8⑨、措令40の7の8㉘、措規23の8の8⑰～⑲）

（免除届出書・免除申請書）	免除届出書・免除申請書の提出により全部又は一部の納付免除 ①後継者（受贈者）の死亡 ②最初の申告期限から5年経過後の次の後継者への免除対象贈与 ③事業継続できないことのやむを得ない理由（身体障がいなど） ④破産手続開始決定 ⑤事業継続困難な場合の資産の全ての譲渡など 先代事業者（贈与者）の死亡 （措法70の6の8⑭、措規23の8の8㉓）

4. 先代事業者が死亡した場合の相続税の納税猶予 （措法70の6の9①）	①特例受贈事業用資産を相続等により取得したものとみなして、贈与時の価額（承継された債務は、控除）により他の相続財産と合算して相続税を計算 ②相続開始の日から8か月以内に、都道府県知事に円滑化法の確認の申請を行えば、相続税の納税猶予の適用を受けることができます。

5. 相続税の納税猶予及び免除 (1)納税が猶予される相続税の計算 （措法70の6の9①②、70の6の10②三）	①　全ての財産の価額に基づき後継者の相続税を計算（通常の計算） 　→本来の相続税額 ②　後継者が取得した財産が特定事業用資産のみであると仮定（後継者以外の相続人等が取得した財産の価額は①のまま）した場合の後継者の相続税→猶予税額 ③　①－②＝納付税額

個人版　事業承継税制

(2)相続税の納税猶予の適用要件・申告手続等	**先代事業者（被相続人）** ○被相続人が先代事業者の場合 ・相続開始の日の属する年、その前年及び前々年の確定申告書が青色申告であったこと ○被相続人が先代事業者以外の場合 ・相続開始直前において先代事業者と生計を一にする親族であること ・先代事業者からの贈与又は相続後１年を経過する日までに開始した相続に係る被相続人であること	

（措令40の7の10①一、二）

令和10年12月31日までに特定事業用資産の全てを相続

	後継者（相続人等） ○相続開始直前において特定事業用資産に係る事業に従事（先代事業者が60歳未満で死亡した場合を除く） ○相続の開始の時からその相続税の申告期限までの間に特定事業用資産に係る事業を引き継ぎ、申告期限まで引き続き特定事業用資産の全てを有し、かつ、自己の事業の用に供していること ○相続税の申告期限において開業届出書を提出し、青色申告の承認を受けていること ○特定事業用資産に係る事業が資産管理事業等でないこと ○先代事業者等から相続等により財産を取得した者のうちに、特定事業用宅地等について小規模宅地等の特例の適用を受けた者がいないこと	令和６年３月31日までに個人事業承継計画を提出し、都道府県知事の確認を受けていること

（措法70の６の10②二、措規23の８の９④）

円滑化法の認定
（相続開始後８か月以内に都道府県知事に申請）

担保の提供
相続税の申告
（相続開始後10か月以内）

特定事業用資産の課税価格に対応する相続税の納税を猶予

(3)相続税の納税猶予期間中	・申告後も事業を継続し、特例事業用資産を保有すること等により、納税の猶予が継続されます。 ・ただし、事業を廃止するなど一定の場合（確定事由）には、納税が猶予されている相続税の全部又は一部について利子税と併せて納付する必要があります。 ・引き続き猶予を受けるには継続届出書を３年ごとに税務署へ提出 ・後継者の死亡等があった場合には、免除届出書・免除申請書の提出により、猶予税額の全部又は一部について納付が免除されます。

その他

■被相続人・相続人の税務手続

所得税

	提出書類	提出期限	留意点
被相続人のための手続き	所得税の準確定申告書	相続の開始を知った日の翌日から4か月以内 ※令和6年1月1日～3月15日までの間に死亡した場合、令和5年分の確定申告書と令和6年分の準確定申告書の期限は同じ（相続開始から4か月以内）になります。	• 相続人が2人以上ある場合は原則として相続人全員の連名による「準確定申告付表（兼相続人の代表者指定届出書）」を添付します。
	純損失の金額の繰戻しによる還付請求書	同上	• 準確定申告が青色申告の場合、準確定申告にあわせて提出します。 • 前年分及び前々年分につき青色申告書を提出していることが要件です。
	個人事業の開廃業等届出書	相続の開始を知った日の翌日から1か月以内	• 死亡により青色申告の承認は自動的に取り消されます。
相続人の手続き	所得税の開廃業等届出書	相続の開始を知った日（事業開始の日）の翌日から1か月以内	• 相続人が従前から事業を行っていた場合を除きます。
	所得税の青色申告承認申請書	①その死亡が1月1日～8月31日の場合 相続の開始を知った日の翌日から4か月以内 ②9月1日～10月31日の場合 その年の12月31日まで ③11月1日～12月31日の場合 翌年2月15日まで	• 被相続人が青色申告をしていた場合で相続人が被相続人の事業を承継する場合に限ります。 （事業を承継しても青色申告の承認の効果は相続人には及びません。）
		①その死亡が1月1日～1月15日の場合 その年の3月15日まで ②1月16日～12月31日の場合 事業を開始した日から2か月以内	• 被相続人が白色申告をしていた場合で相続人が従前から事業を行っていない場合には左記の提出期限となります。
	所得税の減価償却資産の償却方法の届出書	その年分の確定申告期限	• 被相続人の選択していた償却方法は相続人に引継がれません。相続による承継も「取得」に含まれるため、建物については定額法が強制されます。 （平成28年4月1日～相続開始のときは建物附属設備・構築物も定額法が強制されます。）

消費税

	提出書類	提出期限	留意点
被相続人のための手続き	消費税の準確定申告書	相続の開始を知った日の翌日から4か月以内 ※令和6年1月1日～3月15日までの間に死亡した場合、令和5年分の確定申告書と令和6年分の準確定申告書の期限は同じ（相続開始から4か月以内）になります。	・「付表6　死亡した事業者の消費税及び地方消費税の確定申告明細書」を添付します。
	個人事業者の死亡届出書	できるだけ速やかに	
相続人の手続き	消費税課税事業者届出書	できるだけ速やかに	・被相続人の基準期間又は特定期間における課税売上高が1,000万円を超える場合に提出します。 ・「相続・合併・分割等があったことにより課税事業者となる場合の付表」を添付します。
	消費税課税事業者選択届出書	相続開始の年の12月31日まで	・事業の承継をしても免税事業者であるが課税事業者としての扱いを受けたい場合に提出します。
	消費税簡易課税選択届出書	相続開始の年の12月31日まで	・適用開始時期は、提出した課税期間・提出の翌課税期間のどちらか選択できます。 ・相続人が相続以前から事業を営んでいた場合は、以下のすべてを満たすときに限ります。 ①相続により課税事業者となったこと。 ②被相続人が簡易課税制度の適用を受けていたこと。

※適格請求書発行事業者の登録を受けた事業者が死亡した場合、相続人は「適格請求書発行事業者の死亡届出書」を提出する必要があります。
　また、事業を承継した相続人が適格請求書発行事業者の登録を受ける場合は、相続人が登録申請書を提出する必要があります（相続人が既に登録を受けている場合を除きます。）。

■和暦・西暦の換算

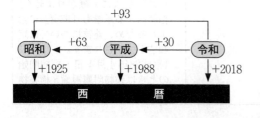

(例)
・令和6年は　　平成36年（+30）
　　　　　　　昭和99年（+93）
　　　　　　　西暦2024年（+2018）
・平成12年は　西暦2000年（+1988）
・昭和46年は　西暦1971年（+1925）

■尺貫法の換算（概算値による）

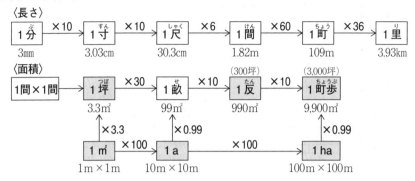

■不動産取得税の税率　相続により不動産を取得した場合は非課税です。

区分	税率 土地	税率 家屋 住宅	税率 家屋 商業ビル等
平20.4.1から令6.3.31までの取得	3％　※	3％	4％

※令和6年3月31日までの宅地及び宅地比準土地の取得については、課税標準は固定資産税評価額の1／2とされます。

■登録免許税の税率

(1)土地の所有権の移転登記

内容	課税標準	税率
売買	固定資産税評価額	2.0％
※軽減税率（措法72） 平成25年4月1日から令和8年3月31日まで		1.5％
相続、法人の合併又は共有物の分割	固定資産税評価額	0.4％
その他（贈与・交換・収用・競売等）	固定資産税評価額	2.0％

(2)建物の登記

内容	課税標準	税率
住宅用家屋の所有権の保存	固定資産税評価額	0.4％
※軽減税率（措法72の2） 令和6年3月31日までに新築又は建築後使用されたことのない、一定の住宅用家屋を取得して、自己の居住の用に供した場合（個人のみ）		0.15％
売買又は競売による所有権の移転	固定資産税評価額	2.0％
※軽減税率（措法73） 令和6年3月31日までに建築後使用されたことのない住宅用家屋又は建築後使用されたことのある一定の住宅用家屋を取得して、自己の居住の用に供した場合（個人のみ）		0.3％
相続又は法人の合併による所有権の移転	固定資産税評価額	0.4％
その他の所有権の移転（贈与・交換・収用等）	固定資産税評価額	2.0％

■相続開始後の申告手続スケジュール（非上場株式等のない場合）

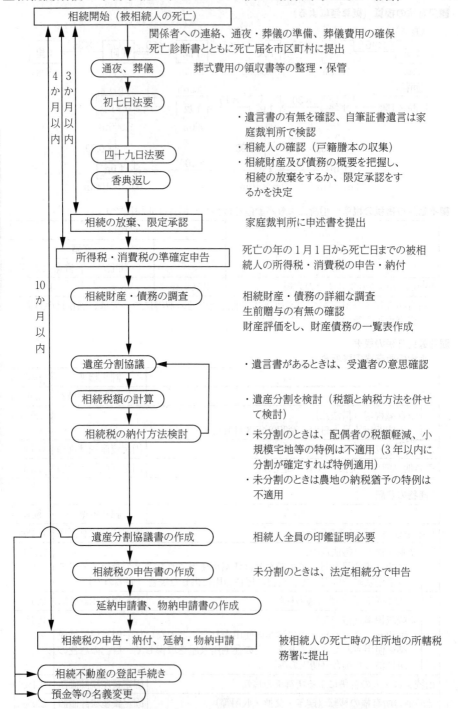